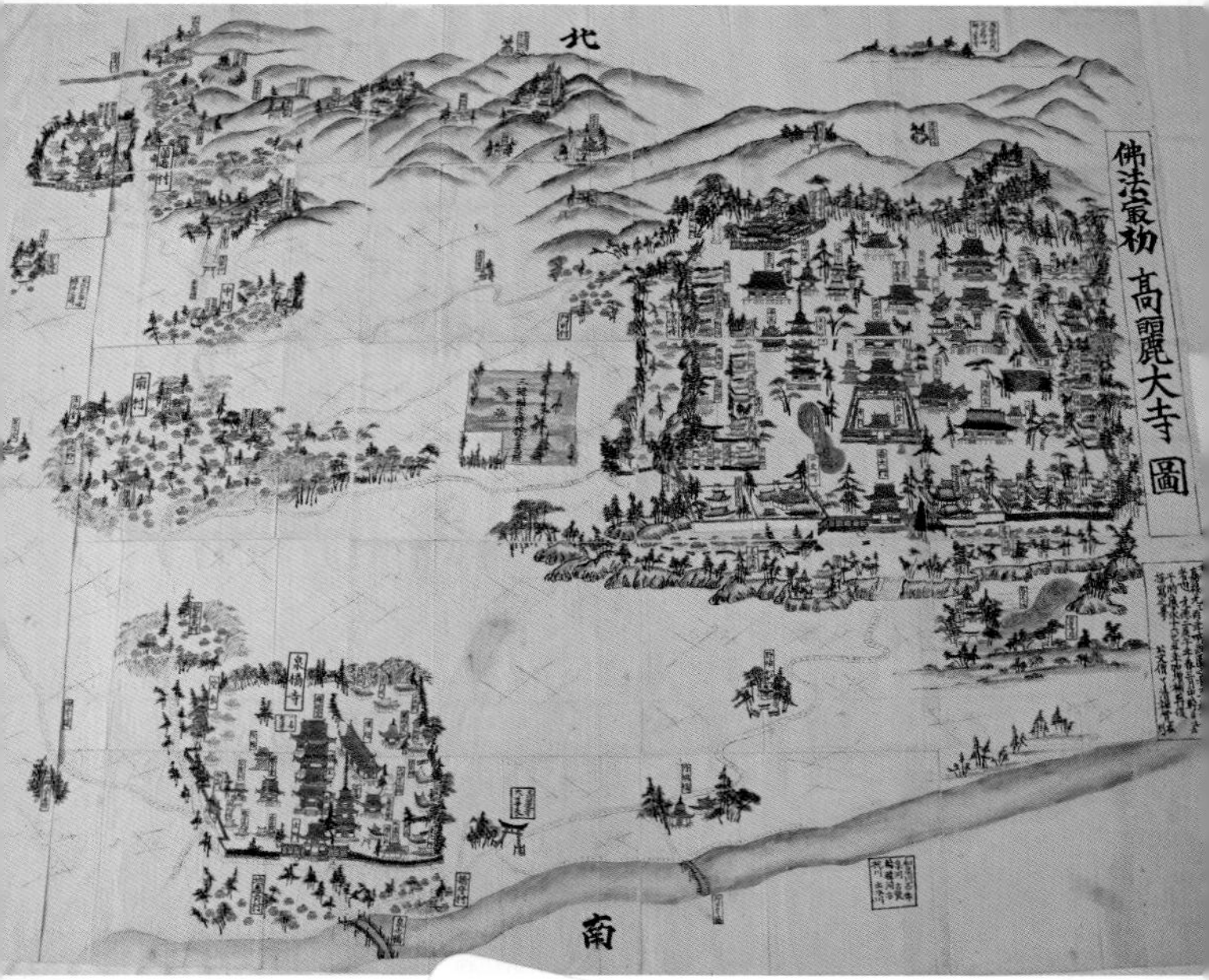

口絵1　「仏法最初 … 」部分が椿井村にあたるが、
椿井氏来住以前を … 「蒲辺村」という
呼称が記される

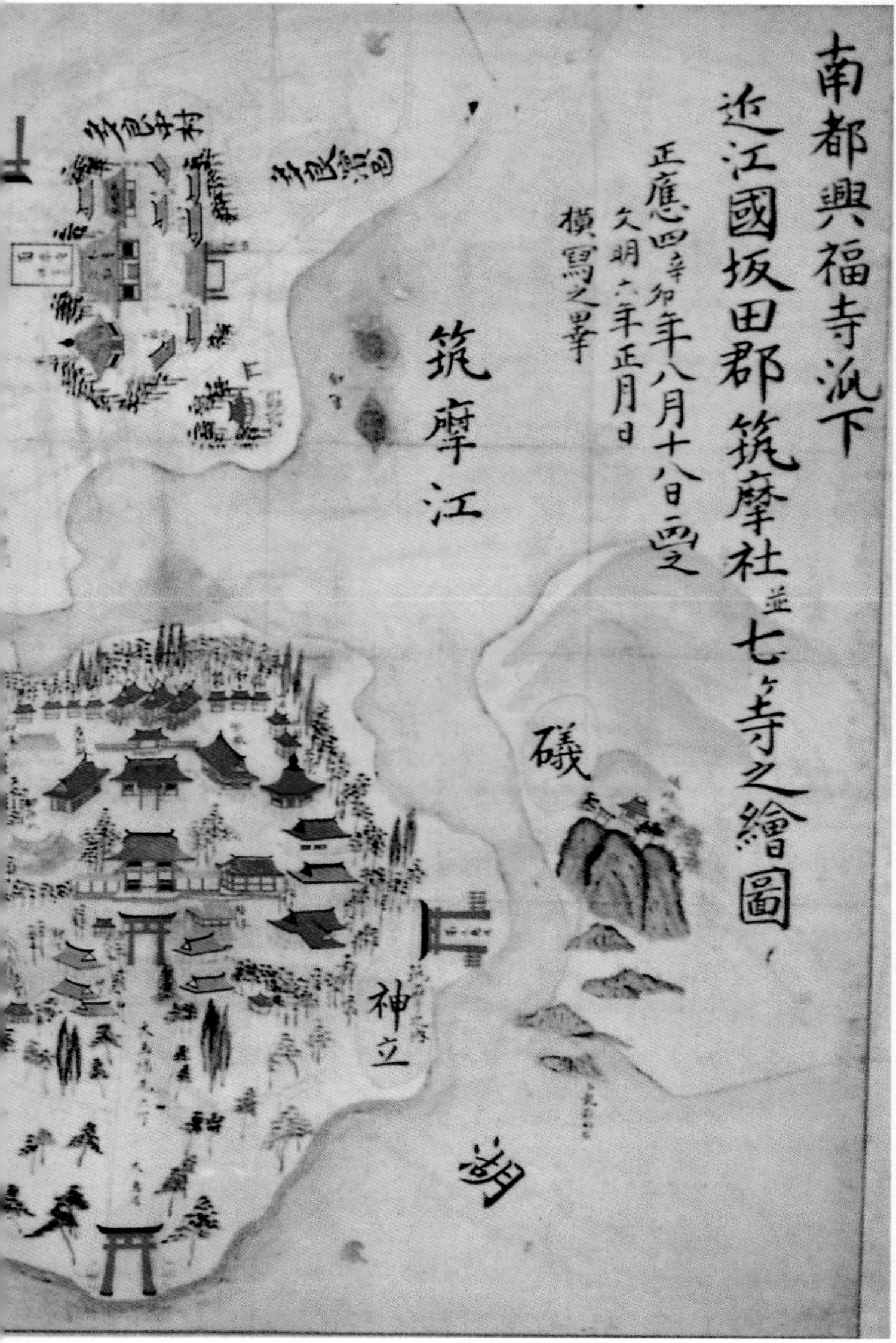

口絵２　「筑摩社並七ヶ寺之絵図」（『尚江千軒遺跡』）

岩脇
宇賀野
北多良
世継
朝妻
筑摩
湖
此古圖者興福寺龍雲院藏所也
仍今借用摸寫之者也
承應二癸卯年正月中浣日
亦復乙亥年十月写之畢
藤原胤政謹書

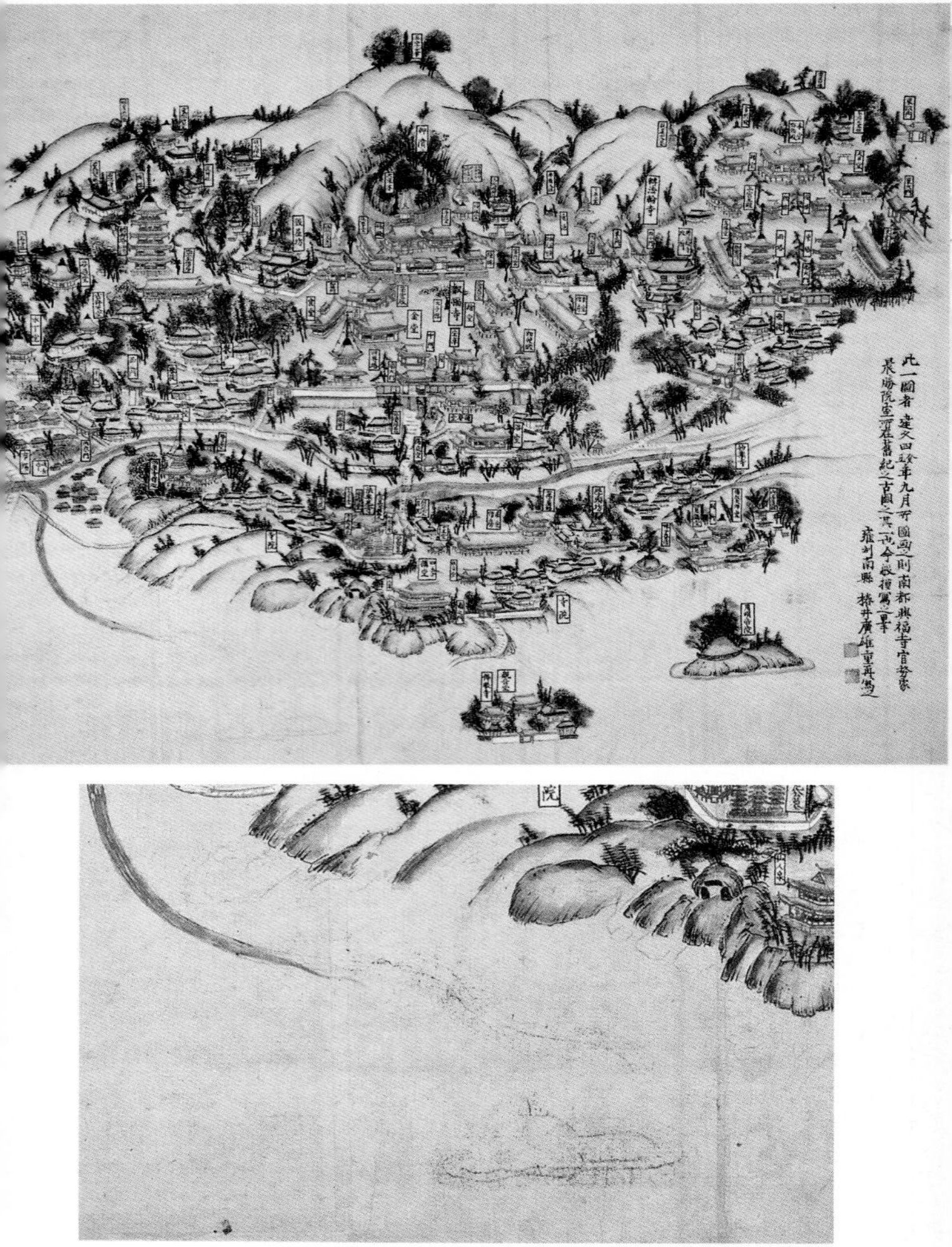

口絵３　「建久四年古図」と下書き線（『聖徳太子　ゆかりの名宝』・『叡福寺縁起と境内古絵図』）

中公新書 2584

馬部隆弘著

椿井文書——日本最大級の偽文書

中央公論新社刊

はじめに

江戸時代の偽文書《ぎもんじょ》と聞いて何を思い浮かべるだろうか。胡散臭《うさんくさ》いと思う人もいるだろう。現代でいうところの有印公（私）文書偽造という犯罪を思い浮かべる人もいるかもしれない。いずれにしても過去のことなので、自分とは直接関係ないと考えている人が大多数に違いない。ところが、これから本書で紹介するように、知らず知らずのうちに今も人々の身近で機能している江戸時代の偽文書も存在するのである。

古文書学に基づいて偽文書を排除し、真正な古文書から過去の姿を復原していくのが歴史学の基本である。この作業が幾重にも積み重ねられてきた現在の歴史学においては、例えば「東日流外三郡誌《つがるそとさんぐんし》」（古代の東北に未知の文明があったとする偽書）のように、荒唐無稽《こうとうむけい》な内容の明らかに偽作されたものは命脈を保てない。もちろん、そのようなものに真実を求めようとする一般の方々はいるものの、少なくとも研究の世界では、この手の偽作はほぼ壊滅状態にあると歴史学者の大半は思っているに違いない。かくいう筆者も、二七歳になるまではそう信じていた。

ところが、今世紀に入っても、多数の研究者が当たり前のように使っている偽文書が存在したのである。本書で扱う椿井文書《つばいもんじょ》である。しかも、その数は一つや二つどころではない。これから、研究者として本格的に飛び込もうと思っていた歴史学の世界があまりに頼りなくみえて、この問題に気づいたときは正直愕然《がくぜん》とした。椿井文書の存在を知る者が皆無というわけではなかったが、それが知識として歴史学のなかではほとんど共有されていなかったため、正しい古文書として引用した論文や書籍が、筆者の眼前でも次から次へと発表されていった。

椿井文書とは、山城《やましろ》国相楽《そうらく》郡椿井《つばい》村（京都府木津川《きづがわ》市）出身の椿井政隆《まさたか》（権之助《ごんのすけ》。一七七〇～一八三七）が、依頼者の求めに応じて偽作した文書を総称したものである。中世の年号が記された文書を近世に写したという体裁をとることが多いため、見た目には新しいが、内容は中世のものだと信じ込まれてしまうようである。しかも、近畿《きんき》一円に数百点もの数が分布しているというだけでなく、現代に至っても活用されているという点で他に類をみない存在といえる。分布の範囲やその数、そして研究者の信用を獲得した数のいずれにおいても、日本最大級の偽文書といっても過言ではないと思われる。

本書では、作成手法や伝播《でんぱ》の仕方など、椿井文書の実態をできるだけ丁寧に説明するつもりである。また、その実態のみならず、椿井文書が引き起こした問題やそこからみえてきた歴史学の課題などについても言及していきたい。そして最後に、椿井文書はなぜ受け入れられてきたのかという疑問に答えるとともに、今後の対応についても見通しを述べる。

目次

はじめに　i

第一章　椿井文書とは何か――1

1　椿井文書との出会い　1
発端　歴史学の問題点を映す「鏡」

2　偽文書研究の視座　6
研究の現状　近世の偽文書

3　椿井文書の概要　11
椿井文書の特殊性　研究史上の椿井文書　椿井政隆の出自と生涯

第二章　どのように作成されたか――23

1　津田山の山論と由緒　23
津田城の構造　津田山の山論　山岳寺院の可能性　「津田城」対

「氷室」
2 着眼点 31
椿井政隆が出没する場所　式内社への着目　富農への配慮
3 制作技術 39
神社の縁起　史蹟の由緒　系図と連名帳　「椿井家古書目録」
絵図による小括　「興福寺官務牒疏」による総括
第三章 どのように流布したか　71
1 活動範囲 71
「興福寺官務牒疏」の対象地域　河内国での活動　湖北での活動
2 活動の地理的特質 81
都市部を忌避　近江国での初期の活動　南山城から北河内へ
3 椿井政隆自身による頒布 97
式内社周辺に出没　金剛定寺の椿井文書　様々な頒布の実例
4 近代の頒布 107

維新期の椿井文書　「木津行」の流行　二系統の絵図　下書き線のある絵図

第四章　受け入れられた思想的背景――121

1　椿井政隆の問題関心　121
椿井文書の情報源　椿井政隆の調査とその成果　椿井政隆の国学的思想

2　式内社の受容　133
『五畿内志』が目指したもの　綴喜郡の式内社考証　式内社に伝わる椿井文書

3　三浦蘭阪の『五畿内志』批判　142
蘭阪随筆にみる三浦蘭阪の主張　片埜神社をめぐる三浦蘭阪の考証
片埜神社の造営　三浦蘭阪の葛藤

第五章　椿井文書がもたらした影響　157

1　南山城の事例　157
式内咋岡神社をめぐる争い　南山郷士の士族編入運動　井手寺の顕彰

2　北河内の事例　171
津田城と氷室　王仁墓の史跡指定

3　近江の事例　178
少菩提寺の絵図　世継の七夕伝説

第六章　椿井文書に対する研究者の視線　187

1　戦前・戦後の動向　187
京都帝国大学での議論　中川泉三の卓見　戦後歴史学での忘却

2　地域史の隆盛と絵図の活用　193
自治体史への採用　文献史学と絵図　周辺分野における絵図の活用

3　椿井文書を用いた研究　203
従来の動向　近年の動向　椿井文書を用いた研究者の反応

終章　偽史との向き合いかた　215
椿井文書はなぜ受容されるのか　椿井文書は特殊事例か　歴史学と偽史の関係　椿井文書の史料的価値と今後の方向性
あとがき　230
参考文献　236
表A「椿井家古書目録」掲載史料　257
表B「興福寺官務牒疏」掲載寺社一覧　254

図表一覧

【口絵】

口絵1「仏法最初高麗大寺図」
口絵2「筑摩社並七ヶ寺之絵図」
口絵3「建久四年古図」と下書き線

【第一章】

図1 大阪大谷大学図書館所蔵の椿井文書 12頁
図2『続浪華郷友録』 20頁
図3「吉田流鳴弦蟇目巻」 21頁
図4 津田山周辺地域 24頁
図5 津田城縄張図 25頁
図6 明治時代の地図と「筑摩社並七ヶ寺之絵図」の対比 33頁
図7「円満山少菩提寺四至封疆之絵図」 40頁
図8「祇園天王八王子社縁起」 42頁
図9「百済王霊祠廟由緒」 44頁
図10「世継神社縁起之事」 44頁
図11「兵主神社紀」 45頁
図12「観心山普賢教法寺四至内之図」 63頁
図13「筒城郷朱智庄・佐賀庄両惣図」 64頁

【第二章】

図14 「小林氏居宅図」 66頁
図15 松尾神社の絵馬 67頁

【第三章】

図16 「興福寺官務牒疏」 掲載寺社の分布 74頁
図17 上田耕夫画 「龍骨図」 84頁
図18 小谷家本 「伏龍骨之図并序」 85頁
図19 龍家本 「伏龍骨之図并序」 86頁
表1 「伏龍骨之図并序」 の署名 87頁
図20 「蝦夷国輿地全図」 88頁
図21 「金勝寺図略」 90頁
図22 「鈎安養寺之絵図」 91頁
図23 「八葉山蓮華教寺之絵図」 92頁
図24 「龍護西中山金剛定寺伽藍之絵図」 93頁
図25 「八相大明神由緒記」 94頁
図26 「奥津野保左久良十七郷摠絵図」 99頁
図27 「音羽古城全図」 101頁
図28 覚（領収書） 103頁
図29 笠置・切山絵図 105頁
図30 「己高山河合寺伽藍之絵図」 106頁
表2 飯田家所蔵椿井文書 112頁
図31 「平群氏春日神社沿革記」 113頁
図32 「伏見山寺宮近廻地図大概」 116頁
図33 「北吉野山金剛蔵院神童教寺伽藍之図」 119頁

【第四章】

表3 『近江輿地志略』と『粟津拾遺集』の比較

124頁
図34 興福寺摩尼珠院文書 126頁
図35「興福寺前官務順盛」と「官務澄胤」の連署書状 128頁
図36「鷲峯山都繼遮那院大龍華三昧教寺全図」 131頁
表4 綴喜郡の式内社 135頁
【第五章】
図37「筒城郷佐賀荘咋岡全図」 159頁
図38「和束惣社大宮幷梅之宮神能之絵図」 165頁
図39「井堤郷旧地全図」(甲本) 168頁
図40「井堤郷旧地全図」(乙本) 168頁
図41「井堤郷旧地全図」の説明板 170頁
図42「円満山少菩提寺四至封疆之絵図」の説明板 179頁
図43「冨永山歓喜光寺絵図」 183頁
表5 七夕教育の新聞記事 185頁
【第六章】
表6 椿井文書を引用する自治体史 197頁
図44「池原荘金寄山飯道寺之図」 202頁
【巻末】
表A「椿井家古書目録」掲載史料 257頁
表B「興福寺官務牒疏」掲載寺社 254頁

第一章　椿井文書とは何か

1　椿井文書との出会い

発端

筆者が椿井文書の存在に気づいたのは、平成一五年（二〇〇三）の終わりごろだったと思う。大学院の博士課程に進学した三ヶ月後の平成一四年七月から、大阪府枚方《ひらかた》市の市史担当部署で非常勤職員としてつとめはじめ、一年余りが経過したころであった。

きっかけは、津田城《つだじょう》という枚方市を代表する山城の歴史を簡単にまとめてほしいという依頼にあった。調べていくうちに、津田城は中世の城ではなく、近世に津田《つだ》村の村人が創作した由緒に起源があると気づいた。後述するように、その由緒とはかつて津田山《つだやま》の山頂に津田村出身の津田氏の城があったというもので、そのことによって津田山の支配権が中世にまで遡《さかのぼ》ることを主張しようとしたのである。さらに調査を進めると、津田村と敵対していた穂谷《ほたに》村では、それに対抗して新たな主張を展開したことも浮かび上がってきた。すなわち、それ以前の古代に、朝廷に氷を納める氷室《ひむろ》が存在した穂谷村こそがこの地域の本来の中心で、津田山の支配権も自村にあるという主張である。

『枚方市史』には、穂谷村に所在する三之宮《さんのみや》神社の所蔵文書が掲載されており、そのなかにかつて氷室が存在したと記されている。これらの古文書が実際に作成されたのは近世だが、中世史料編に含まれているので、『枚方市史』では偽文書とは認識されていないことになる。この三之宮神社文書の入手経路を調べてみると、原蔵者として椿井政隆の名前が浮上してきた。椿井政隆は近世後期の国学者で、求めに応じて系図や縁起《えんぎ》などを作成することもあったらしい。三之宮神社文書が椿井政隆作成の偽文書であることも明確となり、これによって津田村・穂谷村双方の主張する由緒が形成された過程もおおむね明らかになったので、筆者の目的はひとまず達せられた。

それからも椿井政隆の存在が気になって、穂谷村と隣接する南山城《みなみやましろ》地域の自治体史もめくり続けてみると、似たような内容の古文書が次から次に見つかった。しかも、いずれも正しい中世史料として掲載されているのである。見慣れてくると嗅覚《きゅうかく》は冴《さ》えるもので、同様のものを拾い続けては隣の自治体史へ、そしてさらにその隣へと順に目を通していくと、気づけば滋賀県まで辿《たど》り着いていた。このときの「パンドラの箱」の中身をのぞいてしまった感覚は、今でも鮮明に覚えている。

歴史学の問題点を映す「鏡」

多くの研究者が見過ごしてきた椿井文書の存在に、駆け出しの研究者である筆者がなぜ気づくことができたのであろうか。偶然的要素もあるため、この問いへの明確な回答を出すことはできないが、発想を逆転させれば、駆け出しの研究者ですら気づくようなことを見落としてきたという、歴史学に対する問題提起にもなりうると思う。このようなことから、椿井文書は歴史学の問題点を映す「鏡」のようなものだと筆者は感じている。

では、筆者が他の研究者と異なったのはどこなのだろうか。筆者は、修士課程の途中で近世史専攻から中世史専攻に転向したが、近世史ゼミにはそのまま居座っていた。そのおかげで、近世文書の整理という枚方市の仕事にありつくことができたので、筆者にとっては幸いであった。また、小学生のころから城が好きで、城郭の平面構造を図化した縄張図《なわばりず》を用いる研究にも関心があった。

それに対して現在の歴史学は、時代ごとの棲《す》み分けがかなりはっきりしている。例えば、学生時代に古代史のゼミに属したら、その人は最後まで古代史研究者であるケースがほとんどである。学会も、古代・中世・近世・近現代と、時代ごとの部会に分かれて研究報告がなされる。各地域に残る古文書の整理作業は、扱うものの多くが近世文書であるため、近世史の専門家が中心となって行われる。古代史・中世史の専門家はというと、残された古文書の数が圧倒的に少ないのですでに多くが活字化されており、それのみを用いることでおおむね事足りるというのが実情である。

筆者の場合は、中世の津田城を調べるにあたって、地域の特徴を把握するために近世文書にも悉皆《しっかい》的に目を通した。また、縄張図を作成して遺構の再評価も試みた。中世文書も現物や写真版などにあたった。図らずも、一般的な中世史研究とは異なる方法でアプローチしたのである。今思えば、ここに筆者の独自性があった。

一般論として、研究が蓄積されることで専門性は高まるが、その結果として分野ごとに個別分散化し、蛸壺《たこつぼ》的な研究になってしまいがちである。このような問題は、歴史学でもつとに指摘されている。椿井文書が抱える現状からも、同様の問題が指摘しうる。すなわち、近世や近代にその地域で起こっていたことを気にしないまま、古代や中世を直視してしまう。あるいは、地域に残された文書群をみることなく、古代や中世の活字史料だけに頼ってしまう。椿井文書を知らず知らずのうちに用いてしまう要因は、このような歴史学のありかたにも求められる。

実のところをいうと、筆者も当初は三之宮神社文書の内容を史実と信じ込んでいた。疑いを持たなかったのは、『枚方市史』をはじめとするあらゆる文献が引用していたためでもあったように思う。その段階では活字になったものしかみていなかったが、他の史料と齟齬《そご》する部分があると思いはじめて写真をみたときに、何ともいえない違和感を感じた。そして、似たような文書をいくつか目にしてようやく、一連のものとして創作された偽文書であると確信するに至った。やはり、一流の研究者が活用していると、それが偽物だとはなかなか思わないのである。

ただし、本書でも触れるように、歴史学の長い積み重ねのなかで椿井文書の存在に気づいている研究者が少なからずいたことも事実である。それでも、その情報が共有されなかったのは、歴史学の偽文書に対する姿勢が影響しているかと思われる。

参考までに、青森県五所川原《ごしょがわら》市の和田《わだ》家に近世から伝来したとされる「東日流外三郡誌」の事例を取り上げたい。津軽《つがる》地方の知られざる古代・中世史を伝えるという触れ込みで戦後に登場した「東日流外三郡誌」は、巷間《こうかん》に広まって真贋《しんがん》論争まで巻き起こしたが、研究者からみれば内容は荒唐無稽で明らかな偽作である。古代史研究者の小口雅史《おぐちまさし》が「東日流外三郡誌」に対する研究者側のスタンスを示した次の一文は、のちに事件の顚末《てんまつ》をまとめた新聞記者の斉藤光政《さいとうみつまさ》も引用していることからよく知られる。

私たち研究者は、人の一生という、限られた時間の中で研究生活を送っている。研究に取り組まなければいけないこと、明らかにしなければいけないことは非常に多い。

そのさい、研究して史料としての利用価値があると判断されるものならば、もちろん、時間を割いて研究し、おおいに学問の進展に寄与させる必要がある。しかしわざわざそれを否定するために研究することは、およそ時間の無駄でしかない。この手のものは黙殺するのが学界の常識であるし、自分たちの研究で一度もそれを史料として利用しないことが、学者としての立場の表明になっているのである。

おそらく、これまで椿井文書の存在に気づいた研究者の多くも、それを研究することは「およそ時間の無駄でしかない」ため、同様に黙殺という対処をしてきたに違いない。しかし、黙殺したという情報が時代ごとの棲み分けなどが要因となって研究者全体に共有されなければ、椿井文書と知らずに使う研究者も出てきてしまうのである。

2 偽文書研究の視座

研究の現状

偽文書とは、ある目的を持って偽作された古文書のことである。古文書とは、厳密には差出人と宛先《あてさき》が記されたもので、それらが伴わない古記録とは区分される。したがって、ある人の署名や花押《かおう》・印鑑と称して差出人を偽装しているのが偽文書ということになる。そのため、例えば寺歴や社歴を虚飾した由緒書や家の歴史を粉飾した系図などは、厳密には偽文書に含まれない。

歴史を研究するうえでの基礎ともいうべき古文書学は、古文書の真偽を判定するために発達してきたといっても過言ではない。古文書には書札礼《しょさつれい》と呼ばれる定められた様式があるので、それに適《かな》っていなかったり、花押や印鑑が本人のものと異なっていたりすると、偽文書と判定されることとなる。それによってあぶり出された偽文書は、史実を把握するために排除すべきものとして扱われてきた。

ところが最近は、偽文書そのものを対象として、それらの機能や成立過程から社会のありかたをみていこうとする研究が盛んになりつつある。そこに記された文字情報だけを注視するのではなく、偽文書をある種の道具として捉《とら》えなおし、その利用方法に視線を向けることで、偽文書が機能する社会を描くようになったのである。

このような研究を牽引《けんいん》したのは、中世史研究者の網野善彦《あみのよしひこ》であった。網野善彦は、鋳物師《いもじ》が持つ「蔵人所牒《くろうどどころのちょう》」などの偽文書が、その特権や職能の由緒を権威づけるために作成されたことを明らかにした。それらを作成したのは、諸国の鋳物師を統括する下級官人の真継《まつぎ》家で、本物を下敷きにしたり、戦国期の鋳物師の習俗を取り入れたりするなど、一定の史実を盛り込みながら作成するという手法も示された。

そのほか文献史学においては、近江《おうみ》国得珍保《とくちんのほ》（滋賀県東近江《ひがしおうみ》市）の保内《ほない》商人が所持する後《ご》白河《しらかわ》法皇の「院宣《いんぜん》」が注目されてきた。なぜなら、戦国時代に近江守護《しゅご》の六角《ろっかく》氏が、この偽文書に基づいて座による商売の特権を認めているからである。また、天皇家へ品々を貢納する供《く》御人《ごにん》として知られる近江国菅浦《すがうら》（滋賀県長浜市《ながはま》）の「蔵人所下文《くだしぶみ》」も、隣接する大浦《おおうら》と敵対して訴訟を起こした際に創作された偽文書として関心が持たれている。一連の研究からは、特権を保持することが偽文書作成の主目的なので、営業権を持たなければ就くことのできない職人や商人のもとに事例が集中するという特徴が指摘できる。

一方、民俗学では、疱瘡神《ほうそう》・疫病神が今後は迷惑をかけない旨を誓った「詫《わ》び証文」や、法然《ほうねん》が建暦《けんりゃく》二年（一二一二）に記したとされる「一枚起請文《きしょうもん》」を模したもの、あるいはマタギや木地師《きじし》が所持する偽文書などが対象とされてきた。これらは稚拙《ちせつ》な偽作で、古文書というよりも呪符《じゅふ》や守札《まもりふだ》のようなものである。そのため、ある種の習俗として一定の範囲に伝播しているので、民俗文化を検討するうえで格好の素材となってきた。

厳密には偽文書ではないものも多いが、近代以降に広まった偽書にも様々な視線が向けられてきた。それらは、戦前に竹内巨麿《たけうちきよまろ》が広めた「竹内文献」や、戦後に至って登場した「東日流外三郡誌」など、「超古代史」や「古史古伝」と呼ばれるもので、その内容にはみるべきところがないため研究者は一定の距離を置いているが、一般の関心は極めて高い。このように、受容する者とそうではない者の間に温度差があるのも、この手の偽書の特徴である。また、近代になって次々と登場して享受されるようになり、百花繚乱《ひゃっかりょうらん》の状態となっているのも特徴といえる。偽文書研究の現状を踏まえると、近代の偽書についても、将来的には利用のされかたから社会を描くという方法が有効になるのではないかと思う。

近世の偽文書

文献史学における偽文書研究は、古文書の真贋判定から出発している。古文書学が主として対象とする中世に事例が集中するのも、そのためであろう。このような状況を踏まえて網野善彦は、「戦国末期から江戸初期にかけては、偽文書が最も多く作られた」「戦国期～江戸初期は、偽文書がもっとも多く作成された時期となったように思われる」とたびたび指摘している。しかし、その発言は妥当であろうか。たしかに、偽文書の数量について概観すると、中世末期から近世初期に一つのピークがあることは認められる。ただし、それを最大のピークとするのは、活用されることを前提として体系性を持って展開した偽文書（換言するならば研究の対象とされてきた偽文書）に限定した場合の話ではなかろうか。

偽文書を用いて人を欺く罪のことを謀書《ぼうしょ》・謀判《ぼうはん》という。例えば、鎌倉幕府が定めた「御成敗式目《ごせいばいしきもく》」第一五条にも、「謀書罪科条」が設けられている。その罪を犯した者が侍の場合は所領没収、凡下《ぼんげ》の場合は顔に火印を押すこととされていた。江戸幕府が定めた「公事方御定書《くじがたおさだめがき》」第六二条でも、謀書・謀判は引廻《ひきまわ》しのうえ獄門と規定されている。

ただし、作成するだけで活用しなければ、だれかを欺くわけではないので罪に問われることはない。そのため、近世文書のなかに偽文書を見出《みいだ》すことはさして珍しいことではない。それなりの数の近世文書を整理してきた者ならば、明らかに偽った内容の由緒書や、活用までは想定していないようなたわいない偽文書を目にした経験がしばしばあるはずである。

例えば、筆者が主としてフィールドとしてきた河内《かわち》国では、楠木正成《くすのきまさしげ》の偽文書やその子孫を称する偽系図が無数に存在する。また、甲斐《かい》国では、戦国大名武田《たけだ》家の浪人を自称する者の多くが、中世の年代を記した偽文書を所持していた。実際、嘉永《かえい》三年（一八五〇）に甲斐国を訪れた国学者の黒川春村《くろかわはるむら》は、それらを目にして「この国にはいつはり（偽）の文書ども多しと、かねてより聞おきたりしは、これなりけり」と記している。さらには、安永《あんえい》年間（一七七二〜八一）に活躍した山梨郡西保《にしほ》村の「文太といふ農夫」は、「頗《すこぶる》偽筆の名人にて、生涯これをやくとして、或《あるい》は古文書を似せ、あるひは系図をつくりて、国人をあざむきけること数百通におよべり」という情報も得ている（『並山日記《なみやまにっき》』巻二）。

偽文書があふれるようになった時代背景として、右の文太が「農夫」であったように、江戸時代中ごろになると庶民が一定の財をなし、歴史に関する教養を持つようになったことが指摘できよう。そこで作られたたわいない偽文書は、あまりにありすぎてその数を把握する術《すべ》を持たないが、偽文書を作成する階層の裾野《すその》が広がっていることからして、近世後期こそ偽文書が最も多く作成された時代といってよいと思われる。

それにもかかわらず、近世史研究においては、京都吉田《よしだ》神社の吉田家が偽作した「宗源宣《そうげんせん》旨《じ》」など体系性のある一部の偽文書は注目されてきたが、個別分散的な中世の年号を記した偽文書はほとんど研究の対象とされてこなかった。当然といえば当然で、そのような偽文書を中世史研究者は古文書学の専門知識を導入するまでもなく研究対象から除外してしまうし、近世史研究者はたとえ目にしたとしても扱う時代が異なるため研究対象にしないからである。

このように研究者に無視される一方で、偽文書は所蔵者の家の由緒を伝えるものとして、巻物にされたり、タンスや仏壇などに大切に保管されていることが多い。したがって、いつ、だれが、なんのために偽造したのかという視点から偽文書を分析することで、家の由緒が形成される過程を明らかにできる。その立場から近世史研究者の山本英二《やまもとえいじ》は、武田氏関係の偽文書を分析し、自家の由緒を粉飾し、武田浪人の身分を獲得するために偽作されたことを明らかにしている。

3　椿井文書の概要

椿井文書の特殊性

現状を踏まえると、近世に作成された偽文書は、まだまだ研究の余地がある。そこで本書では、いつ、だれが、なんのために偽造したのかという近世史研究の視点から椿井文書を取り上げることとする。また、従来の偽文書研究を踏まえて、椿井文書がどのように用いられたのか、という視点も大事にしたい。

以上のような偽文書に対する普遍的なアプローチを試みる一方で、椿井文書ならではの特殊

図1　大阪大谷大学図書館所蔵の椿井文書

な課題も存在する。

まずは、内容がバラエティに富んでいることである［図1］。本書では、椿井政隆が偽作したものを総称して椿井文書と呼ぶが、そのなかには差出人を偽装した偽文書だけでなく、由緒書や系図・絵図の類も多く含まれる。しかも椿井政隆は、同一人物による作ではないように見せかけるため、いくつかの筆跡を使い分けている。そのうえ、椿井文書は近江・山城・大和《やまと》・河内の各地に大量に分散している。その全貌《ぜんぼう》を捉えるために必要とされるのは、椿井文書だと判定する方法の提示と、椿井政隆が行動した範囲の把握といえよう。

大量にありながらも単一の作者であるという点や、古代史・中世史研究者の多くの目をだましてきた点も椿井文書の特殊性といえる。その意味では、なぜ受容されてきたのか、あるいはなぜ受容しない人物もいたのか、といった視点から当該社会をみていくことも課題となってくる。この問題は、受容する者とそうではない者に分かれる近代の偽書にも通じると考えている。もし、椿井文書が近代の偽書の源流に位置づけられるならば、中世の偽文書と近代の偽書の懸隔を埋める存在にもなりうるだろう。

研究史上の椿井文書

各地で発行された自治体史には、椿井文書と知らずに引用している事例が無数にある。そのなかにあって、田辺《たなべ》郷土史会によって編纂《へんさん》され、昭和四三年（一九六八）に発行された『京都府田辺町《たなべちょう》史』はやや特殊な位置を占める。なぜなら、「戦国時代に山城町《やましろちょう》（相楽郡旧高麗《こま》村）椿井《つばい》附近に椿井家と名のる豪族があって、その家がいつまで続いたかは明らかでないが、この家に歴史上重要な文書が多数所蔵されて、『椿井文書』といって有名である」と述べるように、その存在を知ったうえで多用するからである。しかも、「とにかく歴史研究上大切な文書が多くあったらしい」ともみえるように、椿井文書の重要性がことさらに強調される。椿井文書の一つである「南山雲錦拾要《なんざんうんきんしゅうよう》」について、「歴史家の中にはこの書類は『笠置寺縁起《かさぎでらえんぎ》』によるものであって、必ずしも当時の記録として正確を期し難いとの説もあるが、ここではしばらく別問題とする」と断ったうえで引用しているように、椿井文書の内容に疑いがかけられていることを知ったうえでの書きぶりと見受けられる。

おそらく、『京都府田辺町史』が念頭に置いている「歴史家」は、周辺にも調査に訪れていた中世史研究者の中村直勝《なかむらなおかつ》もしくはその周囲の人物と思われる。なぜなら、中村直勝は早くから椿井氏による偽文書の創作について、折に触れて言及しているからである。しかも中村直勝は、明治時代に南山城の木津《きづ》で、縁ある者に椿井文書が頒布されていた事実も指摘している。

　このように対処の方法は分かれるが、他の地域とは異なり南山城地域では、椿井文書の存在そのものがすでに一部で知られていた。そのため、ごくわずかであるが、椿井文書に対する史料批判もみられるようになる。

　例えば、昭和六二年（一九八七）に発行された『山城町史』本文編では、「南山雲錦拾要」に所収される中世の年代が記された「吐師《はぜ》川原《がわら》着到状《ちゃくとうじょう》」や「仏河原《ほとけがわら》着到状」を、村名や官途名に疑問とされる点が多く江戸時代に考え出されたものとしたうえで、「狛左《こまさ》京亮殿《きょうのすけどの》古書」掲載の狛《こま》家系図を分析し、着到状と一連で仮作されたとする。注目したいのは、「ほとんど信用しがたいといってよいが、それにしては、よくできた系図であるともいえそうである」と微妙な表現で評価を下している点である。また、椿井文書とは明記していないが、「松尾《まつお》神社縁起」を「当時のものとみるには筆致などから問題があるが、もしそうした伝承があったとすれば」、「大いに参考となる」とも指摘する。このように椿井文書の存在を端々で臭《にお》わせながらも、内容の全否定は避け、椿井政隆による伝承などの調査成果である可能性を示唆する記述が見受けられる。その一方で、「北吉野山神童寺縁起《きたよしのさんじんどうじ》」や「興福寺官務牒疏《こうふくじかんむちょうそ》」などを椿井文書と知らずに引用していることから、その全貌を把握していないようである。

これと前後する昭和六一年（一九八六）に、椿井政隆による史料調査活動の一部が中世史研究者の藤田恒春《ふじたつねはる》によって明らかにされる。藤田恒春が紹介する「元亀《げんき》の起請文」は、織田信長《おだのぶなが》による近江国栗太《くりた》・野洲《やす》郡の一揆《いっき》制圧に先立って、南近江の村々が一向一揆《いっこういっき》に内通しない旨を誓約したものである。元亀三年（一五七二）に作成されたそれらは、文政《ぶんせい》四年（一八二一）に田中貞昭《たなかさだあき》が膳所《ぜぜ》藩に献納した『栗太志《くりたし》』によると、少なくとも六〇通は存在したようである。このうち二五通をまとめて巻物にしたものの序文に、椿井政隆自身が装丁した旨を記しているので、彼が実際に古文書を収集していたことが判明した。

さらに昭和六三年（一九八八）には、文学研究者の藤本孝一《ふじもとこういち》が『京都府田辺町史』口絵折り込み図版に掲載される「観心山《かんしんざん》普賢教法寺《ふげんきょうほうじ》四至内之図《しいしないのず》」をはじめ、周辺自治体史が必ず引用する「興福寺官務牒疏」など中世史料と考えられていたものが、実は椿井文書である可能性を指摘した。ただし、藤本自身も述べるように、作者を椿井政隆と判断する決定打に欠けている点が課題として残されている。また、椿井文書に中世の作成年代が記されている理由について、「考証するあまり上代より説き付け、室町時代に至って編纂されたもののように叙述した」と述べているように、藤本孝一は純粋な学問的追究の延長線上で捉えている。しかし、何らかの目的があったからこそ、年代を偽ったと考えるほうが自然なのではないだろうか。このように、椿井政隆の目的や調査の実態を明らかにしないまま、現地調査や史料採訪の成果と推測する点にも課題が残されている。

以上のような椿井文書の現状について総括した一文が、平成六年（一九九四）に発行された『ふるさと椿井の歴史』にみられるので引用しておく。

豊富な史料収集に基づいた緻密《ちみつ》な考証を経たその仕事は今日の歴史研究の水準でもって確認できる事実が押さえられている一方、確実な事実と認めることのできない記述もかなり多いので、多くの研究者も歴史史料として扱いあぐねているのが現状といえよう。椿井権《ごん》之輔《のすけ》ののこした仕事を、完全に否定するのは不可能であり、逆に全面的に信用することも危険であるが、新たな事実を掘り起こす手掛かりとしては大変興味深い史料であることは事実であり、十分な検討を行った上で活用することが期待される。

また、平成一〇年（一九九八）に栗東《りっとう》歴史民俗博物館で開催された「近江の歴史家群像」という企画展のなかでも、椿井政隆について次のように触れられている。

旺盛《おうせい》な史料収集に支えられた椿井権之輔の歴史研究を完全に否定することもまた、不可能である。今後は十分な史料批判を踏まえた上で、椿井権之輔ののこした史料を活用していくことが求められよう。

椿井文書の存在に気づいても、基本的には全否定することなく、注意しながら活用することを促すのである。椿井文書の多くが、地域の由緒を語るうえで欠かせない存在となっているため、地元感情に配慮してこのような書きぶりとなっているのであろう。しかし、椿井政隆が調査をしていた事実が部分的に判明しているとはいえ、それをもって他の椿井文書まで彼の調査成果だとするのも飛躍がある。そもそも調査成果を記録するのであれば、年代を偽ったり、作成者を偽装したりする必要はない。この点は、藤本孝一の指摘とも共通する問題点といえる。

ここまでみてきた椿井文書への従来の対応を踏まえると、椿井文書と判定する方法を提示してその全貌を把握したうえで、椿井政隆による調査の実態や偽作の目的などを明らかにすることが課題となってくる。

椿井政隆の出自と生涯

これまで世間にほとんど知られていなかったように、本書の主人公である椿井政隆は謎多き人物である。正直、筆者もまだよくわかっていない部分があるが、現時点で判明している彼の略歴をまとめておきたい。

椿井政隆が作成したと考えられる系図に、子孫がその後の情報を加筆した「平群《へぐり》姓正嫡椿井家系図」によると、椿井家は孝安《こうあん》天皇の第一皇子である大吉備諸進《おおきびのもろすすみのみこと》尊が大和国平群《へぐり》郡に住んだことに始まる平群姓の一族で、天智《てんじ》天皇の時代から平群郡椿井（奈良県生駒《いこま》郡平群町《へぐりちょう》）の居所にちなみ椿井の名を用いはじめたとされる。戦国期に入ると、山城国相楽郡のうち薗辺《そのべ》（薗部）に居城を構えて、当地を椿井に改名したという。以後、子孫はここ椿井村（京都府木津川市）に居住した。なお、薗辺なる地名は、たしかな史料では見受けられない。

それに対して、寛永《かんえい》一八年（一六四一）に編纂が始まった『寛永諸家系図伝』では、戦国末期の椿井政勝《まさかつ》が初代となっており、藤原《ふじわら》姓とされる。寛政《かんせい》一一年（一七九九）に編纂が始まった『寛政重修諸家譜《かんせいちょうしゅうしょかふ》』でも、その点は同様である。これらの系図に従えば、政勝の子である政吉《まさよし》・政定《まささだ》兄弟のうち、政吉の系統が江戸に出て旗本となり、政定の系統が山城国に残った。弘治《こうじ》四年（一五五八）に政勝が寄進した太鼓が地元の神童寺《じんどうじ》に残されていることや、永禄《えいろく》一〇年（一五六七）に政定へ宛てた三好義継《みよしよしつぐ》の書状が残されていることなどから、この系譜は信用してよいかと思われる。

後者の系図二点は、旗本椿井氏（のちに内藤《ないとう》氏となる）が幕府に提出した系図をもとに編纂されたものである。これらと「平群姓正嫡椿井家系図」との齟齬からは、近世のいつかの段階で、山城国の椿井氏が藤原姓から大和出身の平群姓に改変したことを想定できよう。

興味深いのは、『寛永諸家系図伝』では先祖以来山城国椿井に居住していたとするのに対し、『寛政重修諸家譜』では平群郡椿井から「薗部庄」に移ってきて「椿井庄」に改称したと追記されることである。それだけでなく、「平群姓正嫡椿井家系図」に合わせるように政吉と政定の兄弟の序列を逆転させていることも注目される。『寛政重修諸家譜』には、政定の部分に

「子孫連綿して山城国相楽郡椿井村に在」とも記されることから、江戸の旗本家が山城国に残った家と交流するなかで情報を得て、系譜に加筆を施したようである。それでも平群姓が受け入れられていないように、全てが鵜呑《うの》みにされたわけではないことは注目されよう。「平群姓正嫡椿井家系図」には、椿井政隆の情報が次のように記される。

政隆
交名《きょうみょう》　広雄《ひろお》　道号　懐暎《かいえい》
始　政昌《まさあき》　幼名　藤千代《ふじちよ》　更　市郎丸《いちろうまる》
右馬丞《うまのじょう》　椿井権之助《ごんのすけ》
母椿井助舎《すけいえ》女　松寿院《しょうじゅいん》
明和《めいわ》七庚寅《かのえとら》年五月廿五日出生、享和《きょうわ》三癸亥《みずのとい》年八月十三日如先《せんきのごとく》規家督相続被為仰付《おおせつけなさる》
矣、文政二己卯《つちのとう》年六月十一日未刻《ひつじのこく》江州蒲生郡《ごうしゅうがもう》麻生山《あそうやま》斬殺大蛇、其長十余丈許《ばかり》也、
寂其名高世上云々《うんぬん》、
法号　南照院誠誉至頓政隆大徳《なんしょういんせいよしとんせいりゅうだいとく》
天保《てんぽう》八酉《とり》年十二月廿六日卒　行年六十八歳

生没年や体長三〇メートルを超える大蛇を退治したエピソードなど、興味深い情報が記され

る。これとは別に、世に出回っている文政六年（一八二三）版の『続浪華郷友録《ぞくなにわきょうゆうろく》』という人名録には、「南龍堂《なんりゅうどう》　椿井流兵学・古実・国学・有職《ゆうそく》及物産、名広雄・字応龍《あざなおうりゅう》、山城泉河辺《いずみかわへん》上狛士《かみごまし》　椿井権之輔」ともみえる［図２］。そのため、最近は椿井「権之輔」と表記されることが多いが、彼が自署するときは「平群姓正嫡椿井家系図」にもみえるように基本的には「権之助」である。まれに「員外郎中《いんがいろうちゅう》」という肩書も用いているが、これは権之助を唐風にしてみたものであろう。

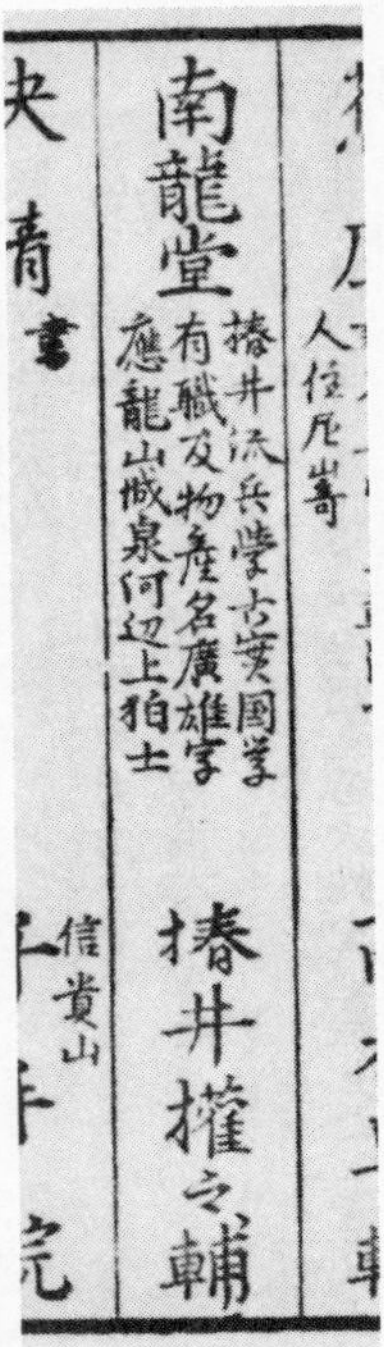

図２　『続浪華郷友録』（『近世人名録集成』第１巻）

　右の二点の史料を並べると、諱《いみな》ははじめ政昌でのちに政隆に改めたこと、堂号は南龍堂で、交名（通称）は広雄、道号（仏道に入った者の号）は懐暎、字は応龍、幼いころは藤千代・市郎丸と名乗り、成人して通称を「右馬丞」、のちに権之助へと改めたことがわかる。また椿井政隆は、椿井流兵学のほか国学や有職故実《ゆうそくこじつ》・本草学《ほんぞうがく》に通じていたらしい。彼が兵学に通じていたことを示す史料はほとんど見当たらないが、文化《ぶんか》五年（一八〇八）一一月の「吉田流鳴弦蟇《よしだりゅうめいげんひき》目巻《めのまき》」［図３］では、「城州住　椿井権之助平群政隆」と署名して免許しているので、弓術の指

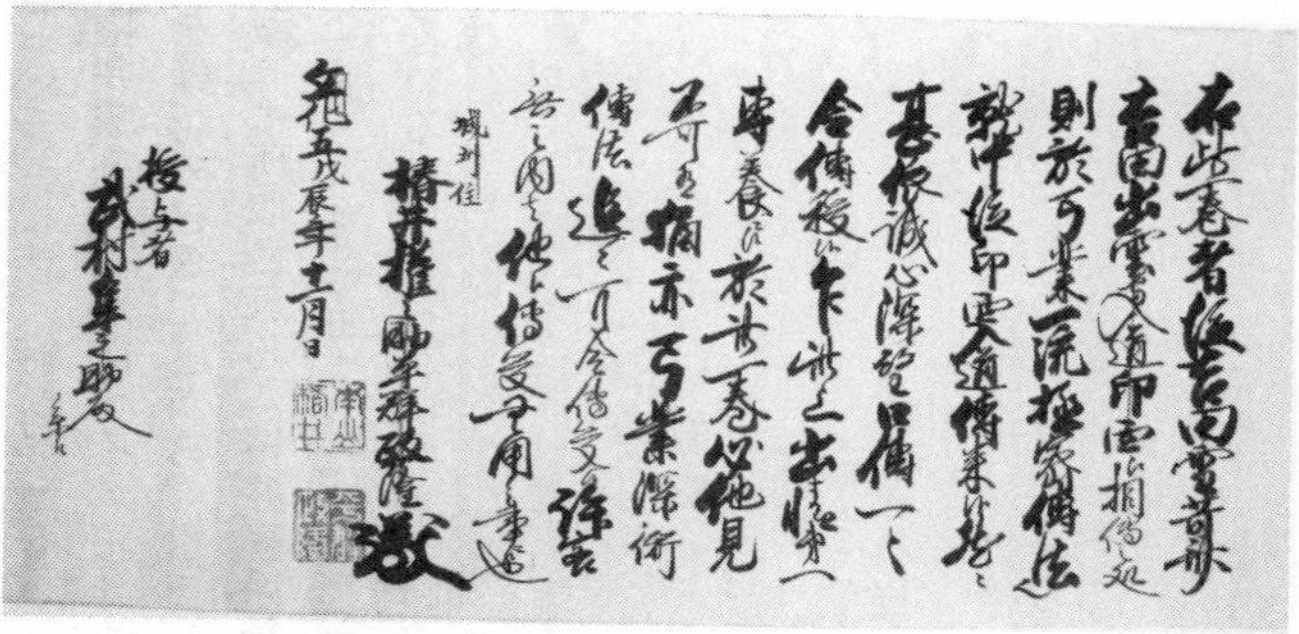

図３　「吉田流鳴弦蟇目巻」（筆者蔵）

南をしていたことは確認できる。

寛政六年（一七九四）の「興福寺《こうふくじ》元衆徒《もとしゅと》中御門《なかみかど》系図《けいず》」（東京大学史料編纂所蔵）には、「行年弐拾五歳」の椿井政隆が「椿井右馬助《うまのすけ》平群懐暎胤政《たねまさ》」と署名している。ここから明和七年（一七七〇）という「平群姓正嫡椿井家系図」が示す生年が裏付けられるとともに、そこでの「右馬丞」は「右馬助」の誤りとも判断できる。なお、椿井政隆は、「胤政」という諱をごくまれに用いている。これは、宝蔵院《ほうぞういん》流槍術《りゅうそうじゅつ》とも関わりの深い中御門《なかみかど》家が代々用いた「胤」の通字と椿井家の「政」の通字を組み合わせたもののようである。「市原野《いちはらの》惣荘《そうしょう》白鳥《しらとり》大宮御神事記」（『永源寺《えいげんじ》町《ちょう》の歴史探訪』Ｉ）では、「古市播磨《ふるいちはりま》　藤原胤政」とも署名しているので、厳密には、中御門家の本家筋で「胤」を通字とした名族古市《ふるいち》氏の一族でもあることを主張したいようである。

のち、寛政一一年（一七九九）四月の『粟津《あわづ》拾遺集《しゅういしゅう》』では、「雍州《ようしゅう》住士」の「椿　権之助平群政隆」と署名しているので、これ以前に通称を権之助へ、諱を政隆へと改めている。以後、呼称を変えることなく、天保八年(一八三七)に生涯を終える。「平群姓正嫡椿井家系図」が記すその没年を裏付ける決定的な史料はないが、天保三〜四年ころまでは活動を確認できることから、信用してよいかと思われる。なお、「諸系譜」第三冊(国立国会図書館蔵)に所収される「椿井家系継」には、椿井政隆の没年が天保一一年と記されるが、文政三年(一八二〇)に生まれた政隆嫡子の政福《まさとみ》(万次郎《まんじろう》)が天保一一年になってようやく家督を相続しているので、それに引きつけられた誤記と考えられる。

第二章　どのように作成されたか

1　津田山の山論と由緒

津田城の構造

ここでは、偽史が生成される過程を段階的にたどれるモデルケースを紹介することで、椿井文書がいかなる状況下で作成されるのか説明しておきたい。対象となるのは、前章でも触れた大阪府枚方市東部の津田山周辺地域とその山頂にある津田城である［図4］。津田山とは、山頂部分の国見山《くにみやま》を含む周辺の山地一帯を指す。

『津田史』や『枚方市史』などによると、津田城は、旧来の領主中原《なかはら》氏を駆逐した津田周防守《すおうのかみ》正信《まさのぶ》によって、延徳《えんとく》二年（一四九〇）に築かれたとされる。その孫にあたる正明《まさあき》の代には、三好長慶《ながよし》に仕えることによって茨田《まった》郡の友《とも》（鞆）呂岐《ろぎ》六郷（大阪府寝屋川《ねやがわ》市北部）と交野《かたの》郡の牧《まき》八

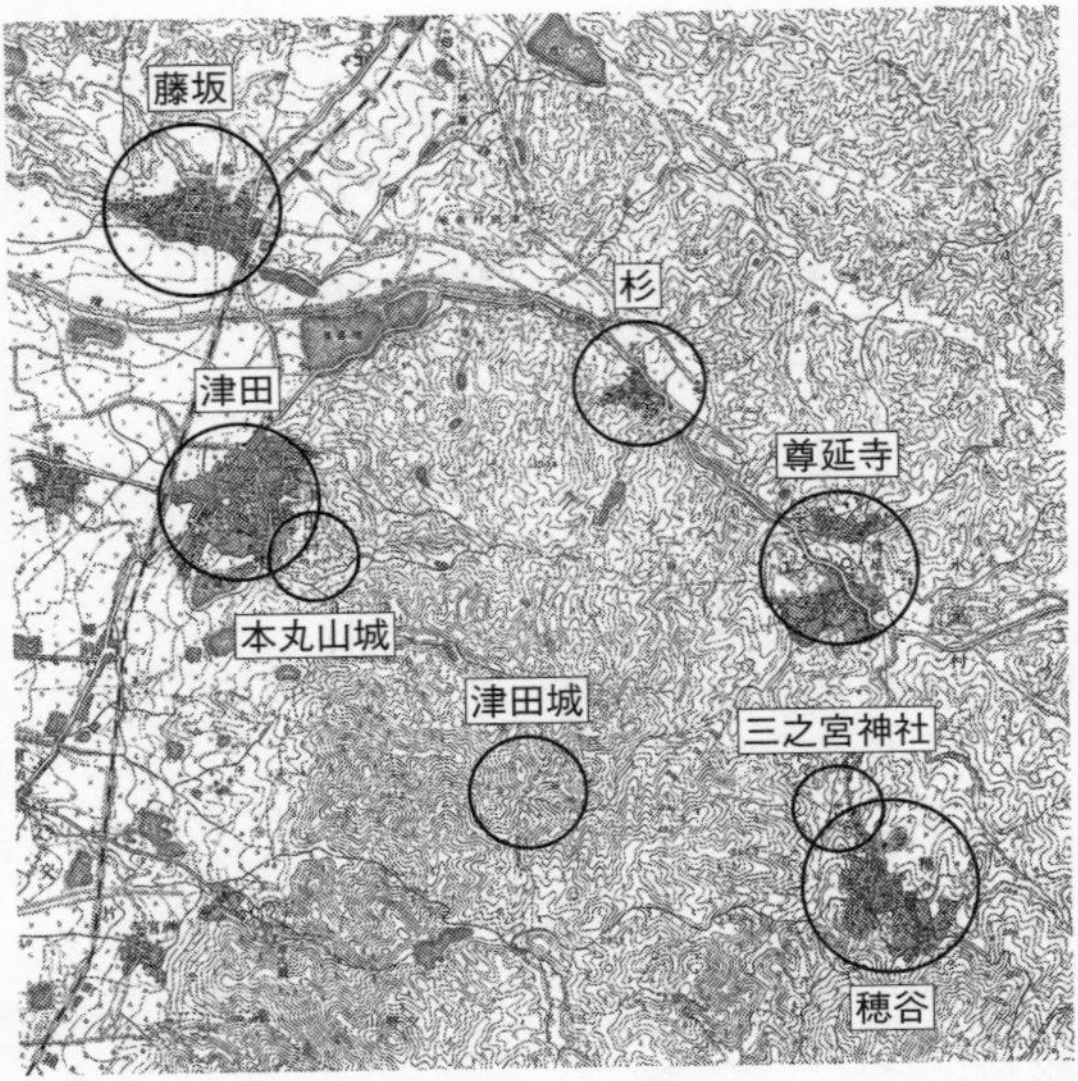

図4　津田山周辺地域（2.5万分１地形図「枚方」1922年測図に加筆）

郷（枚方市中西部）を安堵《あんど》され、枚方市域の大部分を治めたという。これが事実だとすると、北河内《きたかわち》最大の領主である。

では、津田城の構造を縄張図に従ってみてみよう［図5］。城下の北側から谷筋を登り切ったところに中心となる人工的な削平地《さくへいち》（城郭研究では曲輪《くるわ》と呼ぶ）がある。今は何も残されていないが、建物の敷地として造成されたものであろう。現在、歩道が中央を走っているため曲輪Ⅰ・Ⅱは分断されているが、平坦面《へいたん》の高さが一致するため、かつては方形に整えられた区画であったと推察される。国見山の山頂は、そこから西側の尾根筋に伸びる土塁Cを登り切った北端となる。

いくつか山城を歩いたことのある者ならば、津田城は通常の山城ではありえない極めて特異な構造を持っていることに気づくであろう。なぜなら、本丸ともいうべき中心となる曲輪は、まさに最後の砦《とりで》になるため、基本的には山頂に設けられるはずだからである。しかし曲輪Ⅰ・Ⅱは谷の最奥部にあり、仮に攻城兵が国見山山頂に陣取ってしまえば、上部から矢の雨に晒《さら》されてしまう。防御ラインにも不可解な点が多い。たしかに曲輪Ⅰ・Ⅱの南側には強固な土塁で挟まれた立派な入口Aがあり、さらにその先には土橋Bがあって容易に入ることのできない構造となっている。だが、ここは城下とは逆方向である。肝心の城下となる北側には、防御施設が一切ない。

ここから津田氏は戦術に疎かったという結論を導き出すことも不可能ではなかろうが、それよりも、そもそもこれは本当に城なのかという疑問を持つほうが自然である。

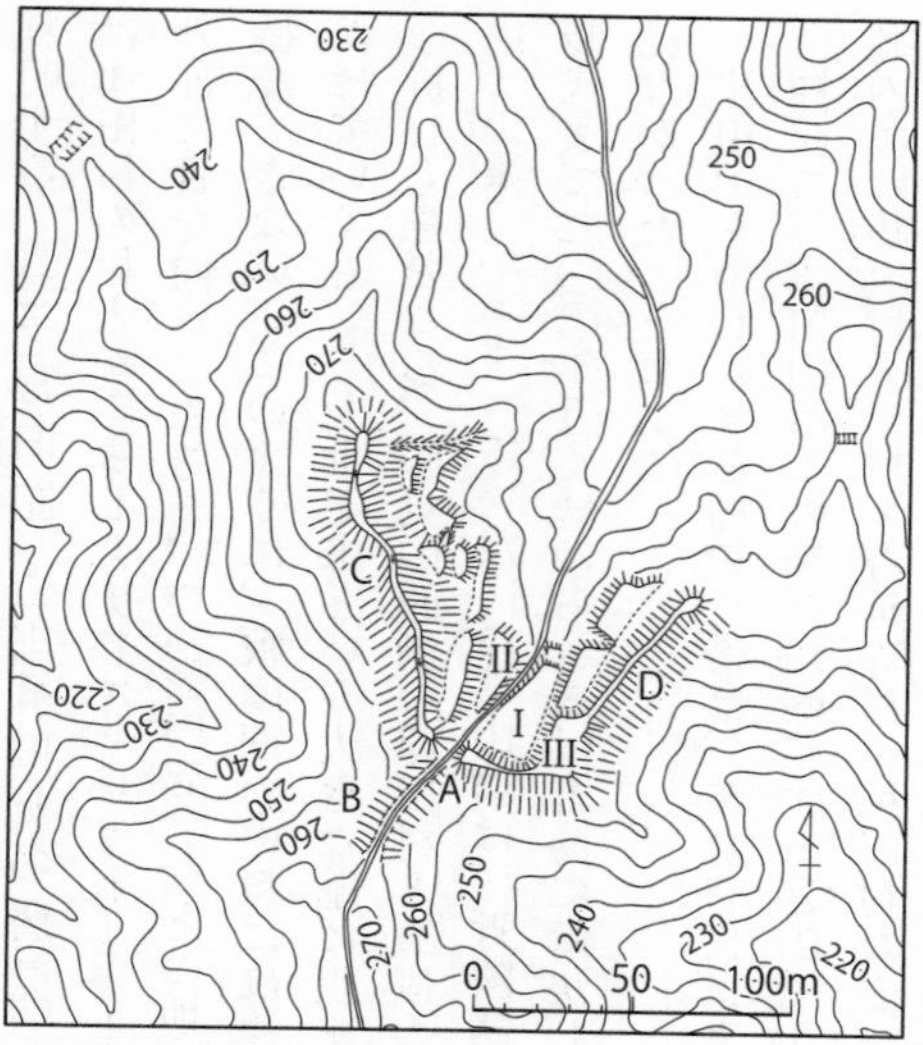

図５　津田城縄張図

津田山の山論

津田城が津田氏の居城であることを記した史料を探してみると、意外な事実が判明する。「三之宮旧記《きゅうき》」・「当郷旧跡名勝誌《とうごうきゅうせきめいしょうし》」・「国見城主歴代略縁《くにみじょうしゅれきだいりゃくえん》」など、そのほとんどは津田村の村人が編纂した史料で、いずれも一七世紀末以降のものなのである。また、津田村外部に目を向けてみると、『五畿内志《ごきないし》』などの地誌にしばしばみえるが、一八世紀以降にしか確認できない。このように、戦国期の史料には津田氏の姿が見当たらず、津田氏の実像を追いかけていくと、一七世紀末という大きな壁に阻まれる。

折しもそのころ、国見山西側の津田村と東側の穂谷村との間で、津田山の支配権をめぐる争い（山論《さんろん》）が始まっていた。この山論は、近隣諸村をも巻き込みながら、波はあるものの明治時代まで二〇〇年近く続けられる。容易に解決しなかった要因は、単純に境界をめぐる争いではなかったことにある。

津田山を中心とする周辺一帯は、鎌倉時代以来津田郷と呼ばれていた。津田郷の氏神は三之宮神社で、津田山はこの神社に帰属する宮山であった。その後、山間部の開発が進むと、津田郷内には藤坂《ふじさか》村・杉《すぎ》村・尊延寺《そえんじ》村・穂谷村など、新たな集落が次々に誕生した。しかし、これら後発の村々は、三之宮神社の祭祀《さいし》にあたって奉加《ほうが》という協力者の立場にしかありつくことができず、主催者である願主《がんしゅ》はあくまで津田郷の本村である津田村のみであった。戦国末期にその関係は解消され、三之宮神社は津田村以下五ヶ村の惣社《そうじゃ》となるものの、歴史的経緯から津田山の支配権は津田村に限定されていた。

ところが厄介なことに、津田郷内に次々と集落が形成されていった結果、三之宮神社は穂谷村の中に立地することになってしまった。一七世紀末の山論は、穂谷村がこの矛盾を利用し、自村にも津田山の支配権があることを主張したことに端を発する。

この争いは、元禄《げんろく》七年（一六九四）に京都町奉行所での裁判に持ち込まれるが、歴史的にみても津田村の支配に正当性があり、翌年津田村の勝訴に終わった。この争いの渦中、先にあげた「三之宮旧記」などの津田村の歴史をまとめた書物が次々と編纂される。これは、津田村による津田山支配の正当性を主張するためであろう。そのなかではじめて津田氏の存在が生み出されるのである。

裁判にあたって津田村が提出した津田山絵図には、その中央に津田氏の城が描かれ、周辺には計九ヶ所にわたり「津田村山内」と記されていた。いうまでもなく、これは津田村の津田氏の城があったので、津田山は自村のものなのだということを視覚に訴えたものである。このように、津田氏の存在は山論をより優位に進めようとする津田村によって生み出された。結果、津田村の主張が公的な裁判で認められたことによって、津田城の名は巷間に知られることとなる。

山岳寺院の可能性

津田氏と津田城の存在が疑われなかったのは、現実に遺構があったからであろう。しかし、どうもこれは城ではなさそうである。そこで、城郭とは別の視点で国見山の歴史を遡ってみてみると、国見山を含む生駒《いこま》山系が、かつて山岳修験の修行の場であったことを知ることができる。鎌倉時代の「諸山縁起《しょざんえんぎ》」という史料には、南北に伸びる生駒山系に一定間隔で置かれた宿坊が列挙されるが、そのうち交野山《こうのさん》と尊延寺《そえんじ》の間の宿坊として「高峯《たかみね》」の存在が確認できる。事実、かつて国見山は地元でもそう呼ばれていたことから、津田城といわれる遺構は、実は山岳寺院のものである可能性が極めて高い。山頂部分には手を加えず、そこから若干下った谷地形の最奥部に中心となる坊舎を置くのが山岳寺院の一般的な構造であることを踏まえると、そう考えるのが自然である。

ただし、山岳寺院と限定的にみるのも厳密には誤りかと思われる。永禄七年（一五六四）に畿内の覇者三好長慶が没すると、配下の松永久秀《まつながひさひで》と三好三人衆（三好長逸《ながやす》・三好宗渭《そうい》・石成友通《いわなりともみち》）の間で対立が激化する。その渦中、大和の松永久秀が河内方面へ進出するときには津田を足がかりとし、逆に三好勢が大和を攻撃する際も同じく津田を足がかりとしているように、津田城が軍事的に利用された形跡を文献で確認できる。おそらくは山岳寺院跡を駐屯地として利用したのであろう。曲輪Ⅰ・Ⅱ以外にこまごまと残る削平地は、そのときのものではなかろうか。

そしてこの事例からは、津田郷が特定の武将の配下になく、両属的な地域であったことがみてとれる。このような性格は、国境や山間部などの勢力間の境界付近で一揆の自治が展開する地帯によくみられ、津田郷のすぐ東にあたる南山城の一揆も同様の性格を持つ。こうしたことから、津田郷は津田氏のような有力領主を生み出す環境にはなく、山城国縁辺に広がる一揆地帯の一部であったと想定される。戦国末期に三之宮神社が津田村一村の氏神から周辺五ヶ村の惣社へと変化したのも、たび重なる外部勢力の侵攻に対して、津田郷の人々が結束した結果と捉えられよう。

「津田城」対「氷室」

話を一七世紀末に戻し、津田城がこの地域の歴史に定着する過程をみておきたい。穂谷村にとって、敗訴の直接的理由は理解の範疇《はんちゅう》にあったと思われるが、津田氏と津田城の存在は寝耳に水の話であり、素直に納得できるものではなかった。以後の穂谷村の言動をみれば、その点は明白である。

その穂谷村の言動とは、穂谷にかつて氷室があったという新たな由緒の主張である。氷室とは氷の貯蔵庫で、古代においては食品の保存などのために朝廷に氷を供給する施設であった。これがまず最初に穂谷に設けられ、さらに天長《てんちょう》八年（八三一）には尊延寺・杉・傍示《ほうじ》（大阪府交野《かたの》市）に増設されたというのである。これによって、朝廷と結びつきが深い穂谷こそが、元来この地域の中心的存在だと主張するようになる。

たしかに、平安後期に成立した歴史書『日本紀略《にほんきりゃく》』には、天長八年に河内と山城に三ヶ所ずつ氷室を増設したと記される。穂谷村はその記述に目をつけ、具体的に河内のどことは記されていないことを逆手にとって利用したのであろう。氷室に目をつけた理由も明白である。平野部に面し近隣では最大の村であった津田村に対し、穂谷村は山間の小村であった。数の論理でも不利な穂谷村が津田村と戦うには、同じく山間部の尊延寺村・杉村との連繫《れんけい》を必要とした。その点で、所在不明の氷室が三ヶ所増設されたという事実は、三之宮神社のある穂谷村の優位性を示すと同時に、三ヶ村の結束を固める格好の素材であった。この物語に、津田山山論や三之宮神社とは無関係の傍示村が加えられた理由も、物語の信憑性《しんぴょうせい》を高めるためである。なぜなら、傍示村には氷室山八葉蓮華寺《ひむろさんはちようれんげじ》という寺があり、氷室の伝承が残っていたからである。

氷室伝説が一七世紀末の津田城伝説にやや遅れて登場することは、長期にわたって残る津田村の庄屋《しょうや》日記で確認することができる。三之宮神社では、雨乞《あまご》い神事が頻繁に行われていたが、その結果雨が降ると、村々は神社に能や狂言を奉納し返礼するのが習わしであった。一八世紀以降、穂谷村や尊延寺村が能を奉納するときには、五番演じるうち一番目の演目は必ず「氷室」となる。その初見は享保《きょうほう》一九年（一七三四）で、津田村の庄屋にとってその言葉は聞き慣れなかったとみえ、「ひむろ」とふりがなが振られている。

かくして氷室の存在は徐々に定着し、同時に穂谷・尊延寺・杉村は結束を固めることとなった。その熱が上がれば上がるほど、対する津田村も津田氏の存在を語ることとなる。このように利権が絡んだ争いを背景としているため、互いに積極的に伝説を主張することとなり、ありもしない伝説が定着をみたのであった。

その後も波はありつつも、津田山の山論は明治時代まで継続する。その過程で、椿井政隆もこの地域に足を伸ばしてくる。その年代まではっきりしないが、椿井政隆が成人した一八世紀末ごろには、津田山の山論が始まってからすでに一世紀を過ぎようとしていた。

2　着眼点

椿井政隆が出没する場所

枚方市東部に氷室があったとする言説は、一八世紀前半に創作されたものであるが、それとは矛盾する古文書が三之宮神社には残されている。「氷室本郷穂谷来因之紀《ひむろほんごうほたにらいいんのき》」と題されたそれは、永正《えいしょう》一七年（一五二〇）に南都興福寺《こうふくじ》の組織運営にあたった三綱《さんごう》が氷室のできた由来を承認するもので、花押もしっかりと据えられている。この年紀が信じられることによって、氷室の実在性は高められていた。それとともに、「氷室郷惣社穂谷三之宮大明神年表録《ひむろごうそうじゃだいみょうじんねんぴょうろく》」と題した史料も残されているが、津田郷の惣社を「氷室郷惣社」とし、あたかも穂谷村の神社のように記していることから、これも明らかに穂谷村の論理で記した偽文書である。おいおいみていくように、三之宮神社に残る五点の史料はいずれも椿井政隆が作成したものである。椿井政隆は、このように伝統的な利権が絡んだ村同士の争いがある場にしばしば登場する。

類例として、近江国坂田《さかた》郡筑摩《ちくま》村（滋賀県米原《まいばら》市）の筑摩《ちくま》神社を描いた「筑摩社並七ヶ寺《ちくましゃならびにしちかじ》之《の》絵《え》図《ず》」をあげておこう（口絵2）。これの画面左下には「藤原胤政謹画」と記されており、椿井政隆が変名で描いたことがわかる。この絵図にも描かれる筑摩江《ちくまえ》は、入江内湖《いりえないこ》とも呼ばれる。入江内湖は、現在は干拓されているが、かつては琵琶湖《びわこ》岸の筑摩村と磯《いそ》村の間を結ぶ砂州で外湖と区分されていた［図6］。地元には地震によって琵琶湖に集落が沈んだという伝承があり、実際に湖底の尚江千軒《なおえせんげん》遺跡からは遺物も確認されている。椿井政隆はこれらの情報に接して、集落が沈む前の姿を「筑摩社並七ヶ寺之絵図」に描いたものと思われる。ただし、純粋な学問的考察の結果を反映させたわけではなかった。

近世における入江内湖の漁業については、磯村が特権的な支配権を握っていた。そのため、入江内湖に面した他の村との軋轢《あつれき》は避けられなかった。例えば、寛永年間（一六二四〜四四）には、筑摩村をはじめとする中多良《なかたら》・下多良《しもたら》・梅ヶ原《うめがはら》・朝妻《あさづま》・中島《なかじま》の六ヶ村と磯村との間で、漁業権をめぐる相論が起こっている。その後も、江戸時代を通じて、磯村と入江内湖に面した村々の相論はたびたび発生した。

このような対立を踏まえて、「筑摩社並七ヶ寺之絵図」を改めてみてみたい。筑摩村と磯村の間を結ぶ砂州が存在した部分には巨大な島が描かれ、近世の磯村集落が存在するあたりには「筑摩《ちくま》之《の》内神立《うちこうだち》」という筑摩村から分立した集落が配置されている。その結果、磯村の集落は磯崎《いそざき》神社の岩山に隠れるように大きく後退している。つまり、近世に砂州となっている部分は、かつては全て筑摩村領であったと主張しているのである。入江内湖の漁業権をめぐる対立がこ

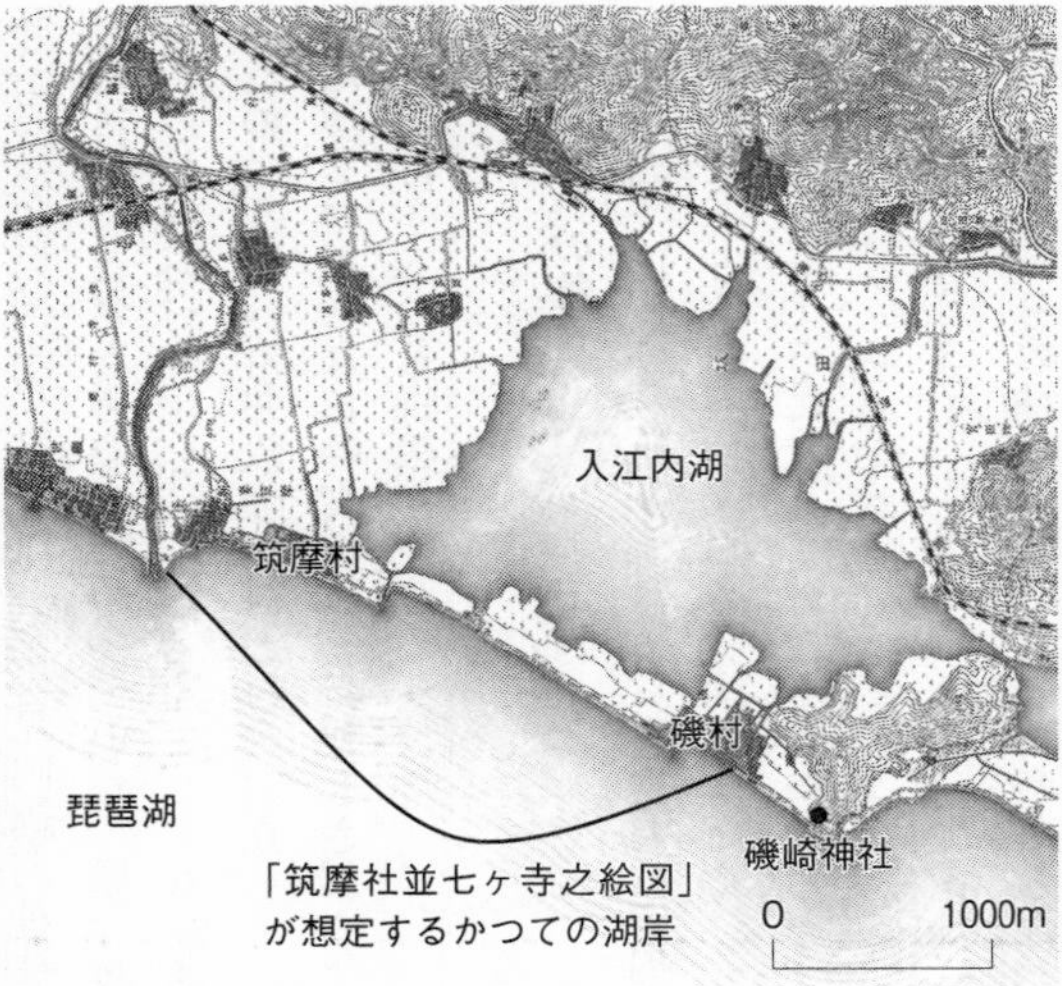

図6　明治時代の地図と「筑摩社並七ヶ寺之絵図」の対比　左が北（2万分1正式図「彦根」1893年測図に加筆）

の絵図を作成した背景にあり、そこでの争いで筑摩村が有利となるように配慮していることは明白である。

そのほか、近世後期の村と村の対立でよくみられるのは、式内社の比定地をめぐる争いである。式内社とは、祈年祭で神祇官《じんぎかん》や国《こく》司《し》から幣帛《へいはく》を授かる神社のことで、延《えん》長《ちょう》五年（九二七）に成立した「延喜《えんぎ》式神名帳《しきじんみょうちょう》」に掲載されており、国家的祭祀の末端に位置づけられていた。「延喜式神名帳」には郡名しか所在の情報が記されないため、近世になると郡内のどの神社に相当するのかしばしば議論となっていた。このような議論の対象となる式内社のことを論社《ろんしゃ》という。

その一例として、式内「馬見岡神社」をあげておく。一八世紀末ごろから、近江国蒲生郡においては、日野村《ひのむら》井町《いちょう》（滋賀県蒲生郡日野町《ひのちょう》）の馬見岡綿向神社《うまみおかわたむき》と岩倉村《いわくら》（同県近江八幡市《おうみはちまん》）の馬見岡《まみおか》神社が、馬見岡神社の社名をめぐって争っていた。椿井政隆はそこにも現れ、岩倉村に荷担するかたちで、相手となる綿向神社を「式外之神」とする鐘銘を偽作している。

このように、椿井政隆は村と村が対立しているところによく出没する。なぜなら、論争を有利に導く材料となる偽文書は、必要とされやすいからである。その際、地域の中核にあたる神社に着目するのも特徴といえよう。

式内社への着目

律令制《りつりょうせい》の崩壊とともに、延喜式神名帳に掲載される式内社の存在は忘却される。そして近世までに、各地の神社は固有名詞ではなく、大半が「春日社《かすがしゃ》」・「八幡社《はちまんしゃ》」のように普遍的な神名で呼ばれるようになる。近世中期になると、そのような各地の神社を式内社に比定する作業が進められる。その作業に先鞭《せんべん》をつけたのは、並河誠所《なびかせいしょ》（一六六八～一七三八）が編纂し、享保二〇年（一七三五）に刊行された『五畿内志』であった。以後、『五畿内志』の情報を基礎としつつも、その補訂が知識人の関心事となっていく。現在の社名の多くは、このような考証の積み重ねをもとに、明治新政府が定めたものである。

例に漏れず、椿井政隆も式内社に関心を寄せていた。その様子がよくわかる一例として、「下司息長宿禰《げしおきながのすくね》」らが康元《こうげん》元年（一二五六）に作成したという体裁で椿井政隆が創作した「朱《す》智牛頭天王宮流紀疏《ちごずてんのうぐうるきそ》」を紹介しておく。

現在、式内社の朱智《しゅち》神社は山城国綴喜《つづき》郡天王《てんのう》村（京都府京田辺《きょうたなべ》市）に比定されている。ただし、境内にある石灯籠《いしどうろう》などの前近代の遺物には、ことごとく「牛頭天王社《ごずてんのうしゃ》」と彫られているように、朱智神社の名称で定着するのは近代以降のことである。当社は、普賢《ふげんじ》寺郷全体の氏神であった。普賢寺郷は、京田辺市の普賢寺川流域にあたる高木《たかぎ》・南山《みなみやま》・出垣内《でがいと》・宮《みや》ノ口《くち》・多々羅《たたら》・上《かみ》・水取《みずとり》・高船《たかふね》・打田《うった》・天王《てんのう》の一〇ヶ村で構成され、普賢寺谷とも称した。

並河誠所は牛頭天王社を式内社の天神社に比定したが、その説は受け入れられず、現在は旧松井《まつい》村（京田辺市）に天神社が存在する。一方の朱智神社は、延喜式には現れるが、それ以降の史料には現れない謎多き神社で、近世の地誌でもそのいずれもが場所の比定を断念している。ときには付会を重ねてでも式内社の特定にこだわった並河誠所ですら、「在所未詳」としていた。

このような状況にありながらも、牛頭天王社は明治時代に「古名に戻して」朱智神社と改名する。根拠とされたのは、「朱智牛頭天王宮流紀疏」と考えて間違いない。この史料は、表題からもうかがえるとおり、もともと朱智神社であった天王村の神社に牛頭天王社が合祀《ごうし》された経緯を説いている。すなわち、一三世紀まではその経緯も記憶されており、名称も複合的であったが、近世には先行する朱智神社の名称が忘却されてしまったと暗にいいたいのであろう。

本書でもおいおい触れるように、椿井政隆が寺社の縁起などを作成する際は、原則として

『五畿内志』の内容に準じている。ところが、ひとり「朱智牛頭天王宮流紀疏」のみ牛頭天王社を天神社とする並河説に触れることなく、『五畿内志』と大きく齟齬している。並河誠所が、朱智神社に限って「在所未詳」としていることとあわせて考えるならば、椿井政隆は「朱智牛頭天王宮流紀疏」の作成にあたって、『五畿内志』の欠を補うことを意図していたと思われる。

さらに椿井政隆は、「朱智牛頭天王宮流紀疏」のなかで朱智神社の本来の祭神を迦邇米雷王《かにめいかずちのみこ》とする。一般にあまりなじみのない迦邇米雷王を祭神とした根拠は、享保一八年（一七三三）の跋文《ばつぶん》がある度会延経《わたらいのぶつね》の『神名帳考証《じんみょうちょうこうしょう》』で、朱智神社の祭神を「迦爾米雷《カニメヅチ》王 旧事紀《くじきに》云《いわく》、山代大筒城真若《やましろのおおつつきまわか》王児《のみこのこ》迦爾米雷王」としている点に求められる。「按雷訓豆知、豆与朱音通」（案ずるに「雷」ズチと訓ず、ズと「朱」音通す）とも称するように、度会説も単に音が通じるだけの付会であろうが、椿井政隆はここからさらに自説を展開する。

すなわち、迦邇米雷王が唯一登場する文献である『古事記《こじき》』開化《かいか》天皇の項から、迦邇米雷王の父にあたる山代大筒木真若王《やましろのおおつつきまわかのみこ》などを引用しつつ、朱智神社周辺における一族の活躍ぶりを記すのである。『古事記』によると、迦邇米雷王の子は息長宿禰王《おきながのすくねのみこ》であるが、椿井政隆は「朱《す》智筒城宿禰王《ちつつきのすくねのみこ》」という人物を父子の間に挟み込み、息長宿禰王の名も「朱智宣蛟筒城息長宿禰《すちせんかつつきおきながのすくね》」と手を加える。このように系譜に改変を加えることで、その名を継承した彼の子孫たちが朱智氏や息長《おきなが》氏を名乗り、朱智神社の祭祀を司《つかさど》ったとした。そのほかにも、当地に存在したといわれる筒城宮《つつきのみや》を設けた継体《けいたい》天皇のエピソードを交えるなど、記紀を多用しながら朱智神社の由緒を形成するのである。

以上のように、「在所未詳」の朱智神社をはじめて現地比定したのは椿井政隆であった。さらに彼は、自説をさも傍証するかのような関連史料を次々と創作する。そのため、「朱智」という文言が入る史料は、まず間違いなく椿井文書ということができる。後述するように、椿井政隆は朱智神社に執拗《しつよう》にこだわって偽文書を作成するため、この点が椿井文書の判定基準として有効に機能する。例えば、「興福寺官務牒疏」のほか、「観心山普賢教法寺四至内之図」や「筒城郷朱智庄《つつきごうすちのしょう》・佐賀庄両惣図《さがのしょうりょうそうず》」なども、「朱智」の文言がみえるので椿井文書と確定することができる。

富農への配慮

中核となる神社の縁起が地域のなかで受容されると、内容的にそれと関連する偽文書も受け入れられやすくなる。その典型は、神社周辺に居住する富農の系図である。身分上昇を図る富農にとって、かつては有力な武士だったと語る系図は、喉《のど》から手が出るほど欲しいものであったに違いない。

そうした系図の信憑性を高めるための工夫の一つが、『古事記』や『日本書紀《にほんしょき》』などの史書に掲載される固有名詞を転用し、対象とする地域の神社や寺院の山号に命名するという作業である。普賢寺谷の事例をあげると、当地にある観音寺《かんのんじ》を中世までは「普賢寺」あるいは「普賢《ふげん》教法寺《きょうほうじ》」と称したことにしてしまい、朱智神社をその鎮守としたうえで、その寺に「息長《おきなが》山《さん》」という山号を与えてしまうのである。そうすることで、「息長」や「朱智」といった本来普賢寺谷とは無関係の固有名詞も、いわくありげなものとなる。そのうえで、寺社に属する「息長」や「朱智」という名字《みょうじ》の侍を祖とする系図を量産するのである。このように寺社と侍を連関させるのも、椿井文書の特徴といえる。

その量も尋常ではない。例えば、明治二八年（一八九五）に津田村の三宅源治郎《みやけげんじろう》は、椿井政隆が各地で集めてきたという触れ込みの系図を購入しているが、その数は二〇家分にものぼった。実際はいずれも椿井政隆が作成したもので、その内訳は、河内国交野郡津田村の塚本《つかもと》家・西村《にしむら》家・生嶋《いくしま》家・山本《やまもと》家・津田《つだ》家、藤坂村の寺嶋《てらしま》家・藤井《ふじい》家、長尾《ながお》村の笹田《ささだ》家・村田《むらた》家、尊延寺村の深尾《ふかお》家・村嶋《むらしま》家・辻《つじ》家、穂谷村の上武《かみたけ》家・影山《かげやま》家・重村《しげむら》家・神田《かんだ》家・南《みなみ》家、私部村の北田《きただ》家・安見《やすみ》家、そして山城国綴喜郡岩田《いわた》村の山村《やまむら》家となっている。津田山周辺という限られた地域に、これだけの数が存在することに驚かされる。

そして、富農に受け入れられやすくするために、地元でよく知られる史蹟《しせき》をあらゆる場面で盛り込むのも椿井文書の特徴である。津田山周辺では、いうまでもなく「津田城」や「氷室」がふんだんに活用される。そのほかの地域でも、富農の先祖を土豪に仕立てるため、城郭や居館は頻繁に登場する。

また、富農が渦中にいる近世後期の出来事と関わらせることによって、いかにもありえそうな話を創作する点も特徴といえる。例えば、津田山周辺に残る椿井文書の系図には、戦国時代の津田城で穂谷村の土豪と津田村の土豪が争った旨が記されるが、これは津田山をめぐる近世の山論と重ね合わせたものに相違ない。「朱智」が登場することから椿井文書と判断される「佐牙神社本源紀《さがじんじゃほんげんき》」にも、同様の事例がみられる。そこでは、戦国時代に菱田《ひしだ》村の土豪菱田氏が江津《えっつ》村の佐牙《さが》神社に火を放ったとされるが、綴喜郡の江津村周辺と相楽郡の菱田村周辺では、近世を通じて郡境をめぐる争いがあった。

このように、同時代の出来事と重ね合わせながら由緒の筋書を創作する一方で、その筋書が一七世紀初頭以降にくだることがないのも椿井文書の特徴といえる。いうまでもなく、史料が少ない時代で筋書を切ることによって、反証しにくくするためである。椿井政隆が感じる史料的な壁は、史料が限られる中世と史料が豊富に残る近世という、現在の我々が認識している時代の境界とも一致している。

3　制作技術

神社の縁起

少菩提寺《しょうぼだいじ》は、近江国甲賀《こうか》郡菩提寺《ぼだいじ》村（滋賀県湖南《こなん》市、平成一六年〔二〇〇四〕の合併前までは甲西町《こうせいちょう》）にそびえる菩提寺山《ぼだいじやま》の東側斜面にあった山岳寺院で、中世までは栄華を誇ったとされ

図７　「円満山少菩提寺四至封疆之絵図」（『鈴木儀平の菩提寺歴史散歩』）

るが、近世には廃れてしまう。往時の姿を示すとされる「円満山少《えんまんざんしょう》菩提寺《ぼだいじ》四至封疆之絵図《しいしほうきょうのえず》」には、「明応《めいおう》元年壬子《みずのえね》四月廿五日」に描かれた原本を「南龍王順《なんりゅうおうじゅん》」（椿井政隆の号）が模写したという書き入れがなされている［図7］。

この絵図は明応元年（一四九二）四月の作とされるが、明応改元は七月のことなので、四月はまだ延徳四年である。このような年代表記を未来年号といい、偽文書と判断する際に一つの目安となる。興味深いことに、椿井文書には未来年号となっている例が極めて多い。以下でも折に触れて紹介するように、椿井政隆はあえて偽文書を完璧《かんぺき》なものとしないようにしている節がある。その真意ははっきりしないが、法に触れるような事態が生じた場合に備えて、戯れで作ったものと言い逃れできるように予防しているのではないかと推察される。

筆者は以前、「円満山少菩提寺四至封彊之絵図」を分析するにあたって、地元の『甲西町誌』にはこれ以外の椿井文書が掲載されていなかったため、現地調査を試みたことがある。そのときの成果を紹介することで、連鎖的に作成される椿井文書の実例や、それの検索方法について示しておきたい。

椿井政隆は、地域の中核的位置にある神社にまず間違いなく目をつけるので、湖南市立甲西図書館に赴き、菩提寺村の氏神である斎《いつき》神社の古文書を探してみた。すると、地元行政が発行していた『広報こうせい』一九八〇年一月号に紹介されている「斎大明神社紀《いつきだいみょうじんじゃき》」なるものが確認できた。「斎大明神社紀」は、文明《ぶんめい》元年（一四六九）三月に「青木治部尉《あおきじぶのじょう》檜物荘《ひもののしょう》下司《げし》職源頼教《しきみなもとのよりのり》」が記したという体裁をとっているが、例によって文明への改元は四月二八日である。

菩提寺村には、斎神社のほかにも比較的規模の大きい神社として和田《わだ》神社（祇園《ぎおん》天王社）と八王子《はちおうじ》神社がある。その二社を一括した「祇園天王八王子社縁起《ぎおんてんのうはちおうじしゃえんぎ》」なるものも、地元の住民が自費出版でまとめた『鈴木儀平《すずきぎへい》の菩提寺歴史散歩』のなかに見出すことができた［図8］。これも、文明元年（一四六九）四月に「下司職青木治部尉頼教《げしきあおきじぶのじょうよりのり》」が記した体裁をとっている。厳密には未来年号ではないが、四月末に改元した情報が、その月のうちに近江の農村部にまで浸

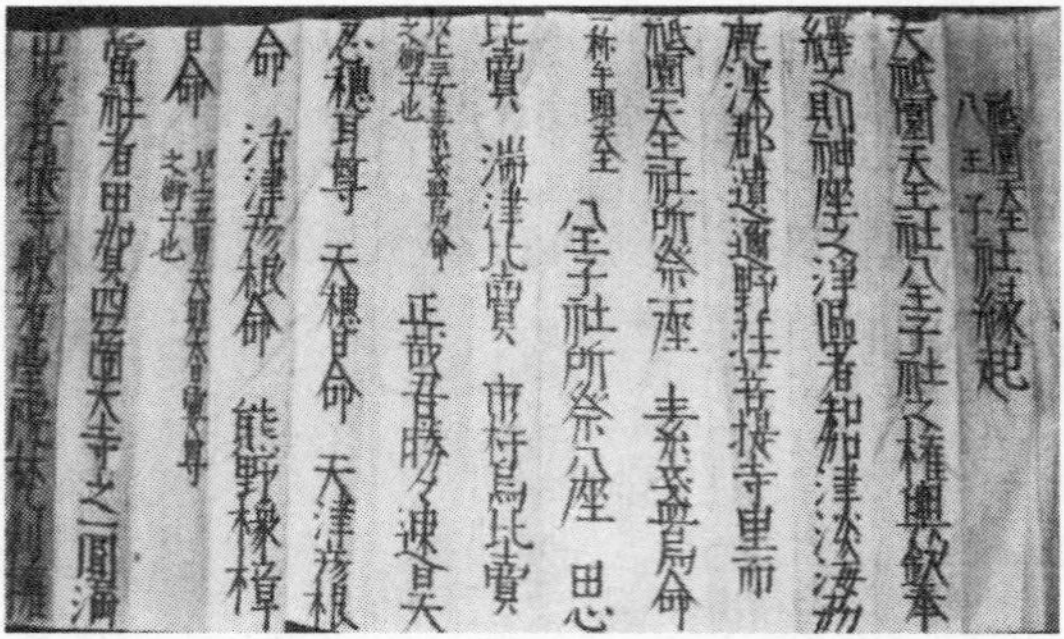

図８　「祇園天王八王子社縁起」（『鈴木儀平の菩提寺歴史散歩』）

透するかどうかも疑問なので、広義の未来年号といってもよかろう。「斎大明神社紀」では、少菩提寺の「鬼門護法鎮守」のために「経津主神《ふつぬしのかみ》・素盞烏命《すさのおのみこと》八王子神之三柱」を勧請《かんじょう》したとするが、「祇園天王八王子社縁起」でも少菩提寺の「擁護之神」として「素盞烏命・斎主神幷八王子神之三柱」を勧請したとしており、内容的にも合致する。

先述のように、椿井政隆はとりわけ論社に強い関心を持っていた。菩提寺村の隣村にあたる正福寺《しょうふくじ》村（湖南市）の式内社川田《かわた》神社は、甲賀《こうか》市水口町《みなくちちょう》北内貴《きたないき》と甲賀市土山町頓宮《つちやまちょうとんぐう》に比定する説もある論社である（『式内社調査報告』第一二巻）。隣村とはいっても、川田神社は菩提寺村と正福寺村の境界である高田砂川《たかだすながわ》から東へわずか二〇〇メートル程度なので、椿井政隆が関心を持たないはずがない。事実、「円満山少菩提寺四至封疆之絵図」には、高田砂川を越えて、絵図の右端に「河田大明神《かわただいみょうじん》」が描かれている。また、「円満山《えんまんざん》少菩提寺由縁記《ゆえんき》」という椿井文書でも、少菩提寺の「外護」として「河田大明神」が加わっている。

そこで、川田神社に肩入れした椿井文書を検索したところ、やはり『広報こうせい』一九八一年一二月号に「川田大明神紀《かわただいみょうじんき》」なるものが確認できた。これは、文明四年（一四七二）に「下司青木治部尉頼教」と「供侶大乗山住夏見寂意《くりょだいじょうざんじゅうかけんじゃくい》」が記したこととなっている。当然のことながら、「延喜式神名帳所録甲賀郡八座之一川田神社」という椿井政隆の主張が文中に盛り込まれている。図書館をあとにして現地にいってみると、川田神社の境内には、「川田大明神紀」の文面を刻んだ昭和五七年（一九八二）に建立された石碑もあった。

そのほか、『鈴木儀平の菩提寺歴史散歩』によると、「円満山少菩提寺四至封彊之絵図」が伝わる西応寺《さいおうじ》にはほかにも「功徳円満山縁由記《くどくえんまんざんえんゆき》」なるものがあり、文明五年（一四七三）に「下司青木治部尉」と「乾入道釈了賢《いぬいにゅうどうしゃくりょうけん》」が記した体裁をとっている。このように、新たに検出された椿井文書からは、文明元年から五年にかけて精力的に地域の寺社の歴史を記録した青木頼教の存在を強調する狙《ねら》いが浮かび上がってくる。確認はできていないが、もしこれで青木家系図のなかで戦国初期に青木頼教の名が存在したならば、同家の系図の信憑性は高められるであろう。おそらく、この地域の椿井文書の作成目的はそこにあると予想される。この点は、普賢寺谷における「朱智」や「息長」とも共通しており、連鎖に使用されるキーワードこそが、椿井政隆が最も主張したい内容であり、偽作の核ともいうべき部分となっている。

ここで注意したいのは、特徴的な明朝体《みんちょうたい》を用いる青木頼教の筆跡である。明朝体は、そもそも活字用の字体なので、通常は古文書に用いることはない。しかもこの筆跡は、青木頼教だけでなく、他者が記したとされる縁起でも用いられている。その事例は、大阪府枚方市の百済王《くだらおう》神社のほか［図9］、滋賀県米原市世継《よつぎ》の蛭子《ひるこ》神社［図10］、同市の勝居《かつい》神社（『伊吹町《いぶきちょう》史』通史編上）、同県愛知《えち》郡愛《あい》荘町《しょうちょう》の石部《いそべ》神社（『近江愛《え》知川町《ちがわちょう》の歴史』第一巻）、同県東近江市の熊原《くまはら》神社（『永源寺町の歴史探訪』Ⅰ）、同県野洲《やす》市の兵主《ひょうず》神社［図11］、同市の稲荷《いなり》神社（『小篠原《こしのはら》のお寺と宮さん』）などでみられるように、極めて広範囲に分布している。一行あたり一二〜一五文字程度の比較的大振りな明朝体は、椿井政隆が中世の年号を用いた神社の縁起を記す際に、好んで用いたようである。

百濟王靈祠廟由緒
夫河內國交野郡中宮原百濟
王神祠之淵源奉繹之則所祭
之神靈者百濟王之各靈也例
祀毎歳菊月朔日行之中宮林
之主神也當百濟久素王時
應神天皇遣使召久即王仁來
貢是是本朝儒道之祖也其後
人皇三十六代推古天皇敢早

図9　「百済王霊祠廟由緒」（『由緒・偽文書と地域社会』）

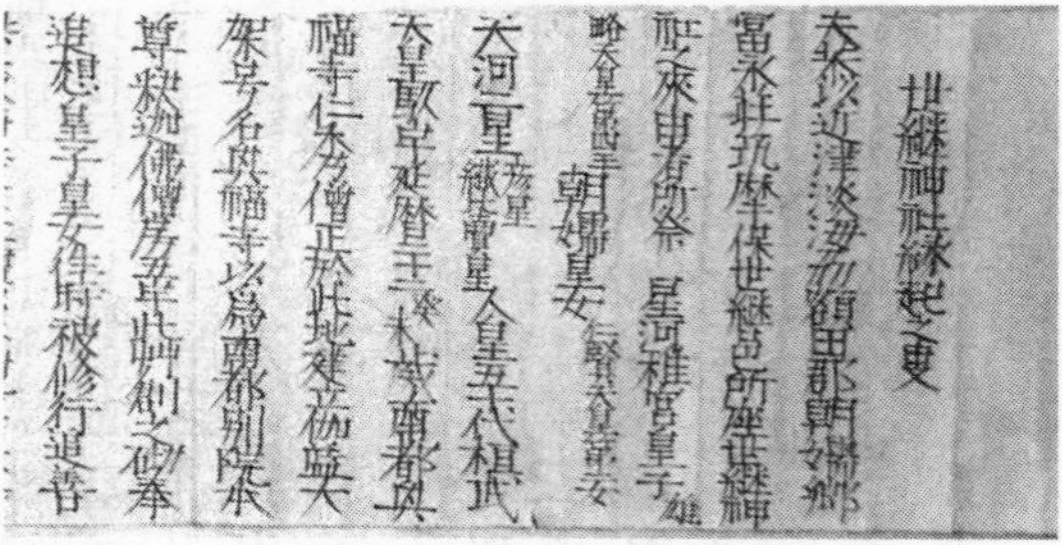
世継神社縁起之事

図10　「世継神社縁起之事」（『よつぎ史』第三号）

また、未来年号のものを一括で作成する事例も他にみられる。近江国神崎《かんざき》郡御園《みその》村（東近江市）の高屋《たかや》八幡《はちまん》神社に関係する「高屋八幡宮紀《たかやはちまんぐうき》」・「柿御園次第紀《かきみそのしだいき》」（吉瀧正勝《よしたきまさかつ》「高屋八幡神社に関する考察」）という二つの縁起は、慶長《けいちょう》元年（一五九六）九月に宗淵《そうえん》という僧が記した体裁をとっている。慶長改元は一〇月なのにである。よって、椿井政隆は意識的に未来年号を使用していたとみてよかろう。

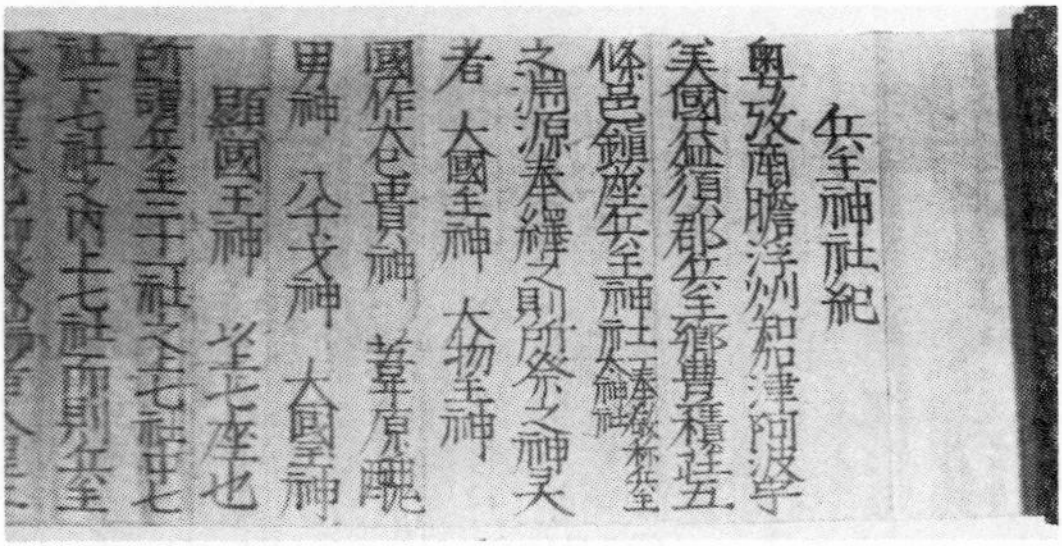

図11　「兵主神社紀」（『名勝兵主神社庭園保存整備報告書』発掘調査編）

史蹟の由緒

河内国交野郡藤坂村（大阪府枚方市）に、伝王仁《わに》墓という大阪府の指定史跡がある。王仁とは、応神《おうじん》天皇の時代に『論語《ろんご》』や『千字文《せんじもん》』を百済《くだら》から日本へもたらしたとされる人物で、菟道稚郎子《うじのわきいらつこ》の師とされるが、実在を疑問視する研究者も多い。この伝王仁墓は、文字も刻まれない高さ約一メートルの自然石で、地元では歯痛やおこりに霊験あらたかであると信じられ、「おに墓」と呼ばれていた。ところが、当地へ調査に赴いた並河誠所が、「おに」は「王仁」の訛《なま》りで、本来は王仁の墓であると『五畿内志』に掲載した。さらに、藤坂村の領主である旗本久貝《くがい》氏は、並河誠所の建言に従って、

「博士王仁之墓」と刻んだ石碑を自然石のすぐ後方に建立する。
そもそも、王仁の教え子である菟道稚郎子は、応神天皇の子にして仁徳《にんとく》天皇の弟とされるので、古墳が最も肥大化した時代の人物である。その師の墓が、自然石一つというのも不可解である。とはいえ、並河誠所が右の判断を下した根拠といわれる史料も存在する。

王仁墳廟《ふんびょう》来朝紀

それ百済国博士王仁は漢高帝《かんこうてい》の後裔《こうえい》（中略）王仁没に及んで河内文《かわちのふみ》の首《おびと》をして始祖博士百済墓と紀書、河内国交野県藤坂村に墓を造りて葬る、則《すなわち》藤坂村 艮《うしとら》（東北）字御墓谷と称す、土俗於爾《オニ》の墓と誤訛《ごか》す（中略）

交野郡五箇郷住持百済裔孫
西村大学助俊秋次子《にしむらだいがくのすけとしあきじし》
禁野和田寺《きんやわだでら》住侶
道俊《どうしゅん》（花押）

元和《げんな》二辰《たつ》年正月

並河誠所は、「王仁墳廟来朝紀」と題された右の史料を交野郡禁野《きんや》村（枚方市）の和田寺で目にして、『五畿内志』を執筆したと考えられてきた。しかし、結論から先に述べると、この史料も椿井政隆が作成したものである。ここで作成者とされる人物は、元和二年（一六一六）段階に和田寺住職をつとめた王仁の子孫を称する道俊で、花押も据えられている。たしかに『五畿内志』には和田寺が立項されているので、並河誠所がこの寺に関心を寄せたことは間違いない。しかし、そこには安産祈願の寺であることが記されるのみで、王仁に関する記述はない。実際、「王仁墳廟来朝紀」は和田寺に伝来したものではなく、藤坂村の山中《やまなか》氏が明治時代に入手したものであった。

「王仁墳廟来朝紀」の性格を把握するうえで注目されるのは、三宅源治郎が購入した椿井政隆旧蔵系図のうち、のちに紹介する津田村の西村家系図である。その系図では王仁が始祖とされ、元和二年前後には「西村大学助俊秋《にしむらだいがくのすけとしあき》」とその次男として「禁野和田寺住侶道俊」の名が確認できる。このように離れたところに所在する史料の内容が一致することから、地元在住の考古学者である片山長三《かたやまちょうぞう》は「王仁墳廟来朝紀」にそれなりの信憑性があると説く。しかし、「王仁墳廟来朝紀」と西村家系図は、もともと現在地にあったわけではないため、両者は一対のものとして関連づけながら作成された椿井文書と判断される。有力農民を由緒ある家に仕立てることが目的の一つであることは疑いないが、問題はそこに伝王仁墓が利用された理由である。

例えば、天和《てんな》二年（一六八二）の作成とされる「当郷旧跡名勝誌」（『津田史』）にもみえるように、『五畿内志』編纂以前から「おに」を「王仁」とする説は存在した。ただし、すでにそこでは、ミササギ（古墳）の時代に自然石の墓はありえないと懐疑的である。また、元禄一一年（一六九八）の題辞を持つ「本朝学原浪華鈔《ほんちょうがくげんなにわしょう》」（『続々群書類従』第一〇）にも、「河内国交野郡津田ノ新田」（藤坂村のこと）に「王仁ノ墓アリ」との一説があるという記述がみられる。並河誠所は、これらの説に触れたのであろう。

このようにすでに疑いがある説でも、『五畿内志』は断定的に記すことが多いため、例えば宝暦《ほうりゃく》三年（一七五三）刊行の『秋斎間語《しゅうさいかんご》』のなかで、国学者の多田義俊《ただよしとし》が『五畿内志』には誤りが多いと述べているように、刊行直後から批判がみられた。同様に三浦蘭阪《みうららんぱん》も、『雄花冊子《おばなさっし》』のなかで「おに」を「王仁」としたのは並河誠所のこじつけにほかならないと指摘している。しかし、『五畿内志』は幕府が全面的に協力した準官撰《かんせん》的な地誌であったため、地元ではその内容を否定しにくい状況にあった。そのため、寛政三年（一七九一）の藤坂村の記録（寺《てら》島正計《しままさかず》『藤阪《ふじさか》の今昔物語』）では、「往古より自然石の石碑有り来《きた》り候処《そうろうところ》、享保十六年（一七三一）之頃並川五市郎（誠所）様御巡見之節、博士王仁塚と相定られ」とみえるように、並河誠所が定めたものと説明している。

地誌の手本として、また地域史の手引きとして重用された『五畿内志』は、歴史に関心を持つ者ならばまず手にするバイブル的存在であった。批判が多くみられるのは、その裏返しともいえるだろう。椿井政隆は、並河誠所があたかも典拠としたような偽文書を作成することで『五畿内志』の不備を補い、それへの批判を退けようとしたのである。この手法によって、『五畿内志』の信憑性を高めるだけでなく、世に知られた『五畿内志』の典拠として椿井文書の正当性も確保されることとなる。かくして史蹟にまつわる椿井文書に裏付けを与えると、それと関連させながら富農を由緒ある家に仕立てる系図を作成していく。

このように、『五畿内志』との相互補完関係が椿井文書作成の基礎となっていた。その際、並河説の疑いが持たれている部分に着目するのは、史料的根拠があるところで偽文書を作っても、正しい史料に軍配があがることは目にみえているからであろう。見方を変えると、椿井政隆は史実と史実の隙間《すきま》を埋めることに重点を置いていたともいえるのではなかろうか。

なお、古文書の場合、差出人の署名は日下《にっか》（日付の真下）に記すのが常である。「王仁墳廟来朝紀」では、日下から少しずれているが、これも椿井文書ではしばしばみられる特徴である。訴えられた際に、戯れで作ったと言い逃れできるように、あえてそのようにしているのであろう。

系図と連名帳

神社や史蹟に立脚する椿井文書は、対象とするものが目にみえるかたちで実在するため、真実味を帯びやすい。こうして創作された椿井文書と関連づけて作成されるため、それぞれの系図も信憑性を帯びるようになる。

ここでは、津田村の三宅源治郎が購入した椿井政隆作成の系図のうち、筆者が目にしたものをいくつか紹介しておく。なお、いずれも長文にわたるので、戦国後期部分のみの紹介にとどめておく。

俊夏《としなつ》

西村荘司三郎

交野郡五箇荘諸士永禄二年連判之一員、永禄十丁卯《ひのとう》年正月穂谷住士上武伊賀《かみたけいが》守清繁《きよしげ》津田城押寄之刻、津田主水助《つだもんどのすけ》加勢防戦、在勇功

元亀元庚午《かのえうま》年八月朔日卒

妻室　津田庄城主　津田筑後《ちくご》守中原範長《なかはらのりなが》女

俊秋《としあき》

西村大学助《にしむらだいがくのすけ》

実塚本伊予《いよ》守盛重《もりしげ》次男西村家養子相続（中略）

慶長元丙申《ひのえさる》年閏《うるう》七月十二日卒

女子

俊秋妻

俊昭《としあき》

西村太郎《にしむらたろう》　早世

女子

芝村《しばむら》住士辻中兵庫進利国《つじなかひょうごのじょうとしくに》妻

道俊　当国禁野和田寺住侶
　　依病身入和田寺得度
　　道観坊《どうかんぼう》附弟
俊勝《としかつ》

「王仁墳廟来朝紀」と関連づけて作成された津田村の西村家系図である。すでに説明したように、西村俊秋の次男に「王仁墳廟来朝紀」の作者とされる道俊の名がみえる。この系図には、椿井政隆独特のユーモアも隠されている。俊秋の父は俊夏だが、さらにその父が俊春《としはる》という、季節感あふれる系図となっているのである。椿井政隆は完璧な偽装をあえてしないところがあるとたびたび述べてきたが、ここでもその様子がみてとれる。

そのほかこの系図で注目されるのは、俊夏が「交野郡五箇荘諸士永禄二年連判之一員」とされることである。この「交野郡五箇荘諸士永禄二年連判」に該当する古文書が、三之宮神社に残されている。

（貼紙）「河州交野郡
　　五ヶ郷惣侍中連名帳」
此《こ》の度《たび》当郷侍中集会せしめ、神明に誓い何事も一統打ち寄せ、贔屓《ひいき》・偏頗《へんぱ》なく、熟談せしめ申すべく候、将又何時《はたまたなんどき》にても、南都官務公よりの御下知の節、出勢は勿論《もちろん》、其《そ》の外《ほか》仰せ付けらるる儀相背き申すまじく候、随《したが》って他より相頼まるる出勢の時は、一統申し談じ進退共に仕るべく候、此の段批判なきの条、各《おのおの》連判仍《よ》って件《くだん》の如《ごと》し

永禄二 己未《つちのとひつじ》年八月廿日

山下外記秀時《やましたげきひでとき》執筆

津田村侍中

生嶋信濃《いくしましなの》守盛澄《もりずみ》（以下二三名略）

藤坂村惣侍中

村嶋加賀《むらしまかが》守遠房《とおふさ》（以下一七名略）

杉村惣侍中

伊藤太左衛門尉義直《いとうたざえもんのじょうよしなお》（以下五名略）

芝村惣侍中

村嶋下総《しもうさ》守義惟《よしこれ》（以下一三名略）

穂谷村惣侍中

宮崎主殿進義盛《みやざきとのものじょうよしもり》（以下一〇名略）

神主逸見志摩《へんみしま》守義繁《よししげ》

禰宜津熊中務淳弘《ねぎつのくまなかつかさあつひろ》

宮坊光学院頼観《みやぼうこうがくいんらいかん》

永禄二年所定置也、

別当津田筑後守中原範長

永禄二年（一五五九）のものとされるこの連名帳には、津田村・藤坂村・杉村・芝村（尊延寺村の旧名）・穂谷村の五ヶ村に在住する、総勢七二名の氏名が列記されている。内容は、彼らが形成する「侍中」という自治的組織と、それを統制する「別当津田筑後守中原範長」が、興福寺に対し忠節を誓うというものである。

人名は略したが、このうち「津田村侍中」のなかに西村俊夏の名がみえる。つまり、右の連名帳も椿井文書ということになる。相互に関連づけることで信憑性を獲得しようとする技法は、ここでもみてとることができる。さらに三宅源治郎が購入した系図のうち「津田氏家系記録」には、九代目に「筑後守範長　永禄二年南都興福寺官務法印ノ下知ニ依《よ》リ交野郡五カ郷総侍中連名帳ヲ作ル」とあり、両者を関係づけていることは明白である。このように椿井政隆は、氷室の由緒のみならず、津田氏や津田城の由緒も組み込んでいた。穂谷村に荷担しているとはいえ、相手方の津田村にも受け入れられるように工夫していたのである。しかも、津田範長の名は、前掲した西村家系図のなかにも登場する。このような関係をわかりやすく示すため、連名帳にみえる名前を本章で引用する系図上では便宜的にゴシック体で表記している。

なお、この系図の存在自体は古くから知られており、なかでも俊夏の事績が注目されてきた。すなわち、永禄一〇年（一五六七）正月に穂谷の住人である上武伊賀守清繁が津田城に押し寄せた際、津田主水助に加勢して防戦したという事件である。これは、『津田史』や『枚方市史』などで、津田山山論の初見事例とされてきた。

一般的に、系図は虚飾にあふれることが多いが、この一文は次の理由で信用されてきた。これと同じ内容の一文が、離れた場所にある穂谷村の上武家系図にもみえるのである。

清尚《きよなお》
　上武内膳助《かみたけないぜんのすけ》
　永正九壬申《みずのえさる》年二月十一日大和衆交野越ニ遊佐《ゆざ》ノ居城ニ寄来之刻防戦、首三級取在功（中略）
　妻神田《かんだ》左衛門尉《さえもんのじょう》資遠《すけとお》妹

長朝《ながとも》
　吉田《よしだ》大学進《だいがくのじょう》
　永禄三庚申《かのえさる》年四月十二日卒
　杉村吉田《よしだ》家相続

清繁《きよしげ》
　上武《かみたけ》伊賀守

永禄十年正月津田主水《つだもんど》ヨリ争土地、津田城ニ押寄合戦、顕戦功
文禄《ぶんろく》二年正月十七日卒

ここでは、上武清繁が永禄一〇年正月に津田主水と土地を争って、津田城に押し寄せたとされる。従来は、離れた場所に伝わる系図の記述が一致することから、永禄一〇年の津田城合戦は史実だと解釈されてきた。しかし、上武家系図も三宅源治郎が購入したものなので、記述の一致から指摘すべきは作成者が同一人物ということであろう。

注目されるのは、当主の上武清尚のみならず、その妻の兄である神田資遠や弟の吉田長朝まで先の連名帳に名を連ねていることである。実は西村家系図でも、西村俊夏と津田範長だけでなく、塚本盛重も連名帳に名を連ねている。これは、限られた数の系図で、七二名で構成される「侍中」の実在性を示そうとする努力にほかならない。その傾向は、三宅源治郎が購入した他の系図からもみてとれる。

義惟《よしこれ》
村嶋下総守、芝村城主
天正《てんしょう》二甲戌《きのえいぬ》年五月五日於讃良《さらら》郡飯盛山城《いいもりやまじょう》、織田勢ト合戦之刻顕武勇（中略）

長惟《ながこれ》　村嶋大監物《だいけんもつ》

遠房《とおふさ》　村嶋加賀守　居城藤坂《ふじさか》

義国《よしくに》　深尾伊予次郎《ふかおいよじろう》　深尾家相続

尊延寺村の村嶋家系図である。これの戦国末期ごろには、「村嶋下総守義惟」・「村嶋大監物長惟」・「村嶋加賀守遠房」の三兄弟が確認できる。このうち「下総守義惟」を「芝村城主」、「加賀守遠房」を「居城藤坂」と紹介するが、連名帳では両村の筆頭にその名があがっている。

国勝《くにかつ》

深尾蔵人《くろうど》

属青地《あおじ》、永禄合戦ニ青地駿河《するが》守信長ニ降《くだ》ル故ニ諸士散乱、蔵人元亀二年春正月村嶋下総守義惟依招、出近江国栗太郡、移住河内国交野郡氷室郷

天正十二年十一月晦日《みそか》卒

「義国
深尾伊予次郎
深尾蔵人無嗣子故、村嶋大監物長惟長男深尾称号ヲ名乗（中略）
妻室村嶋賀加《（ママ）》守遠房次女藤坂住士

尊延寺村の深尾家系図である。近江青地氏の家臣「深尾国勝」は、元亀二年（一五七一）に「村嶋下総守義惟」の招きにより「交野郡氷室郷」に来住したとされる。彼には嗣子がなく、深尾氏の名跡は「村嶋大監物長惟」の長男「義国」が継いだこととなっている。

元文《げんぶん》三年（一七三八）前後に、村嶋姓の者が深尾家の名跡を継いで現在に至ることは、確実な近世史料から判明する。村嶋家系図と深尾家系図は、それを踏まえて作成されていることから、元文三年以後の成立であることは動かない。しかも、このような極めて個人的な情報が踏まえられていることから、系図の作成にあたって尊延寺村の村人が協力したことも疑いない。

「椿井家古書目録」

連名帳と組み合わせることで個々の系図の信憑性を獲得するという手法が、どれだけ普遍的であったのか、対象とする地域を拡大することで確認しておきたい。もちろん、相互に関係性があるからといって、即座に椿井文書と断定することはできないので、ここでは検証の方法を少し変えておく。
田中穣《たなかゆたか》氏旧蔵典籍古文書（国立歴史民俗博物館蔵）のなかに、「椿井家古書目録」なるものがある。これは、巻末表Aに掲げたように一八八点の史料名を列挙したもので、椿井政隆が作成した文書だけでなく一八世紀末刊行の刊本も含まれることから、椿井政隆の蔵書と椿井文書の全体的な概要を示すものと考えられる。列挙される表題の地名や寺社名などからは、近江・山城・河内・大和に関係する史料を中心に収集・作成していることがうかがえる。これに掲載されていれば、ひとまず椿井政隆の手元にあったものということになる。以下、「椿井家古書目録」に掲載される史料名を引用する場合は、【1】のように巻末表Aの番号を併記することとする。

南朝《なんちょう》研究者の間ではよく知られる「南山雲錦拾要」の序文には、「南山皇統の実史、諸名家の秘録を捜し、詞玉筆化（花）をかざらず、そのまま一巻に集め、わが家の秘蔵となす。かたく門外に出さず、他見を禁ず、みだりに一覧することなかれ、つつしむべし」と記され、「応竜《おうりゅう》」の判がある。「応竜」とは椿井政隆の号である。【55】の「雲錦拾要」に該当するものとみてよかろう。

この「南山雲錦拾要」には、着到状と呼ばれる連名帳の類が付属している。着到状とは、軍事動員された者が所定の場所に到着したことを論功行賞のために上申する文書のことである。例えば「吐師川原《はぜがわら》着到状」は、元弘《げんこう》元年（一三三一）の元弘の変の際に、後醍醐《ごだいご》天皇の呼び出しに応じて吐師川原（京都府木津川市）に馳《は》せ参じた南山城の土豪三六人の着到状とされる。また、「仏川原《ほとけがわら》着到状」は、同年に笠置《かさぎ》（京都府相楽郡笠置町《かさぎちょう》）の仏川原に集まった四九人の着到状という（『京都府田辺町史』）。実際に花押が据えられたこれらの原本とされるものも、別途残っている（『木津町史』史料編Ⅰ）。さらに、こうした南山城における南朝方の戦いと関わる絵図として、「笠置山の城　元弘戦図」も広く知られる。この絵図は『京都府田辺町史』に掲載されるほか、京都府立京都学・歴彩館などにも写があるが、【181】の「笠置寺図」にあたる椿井文書である。

「南山雲錦拾要」とは別に、「永禄元年八月山城七拾八人連判」という連名帳のほか、永禄九年（一五六六）に三好義継が軍勢催促した際の着到状という、「瓶原岡崎川原同連判着到三拾人《みかのはらおかざきがわらどうれんばんちゃくとうさんじゅうにん》」・「木津川原軍勢著到ノ次第《がわらぐんぜいちゃくとうのしだい》」・「着到同所後陣□百廿九人衆連名帳《ちゃくとうどうしょごじんひゃくにじゅうくにんしゅうれんめいちょう》」・「同所着到将軍御旗本人数五拾五人衆連名帳《どうしょちゃくとうしょうぐんおんはたもとにんずうごじゅうごにんしゅうれんめいちょう》」などもある（『木津町史』史料編Ⅰ）。「惣政所《そうまんどころ》」という立場にある「椿井山城守政勝」を中心としたこれらの着到状は、おそらく【178】の「南三郡《みなみさんぐん》諸侍連名帳《しょざむらいれんめいちょう》」と対応するものであろう。

椿井文書と想定できる連名帳は、以上のように南山城に多くみられる。それを踏まえたうえで、各地の系図をみていこう。

「狛左京殿古書写《こまさきょうどのこしょうつし》」は、【166】にもみえるように椿井文書で、そのなかには山城国相楽郡上《かみ》狛《こま》村（木津川市）を本拠地とする狛家の系図が所載されている（『山城町史』本文編）。その系図で「下司豊後《ぶんご》守頼綱《よりつな》」・「延命寺《えんめいじ》上野介《こうずけのすけ》光勝《みつかつ》」の両名の下には、「笠置皇居御味方、賜龍丸袖印、山城四十九人衆内」と記されるが、「仏川原着到状」には実際に彼らが登場する。同じく狛家系図の「狛左馬進秀綱《こまさまのじょうひでつな》」も、「木津川原着到状」にその名がみえる。

それだけでなく、狛家系図の「狛左馬助《こまさまのすけ》頼綱」の下には、「長享《ちょうきょう》二年狛松尾社再建造営也」と記されるが、椿井文書と考えられる長享二年（一四八八）付の「松尾神社縁起」（『山城町史』本文編）には、「狛左馬助頼綱」の花押が据えられている。また、【9】の「高麗拍子《こまびょうし》」に該当すると思われる「狛拍子由来記」（東京大学史料編纂所蔵）も、永正一一年（一五一四）に「椿井山城守政矩《まさのり》」とともに「狛大学助吉綱《よしつな》」が作成した体裁をとるが、彼の名も狛家系図に登場する。

綴喜郡井手《いで》村の土豪とされる井手《いで》家の系図にも、「吐師川原着到状」に登場する「井手丹後《たんご》守盛氏《もりうじ》」や「木津川原着到状」に登場する「井手中務少輔《なかつかさのしょう》盛広《もりひろ》」の名がみえる。そのほか、井手家の系図で「盛広」の実弟とされる「吉村《よしむら》美濃《みの》守持政《もちまさ》」も、「木津川原着到状」に登場する（『井手町《いでちょう》の古代・中世・近世』）。よって、この井手家の系図も椿井文書ということになる。

綴喜郡の村々に残るそのほかの系図にも、連名帳と合致する人名が極めて多くみられる（『山城綴喜郡誌』）。例えば、「吐師川原着到状」と合致する者として、上津屋《こうづや》村の「伊佐宗《いさむね》綱《つな》」・「菊岡富光《きくおかとみみつ》」、岩田《いわた》村の「和田仲政《わだなかまさ》」、内里《うちざと》村の「島田勝時《しまだかつとき》」などがいる。また、「木津川原着到状」と合致する者として、岩田村の「和田政房《わだまさふさ》」などがいる。このように、椿井政隆は膨大な量の系図を作成していた。
相互補完の関係は、連名帳と系図にとどまらない。例えば、『山城綴喜郡誌』に所収された戦国武将を発給者とする次の書状も、椿井政隆の創作と考えられる。

寺領として城州大住《おおすみ》郷の内、松井《まつい》並山本《やまもと》・飯岡《いのおか》・高船の三ヶ村普賢寺衆徒中に付けらるるの上は、加藍（伽）並びに鎮守天王社末社等修理を加え申すべき事肝要に候、尤《もっとも》寺守知行分は其の郷中の内水取並びに内田《うちだ》・山崎《やまさき》の田にて領地すべし、猶《なお》三人衆申し入るべく候也、謹言

永正四年十月廿三日　　筒井順興《つついじゅんこう》　判

城州普賢寺与力惣頭
下司因幡《いなば》守殿
城紀伊《じょうきい》守殿
長岡駿河守殿
菊原右馬進《きくはらうまのじょう》殿
普賢寺左近将監殿
大西《おおにし》伊賀守殿
高木大学進殿
大崎藤益丸《おおさきふじますまる》殿

中但馬守殿《なかたじま》
堀三河守殿《ほりみかわ》
並交衆諸侍中

永正四年（一五〇七）のものとされるが、原則として書状の日付は月日のみで、「永正四年」と年代が記されることはないので、偽文書とみてよかろう。差出人は実在する大和の筒井順興だが、宛名の苗字《みょうじ》は連名帳によくみえるものである。当該期の連名帳は管見の限り存在しないので、それを補うために宛先に一〇名を連ねることとしたのであろう。「椿井家古書目録」にこれに該当するものは見当たらないが、【157】の「長井殿《ながいどの》順興へ」は、何らかの関係を有する可能性がある。

其の郷天王山の城御番城仰せらるるは、其の方両人へ御番役仰せ下され候、怠慢なく防禦《ぼうぎょ》忠戦たるべき者也、謹言

永禄元年八月廿九日　　三好築（筑）前守長輝（ママ）　花押

長岡佐渡《さど》守殿
木原左兵衛将監《きはらさひょうえのしょうげん》殿

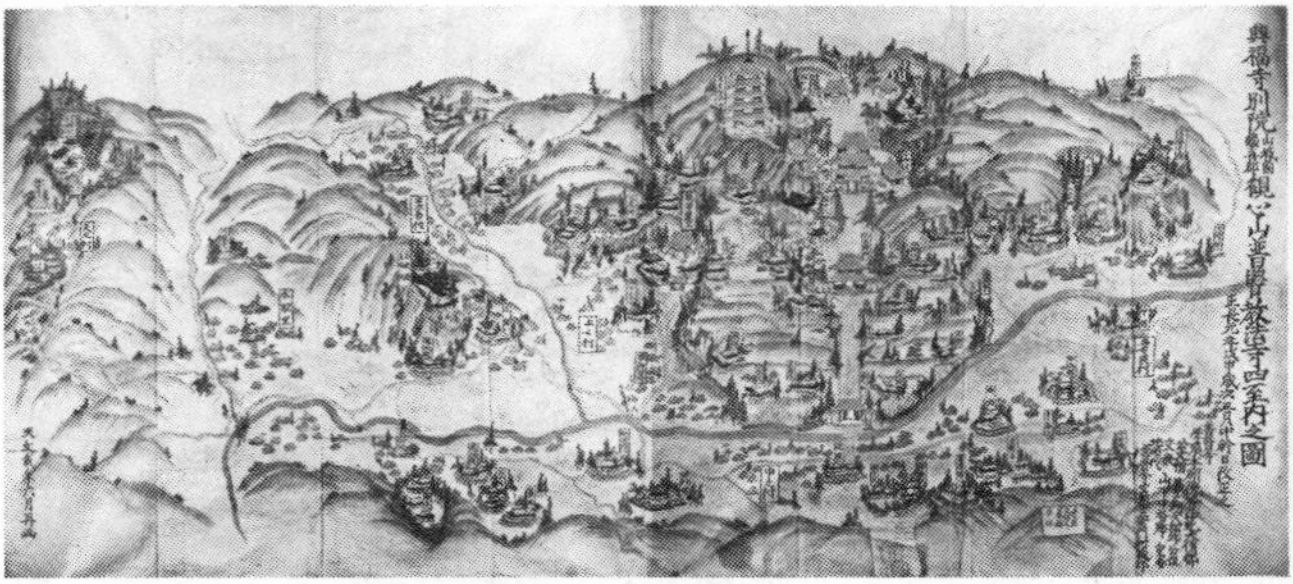

図12　「観心山普賢教法寺四至内之図」（『京都府田辺町史』）

『京都府田辺町史』に所収されるこの文書も、やはり永禄元年（一五五八）という年代が表記され、連名宛となっている。創作した人物の実在性を効率よく高めるために、連名帳や系図と同様、一つの書状により多くの者を登場させようとする傾向がみてとれる。右の書状は、三好氏による天王山城在番命令とされるが、【185】の「三好筑前《ちくぜん》守長慶書」と関係するかもしれない。ここに登場する天王山城は、椿井政隆が作成した「筒城郷朱智庄・佐賀庄両惣図」という絵図では、朱智神社の隣に描かれている。このように、系図と連名帳だけでなく、現実の史蹟も複雑に絡めながら、土豪の実在性を主張するのが椿井文書の特徴といえる。

絵図による小括

「観心山普賢教法寺四至内之図」［図12］や「筒城郷朱智庄・佐賀庄両惣図」［図13］などをみるとわかるように、椿井政隆は絵図を描くだけの画才があった。そのうち前者は、普賢寺谷を対象に鳥瞰的《ちょうかんてき》に描いた横長のパノラマ絵図であ

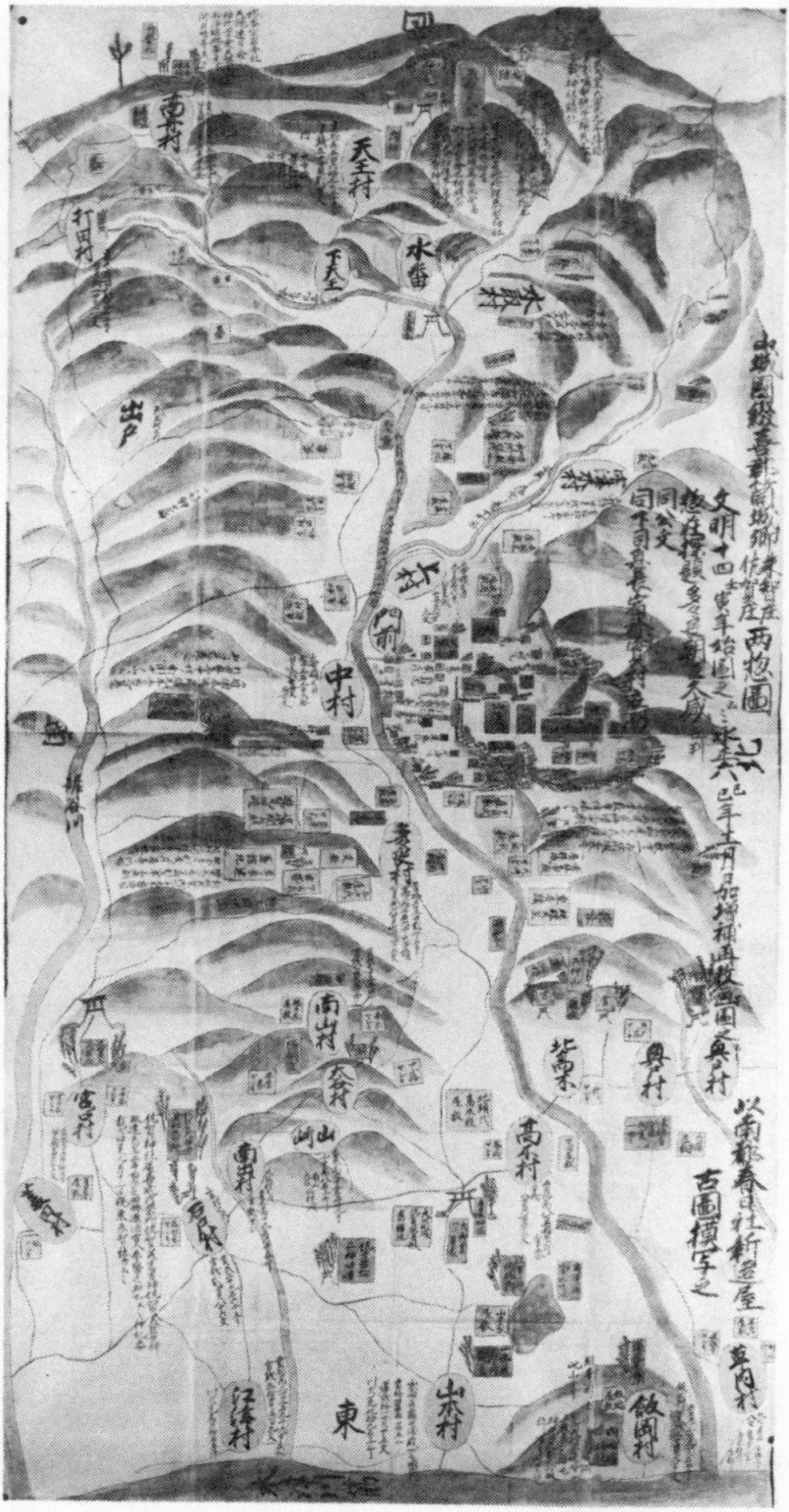

図13　「筒城郷朱智庄・佐賀庄両惣図」（『京都府田辺町史』）

る。明らかに中世の画法とは異なるが、地形が合致する部分もあることから、現地調査を行っていた様子もうかがえる。同じく普賢寺谷を描いた後者は、縦長で奥行きがあるものとなっている。後者では村名を小判型の円で囲っているが、これは江戸幕府が指定した国絵図の様式なので、中世の絵図とすることは憚《はばか》られる。同じ地域を描きながらもここまで大きく異なっている点は、同一の作者であることを紛らわすための工夫と評価しうる。

右の絵図のうち前者には、「正長《しょうちょう》元年戊申《つちのえさる》歳次三月中幹日改正之」や「天文《てんぶん》弐年六月再画」との注記がある。つまり、正長元年（一四二八）に修正して描かれ、天文二年（一五三三）に再び写されたらしい。正長改元は四月のことなので、ここでも未来年号が用いられている。一方の後者には、「文明十四壬寅《みずのえとら》年始画之云々、永正六己《つちのと》巳《み》年十一月日加増補再枚画図之」との注記があり、写本によっては「天明《てんめい》八戊申《つちのえさる》年九月十六日　以春日社新造屋古図模写之」という加筆もある。文明一四年（一四八二）に原図が描かれ、永正六年（一五〇九）に加筆して写され、そして天明八年（一七八八）にさらに模写されたというのである。

模写に模写を重ねたとすることによって、紙や絵の具が新しいにもかかわらず、内容そのものは古いと主張したいのであろう。これは椿井政隆の常套《じょうとう》手段であり、近畿地方に伝わる絵図で同様の書き込みがあれば、ほぼ間違いなく椿井文書といってよい。例えば、すでに引用した「筑摩社並七ヶ寺之絵図」にも、「正応《しょうおう》四辛卯《かのとう》年八月十八日画之」、「文明六年正月日模写之畢」、「此古図者興福寺龍雲院《りゅううんいん》蔵所也、仍令借用模写之者也、承応《じょうおう》二癸卯《みずのとう》（巳《み》）年正月中《ちゅう》浣《かん》日云々」、「亦復乙亥《きのとい》年十一月写之畢」という記入がある。正応四年（一二九一）の原画を、文明六年（一四七四）、承応二年（一六五三）、そして「乙亥年」である文化一二年（一八一五）の三度にわたって模写したこととなっているのである。遠く離れた滋賀県の湖北にありながらも、同様の形式で作成されたことがみてとれよう。なお、この絵図と思《おぼ》しきものとして、

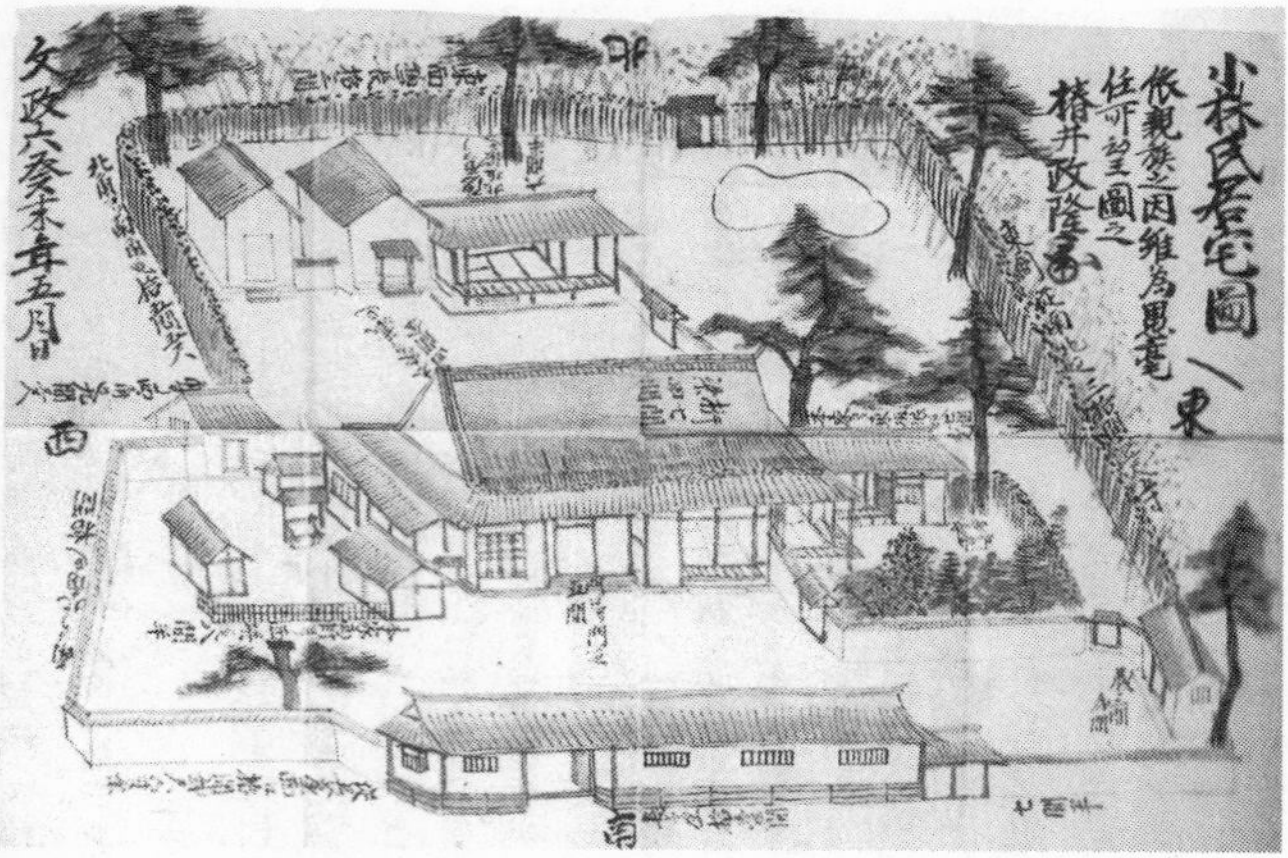

図14　「小林氏居宅図」（『京都府指定有形文化財（建造物）小林家住宅長屋門ほか四棟保存修理工事報告書』）

【84】に「近江国筑广《ちくま》社古図」がみえる。

そして、それらの絵図を眺めると、可視的であるがゆえに椿井政隆は寺社や史蹟を重視したのではないかと思えてくる。なぜなら、そのような寺社や史蹟を絵図にちりばめることで、椿井政隆の頭のなかで描かれた由緒の世界に具体性が伴うからである。このように椿井文書の絵図は、寺社・史蹟とともに系図を持つ家々の歴史も絡めながら、椿井政隆自身が創造した中世の地域像をまとめるために作成された。

珍しい事例では、文政六年（一八二三）五月に小林《こばやし》家住宅（京都府木津川市）を描いた「小林氏居宅図」もある［図14］。これは偽作ではなく、椿井政隆が小林氏と親類であったがために贈ったもので、自身の絵図がそれなりに価値を持っていると自負していたことがわかる。しかもこの絵図は、平成一五年（二〇〇三）に小林家住宅が国指定重要文化財となった際に、附《つけたり》として指定されている。その意味でも、希少な椿井文書といえる。

また、椿井政隆の地元にある松尾神社の拝殿に掲げられている絵馬も、珍しい事例である［図15］。これは、文政九年（一八二六）に雨乞いの成就を祝して描かれたもので、「椿井平群広雄画」の署名もみられるように、自身にそれなりの画才があると自負していた様子がここからもうかがえる。

図15　松尾神社の絵馬

「興福寺官務牒疏」による総括

椿井政隆は、対象となる地域に目をつけると、相互に関係性を持つ椿井文書を次々と作成する。椿井文書がついつい信用されてしまう要因の一つは、このたくみな作成手法に求められる。しかし、それだけならば、地域に残る史料がまるごとだれかによって作成されたと疑われることもあったはずである。そのような方向へ向かわなかったのは、椿井政隆が創作した歴史が、個々の地域で完結しないように工夫されていたからである。

例えば、山城国の「佐牙神社本源紀」では、源頼朝《みなもとのよりとも》が河内国交野郡の「山田庄《やまだ》」や「田宮荘《たみや》」を普賢寺に寄進したこととなっている（『田辺町近世近代資料集』）。あるいは近江国の「筑摩大神之紀《ちくまだいじんのき》」では、大和興福寺が筑摩神社の再興を要望したところ、源頼朝がそれを聞き入れ伊勢《いせ》国丹生《にう》郷十二ヶ荘を寄進すると興福寺に伝えている（『米原町史《まいはらちょう》』資料編）。これら二点の椿井文書をみてもわかるように、国境を跨《また》いで異なる地域の歴史を融合させることによって、反証しにくい歴史が創作されているのである。

その作業の過程で、椿井文書のなかでも最も研究者に受け入れられてきた最高傑作ともいうべき「興福寺官務牒疏」（『大日本仏教全書』寺誌叢書第三）が作成された。これは、嘉吉《かきつ》元年（一四四一）段階における興福寺の末寺を列挙したものとされる。明治時代以降に写されたものが宮内庁書陵部や東京国立博物館などにも存在するが、原本と思われるものが興福寺に所蔵されるため、寺蔵の中世文書として疑われることはほとんどなかった。しかし、「朱智」の名がしばしばみえるうえ、【30】にも掲載されることから、「興福寺官務牒疏」は椿井文書とみて間違いない。

そこには、大和国・山城国・河内国・伊賀国・摂津《せっつ》国・近江国におよんで、二二一の寺社があげられる。椿井政隆は、自身が着目した地域にほぼ必ず興福寺の末寺を設定し、「興福寺官務牒疏」に反映させていた。その狙いは「興福寺官務牒疏」と内容を一致させることによって、各地域に残された椿井文書の信憑性を高めることにあったとみてよかろう。このように、国境を越えた重層的な関係を持っている点も、椿井文書をついつい信用してしまう原因の一つとなっている。

とはいえ、本章でみた作成手法を知っていれば、それにあてはまる椿井文書を検出することは、さほど難しくはない。

第三章　どのように流布したか

1　活動範囲

「興福寺官務牒疏」の対象地域

椿井政隆は、自身が着目した地域に興福寺の末寺を配置し、それらを「興福寺官務牒疏」に集大成した。これによって椿井政隆の描いた各地域の歴史には相互関係が築かれ、複数国に跨がる広範囲の史料が絡むこととなる。嘉吉元年（一四四一）という作成年代が鵜呑みにされ、「興福寺官務牒疏」が中世文書として信用されてきたことから、内容の一致する各地域に残された多くの椿井文書も中世文書として、あるいは中世を知る手がかりとして活用されることとなる。結果として、「興福寺官務牒疏」の信憑性はさらに高められるのである。

ここで興福寺が紐帯《ちゅうたい》に選ばれたのは、椿井家が興福寺の官務家という有力配下の末裔《まつえい》を自負していたためである。したがって、椿井文書では、中世段階における興福寺と椿井家の勢力がおのずと誇張されることとなる。中世の興福寺は、事実上、大和国の守護であったが、こと大和国外における興福寺の影響力については、現在のところ椿井文書に基づいた認識が色濃く反映している。そのため、椿井文書を払拭《ふっしょく》した興福寺像の構築が課題となってくる。

その点は、本書の範疇を越える課題なので今後の研究に期待することとし、ここでは椿井文書を検出するうえで、もう一つ把握しておかなければならないことに目を向けたい。それは、椿井政隆の活動範囲である。それを析出するにあたって注目したいのは、他でもない「興福寺官務牒疏」である。なぜなら、前述の作成目的が正しければ、「興福寺官務牒疏」は椿井政隆の活動範囲を反映したものとなっているはずだからである。

そこで、巻末表Bに「興福寺官務牒疏」の体裁に合わせながら、列挙される二二一の寺社名とその所在を掲げておいた。そこにも示したように、「興福寺官務牒疏」は国ごとに整理されており、それぞれ冒頭に「大和国弐拾五ヶ所」、「山城国五拾壱ヶ所」のように記されている。続く「河内国」は数が記されず、末尾に「其外河州余郡在之、略」と記され、そのあとに「山城国分」が追加で挿入される。残りは順に、「伊賀国六箇所」、「摂津国三ヶ所」、「近江国八十五箇所」と続く。

右の数字と実際の数との異同について補説しておくと、大和国は全部で二六ヶ所を数えるが、23と24が一括なので「大和国弐拾五ヶ所」という記述と合致する。山城国の前半は全部で五四ヶ所となり、「山城国五拾壱ヶ所」という記述よりも三ヶ所多い。その理由ははっきりしないが、「興福寺官務牒疏」の史料的性格から作成過程を推測するならば、次のようなことがいえるのではないかと思われる。すなわち、「興福寺官務牒疏」は椿井政隆の活動範囲拡大に合わせて、加筆を繰り返しながら内容を充実させていったと想定されるので、山城国の寺社はある段階で計上されたのちも、なお増加中なのではなかろうか。河内国の寺社が記されたのちに、「山城国分」が追加で挿入されているのも、そのような作成過程の痕跡《こんせき》といえるだろう。

また、近江にのみ「別院」と呼ばれる本末関係が多くみられるので、その関係を括弧《かっこ》で示しておいた。そのうち、金勝寺《こんしょうじ》とも号する105の大菩提寺《だいぼだいじ》は、「金勝寺別院」として「二十五箇別院」を抱えており、中本山的立場で二段階の本末関係を結んでいるため、別途二重線で括《くく》っている。これら「別院」の122から126、131から135、141と142、144から150、152から156、171から173を外し、212から216の「巳《こ》（已）高山《だかみやま》五箇寺」を一括すると八六ヶ所となり、「近江国八十五箇所」という記述を一ヶ所越えてしまうが近似値となる。大菩提寺は「二十五箇別院」を抱えるとされるが、実際には二六ヶ所あるので、どうやらこの数値を誤っているようである。

さて、「興福寺官務牒疏」に掲載される寺社を地図上に落としてみると、椿井政隆の活動拠点である椿井村を中心に、近江の湖東・湖北方面へ伸びて分布する一方で、南の大和方面へも分布している状況がみてとれる［図16］。おおむね、北東から南西へと分布域が伸びていることを指摘できよう。

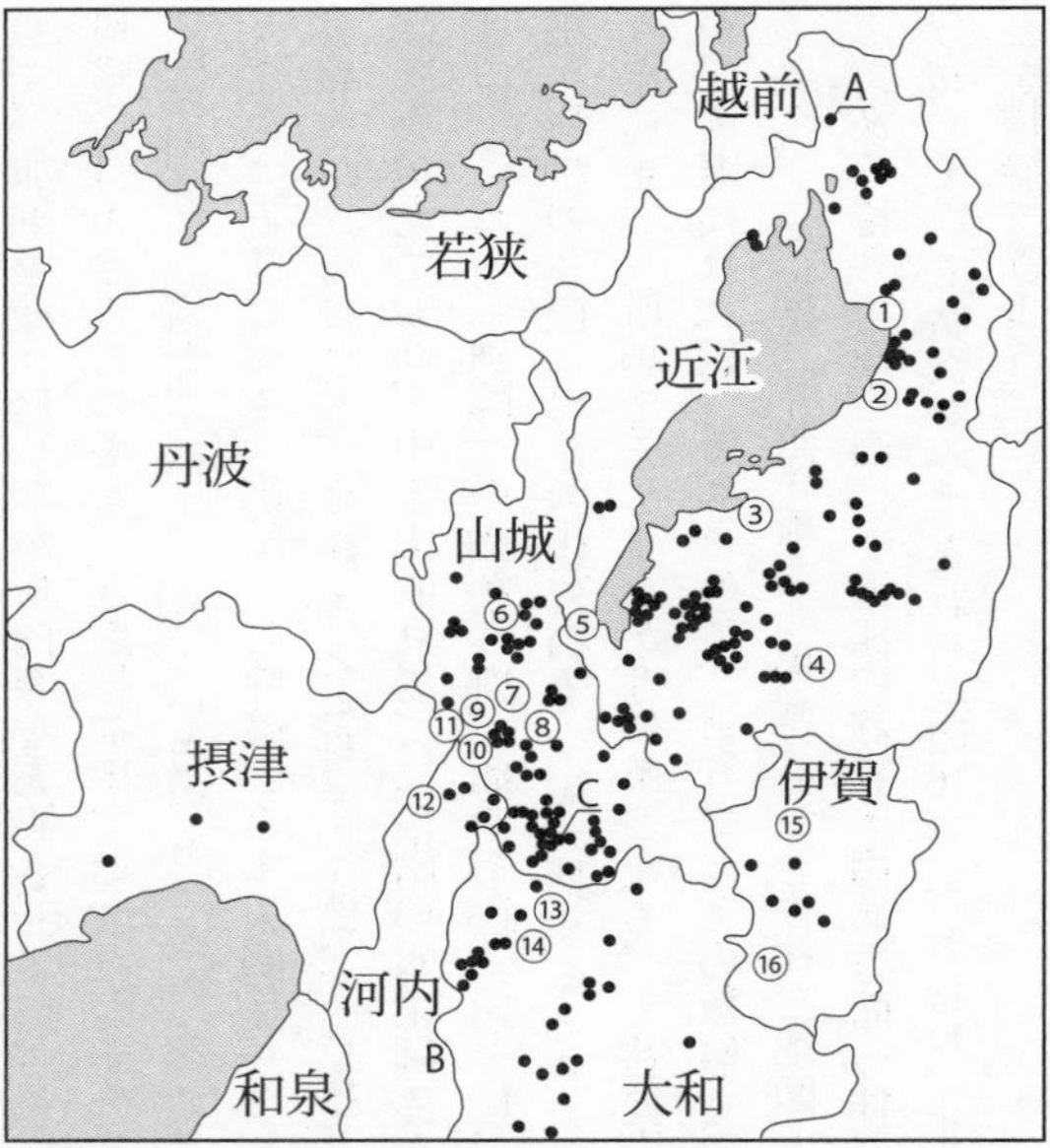

図16　「興福寺官務牒疏」掲載寺社の分布
A椿坂村　B太子村　C椿井村
主要都市　①長浜　②彦根　③八幡　④水口　⑤大津
⑥京都　⑦伏見　⑧宇治　⑨淀　⑩八幡　⑪大山崎
⑫枚方　⑬奈良　⑭郡山　⑮上野　⑯名張

これは、筆者が現時点で把握している椿井文書の分布域とほぼ一致する。ただし、椿井文書は数量がありすぎるため、完全に網羅することも困難を極めるうえ、それら全てを地図上に落としていく作業もままならない。そのため、椿井文書が分布する南西端と北東端をまずは明確にすることで、椿井政隆の活動範囲について最大振り幅を示すこととしたい。

河内国での活動

近世初期の旗本椿井家は自身を山城国出身としていたが、椿井政隆は出自を大和国平群郡椿井村に求めるようになる。大和国の守護職を握る興福寺の官務家を自称するには、大和国出身としたほうが都合がよかったのであろう。

よって、椿井政隆の活動範囲が南の大和方面へ伸びるのも、当然のなりゆきであった。「興福寺官務牒疏」に掲載される寺社の南西端は、大和国高市《たかいち》郡の桙削寺《ほこぬきでら》や南法花寺《みなみほっけじ》（奈良県高市郡高取町《たかとりちょう》）にあたるが、最終的にはさらに西へ若干足を伸ばし、河内国石川《いしかわ》郡太子《たいし》村（大阪府南河内郡太子町《たいしちょう》）で彼の足跡が確認できる。この周辺は、「近《ちか》つ飛鳥《あすか》」と呼ばれるように大和ともつながりが深い地域なので、大和の延長線上で作業を進めたのであろう。

椿井政隆の太子村における成果は、西方院《さいほういん》が所蔵する叡福寺《えいふくじ》全景を描いた「建久《けんきゅう》四年古図」である（口絵3）。この絵図には、例によって建久四年（一一九三）の原画を「今般模写」したうえで、椿井広雄（政隆）が「重再写」したという事情が画面に書き込まれることから、椿井文書と判断して間違いない。叡福寺は、聖徳太子《しょうとくたいし》の墓所とされ、上太子《かみのたいし》とも呼ばれる。したがって、「椿井家古書目録」に掲げられる【90】の「河州上太子古伽藍《がらん》図」は、「建久四年古図」に該当するはずである。

「建久四年古図」は、叡福寺の南にある西方院の前身法楽寺《ほうらくじ》が誇張して描かれていることから、叡福寺を客観的に描こうとしたものではない。この絵図が収納される木箱の「西方院什物《じゅうもつ》」という箱書にあるとおり、当初から西方院の所蔵とするつもりで描かれたのであろう。さらに「天保四年 癸巳《みずのとみ》蠟月《ろうげつ》良辰日」との箱書もあるが、これは椿井政隆自身が「模写」したと主張する年代と考えられる。彼が存命している天保四年（一八三三）という年代を偽ることには何の意味もないので、この点は素直に受け取ってもよいかと思われる。

それが正しければ、「建久四年古図」は椿井政隆が晩年に取り組んだ仕事ということになる。ここから、椿井政隆は南西方面へ活動範囲を拡《ひろ》げていく過程で、最終的に河内国へ進出したのではないかと考えられる。

「椿井家古書目録」には、【26】の「河内国輿地図《よちず》」、【76】の「河陽諸川配当絵図」、【92】の「河泉三ヶ国大川筋図」、【129】の「河内図」、【130】の「河陽旧趾名地略図」、【137】の「河内国地図解」など、河内国に関係するものもいくつかは掲載されているが、いずれも一般的な絵図類で、椿井政隆がオリジナルで作成したと思えるようなものは見当たらない。つまり、河内国交野郡における彼の仕事が、ここには反映されていないのである。

それに対して「興福寺官務牒疏」は、ほぼ最新の状況が反映されている。次から次に末寺を加えていった「興福寺官務牒疏」からは、椿井政隆が徹底した網羅主義であったことを読み取ることができる。そのなかにあって、河内国のみ交野郡に限定し、「其外河州余郡在之、略」

としているのである。実際には、交野郡に取り掛かったばかりで、それ以外の「余郡」の興福寺末寺は「略」されたのではなく、これから活動範囲を拡大することでおいおい加筆していくつもりだったのであろう。よって、晩年に取り掛かった河内国における活動は、未完であったと判断される。

その点で注目したいのは、河内国内の徳泉寺《とくせんじ》である。徳泉寺は交野郡としか記されないため所在は不詳であるが、ここに盛り込まれる事情からは、椿井政隆による調査の実態をうかがうことができる。

徳泉寺という寺名は一般にはあまりなじみがないが、『鎌倉遺文《かまくらいぶん》』に掲載される元弘元年（一三三一）の後伏見《ごふしみ》上皇院宣《いんぜん》に「蓮華王院《れんげおういん》領河内国徳泉寺庄」、建永《けんえい》二年（一二〇七）の河内通法寺《つうほうじ》領注文案に「河内国末寺国分寺　宝名徳泉寺」とみえる。そのほか、「和田系図」にも「徳泉寺庄」が登場する（『続群書類従』第七輯下）。おそらく椿井政隆は、これらの史料に接して、徳泉寺という由緒ある寺院（荘園《しょうえん》）が、河内国内にかつて存在したことまでは把握していたのであろう。

しかし、いずれの史料においても、具体的な所在までは明示されていない。先述のように「興福寺官務牒疏」の河内国部分は暫定的なものであったから、とりあえず徳泉寺を交野郡に組み込んだのだと思われる。

現在、徳泉寺の比定地は、交野郡寺村《てら》（大阪府交野市）と丹南《たんなん》郡多治井《たじい》村（堺《さかい》市美原《みはら》区）の二ヶ所が知られている（『日本歴史地名大系』第二八巻）。前者は、「興福寺官務牒疏」に「開元《かいげん》寺《じ》　徳泉寺　津田寺《つだじ》　倶宣教大師開基《ともにせんぎょう》」と列挙されるため三ヶ寺が近接すると推測したうえで、奈良時代ごろの瓦片が二個発見されたことを根拠とした片山長三の説である（『交野町史』）。一方、後者の説は、昭和一四年（一九三九）まで「徳専寺《とくせんじ》」が存在し、地名にも「徳泉寺」が残るということに拠《よ》っている（『美原町史』第一巻）。中世史料においても、徳泉寺は南河内の通法寺や和泉《いずみ》の和田氏《みきた》と関与していることから、北河内の交野郡を所在地とする説は成り立ちがたい。

湖北での活動

椿井政隆は、椿井家が成長する過程で、奈良市中の椿井町《つばいちょう》や近江国伊香郡《いか》柳ヶ瀬《やながせ》村（滋賀県長浜市）に「分家」を興したとする。椿井政隆の活動範囲をみるうえで注目されるのは、後者の「分家」である。なぜなら、この「分家」とされる柳ヶ瀬家の所在は、「興福寺官務牒疏」掲載寺社の北端にあたる椿坂《つばきざか》村と近接するからである。しかも、椿坂村に所在する寺が「椿《つば》井寺《いじ》」であることも見逃せない。

湖北地域の柳ヶ瀬村は、近江と越前《えちぜん》の国境にほど近いところにあり、彦根《ひこね》藩の関所が置かれていた。ここの関守は、近世初期より柳ヶ瀬三太夫《さんだゆう》家が代々つとめており、延宝《えんぽう》三年（一六七五）には三太夫家の本家である弥兵衛《やへえ》家も加えられ、両家が幕末までその任にあたった。

通説となっている柳ヶ瀬家の系譜は、次のようなものである（『余呉町誌《よごちょう》』通史編上巻）。神亀《じんき》元年（七二四）に大蛇退治の勅命をうけた大和国の椿井懐房《かいぼう》は、伊香郡に赴いてそれに成功する。その功によってこの地を拝領した懐房は、椿井と名付け開発に乗り出した。長徳《ちょうとく》三年（九九七）には、それより九代を経た椿井懐識《かいしき》の次男懐康《かいこう》が、伊香郡椿井に移住して分家を興す。しばらくは安泰であったが、文明元年（一四六九）に異変が起こる。北面の武士である鈴《すず》木重春《しげはる》に、伊香郡椿井周辺の山賊を退治するよう勅命が下されるのである。山賊扱いされた、ときの当主の椿井秀行《ひでゆき》は、椿井を去って柳ヶ瀬へと移り、その地名を名乗るようになるが、延徳元年（一四八九）に戦死してしまう。跡継ぎのいなかった柳ヶ瀬家は、山城国の椿井に移っていた椿井本家の次男行政《ゆきまさ》が継承することで存続が図られ、以降近世の柳ヶ瀬家へと受け継がれていく。

一方、椿井に進出してきた鈴木家もここに土着し、近世以降もその系統は続く。系図によると、鈴木家は前領主の名に基づく椿井の地名を退け、椿坂に改めたという。のちに椿坂と柳ヶ瀬は、それぞれ近世村へと受け継がれることとなった。ここで奇妙に感じるのは、いずれも北国街道筋に存在する椿坂村と柳ヶ瀬村は隣り合っており、椿井秀行が逃げたとするにはあまりに近すぎるということである。しかも、逃げた先の柳ヶ瀬村が、椿坂村より南の京都側にある点も不可解といわざるをえない。

結論を述べれば、前記の筋書は椿井政隆の手になるもので、椿井政隆本人が柳ヶ瀬家に送った「椿井系図」に依拠したものである。たしかな史料では、湖北に椿井家の存在は確認できない。柳ヶ瀬家と鈴木家の系図に関係性があるのも、まさに椿井文書の特徴を反映している。では、椿井政隆はなぜ椿坂と柳ヶ瀬に注目したのであろうか。

椿井政隆は、式内社に大きな関心を寄せていた。近江において椿井政隆が注目したのは、伊香郡の式内社「椿神社」であった。現在、椿神社は長浜市木之本町《きのもとちょう》小山《こやま》に比定されているが、椿坂に比定する説もある。「椿井系図」によると、椿井政隆は後者の考えを持っていたようである。「興福寺官務牒疏」では、伊香郡余呉《よご》荘椿井に行基《ぎょうき》開基の「椿井寺」を配し、その傍らに鎮守の「椿井大明神」が存在しているかのように記しているが、これは椿井政隆の考える椿神社が変化を遂げた姿であろう。このように、椿井政隆は椿坂という地名と椿神社という式内社の二つの「椿」に引きつけられ、湖北地域に着目したものと思われる。

そもそも、椿井という地名表記は、古代・中世の伊香郡には一切存在しない。ただし、享保一九年（一七三四）に成立した『近江輿地志略《おうみよちしりゃく》』という地誌では、「椿坂村」の脇に「つばきざか」だけでなく「つばい」ともルビが振られている。椿井がツバキイではなくツバイと音便化するように、ツバキザカもツバイザカと音便化していたのである。そのため、近世には椿坂峠が「椿井坂峠」と表記されることもあったし、さらに一歩進んで、地名を「椿井」とよそ者に勘違いされることもあった。

椿井政隆は、地誌を好んで熟読していることから、この音便にも早くに気づいていたはずである。また、椿井家が椿坂から柳ヶ瀬に移ったという矛盾した筋書は、一七世紀末ごろの成立と考えられる『淡海温故録《おうみおんころく》』という地誌に拠ったものと考えられる。なぜなら、そこには「椿坂　此処昔ハ関所アリトモ云フ」、「柳ヶ瀬　今此処ニ関所アリ」という記述がみられるからである。ここまでもみてきたように、あたかも近世の地誌が典拠としたかのような古代・中世の史料を創作するのが、椿井政隆の常套手段であった。柳ヶ瀬家が椿坂から柳ヶ瀬に転居したことを、『淡海温故録』が関所の移転と表現したかのようにみせるこの一例も、その範疇で捉えられよう。

以上のように、椿井政隆は地誌を駆使して、椿坂の旧地名を椿井とする筋書を創作した。したがって、鈴木家系図・赤座《あかざ》家系図（『余呉町誌』通史編上巻）など、伊香郡において古代・中世に関する記述に「椿井」が登場すれば、それは椿井文書と判断することができる。

2　活動の地理的特質

都市部を忌避

ここまでの考察から、山城国相楽郡を中心に南西端の河内国石川郡と北東端の近江国伊香郡に挟まれた部分が、椿井政隆のおよその活動範囲と判断される。これによって、「興福寺官務牒疏」の内容が彼の活動範囲をおおむね反映しているという推論も、裏付けられたこととなる。

ただし、例外もわずかにみられる。「興福寺官務牒疏」では、摂津国でも昆陽寺《こんようじ》・神呪寺《かんのうじ》・忉利天上寺《とうりてんじょうじ》の三ヶ寺があげられているが、その周辺では椿井文書が全く確認できないのである。この三ヶ寺は、いずれも著名な真言宗《しんごんしゅう》の寺院で、後者の二ヶ寺は山岳寺院である。「興福寺官務牒疏」には著名な山岳寺院が数多く取り上げられていることから、それに相当する摂津国の寺院を一切含んでいないと、当然のことながら違和感が生じてしまう。そのため、この三ヶ所が便宜的に含まれたのであろう。

一方、河内国では、「興福寺官務牒疏」が示す活動範囲と交野郡東部に集中するという椿井文書の分布状況が、見事に合致する。交野郡西部の淀川《よどがわ》沿いや交野郡より南には進出しないというこの偏在ぶりは、椿井政隆の思考を反映していると考えられる。

淀川沿いには、京都と大坂《おおさか》を結ぶ京街道が走っており、宿場町や街村が集中している。また、交野郡から南下すればするほど、大坂の都市圏へと入っていく。つまり、椿井政隆は都市部での活動を極端に嫌うようである。その視点で、東の伊賀国に目を向けてみると、大和方面から手を伸ばしたことがわかるが、城下町の上野《うえの》や陣屋町の名張《なばり》などを避けている。

こうした傾向は、興福寺の末寺を列挙した史料であるにもかかわらず、奈良市中を避けている点に顕著である。「興福寺官務牒疏」の冒頭に「官務《かんむ》竝《ならびに》晨勝院《しんしょういん》家《け》配下《はいか》領知分《りょうちぶん》」とあるように、興福寺の末寺のうち一部を列挙したことによって、この偏りを説明したつもりなのだと思われるが、異常といわざるをえまい。近江国でも、主要な都市から一定の距離を置いて分布している様子がみてとれよう。

唯一の例外は京都であるが、これとて京都の寺院数から考えれば少ないほうである。京都市中においても椿井文書の存在を確認することができないことから、摂津国の事例と同様、違和感を生まないための配慮として差し支えあるまい。

彼が都市部を避けた理由は、史料的には明らかにしがたい。戯れで作ったと言い逃れできるように配慮していたことから、椿井政隆は自らの行為が露見することを一応は恐れていたようである。そのことを踏まえると、知識人層の厚い都市部を避けることで、偽作の露見を極力回避したと考えるのが自然であろう。椿井文書は、農村のなかでもとりわけ山間部に多く分布することから、閉鎖的な空間に展開したことが広く受け入れられる要因になったともいえる。

近江国での初期の活動

椿井政隆は、当初から都市を避けていたわけではない。寛政一一年（一七九九）の年紀を持つ『粟津拾遺集』は、膳所の城下町に近い近江国滋賀《しが》郡粟津荘の地誌で、椿井政隆三〇歳のときの著作である。その内容はオリジナルとはいいがたく、おおむね『近江輿地志略』からの抄述ではあるものの、少なくとも偽書ではない。椿井政隆が偽文書を積極的に作成しはじめるのは、これよりのちのことである。

文化元年（一八〇四）に、膳所藩領の近江国滋賀郡南庄《みなみしょう》村（滋賀県大津市）で龍の骨（実際

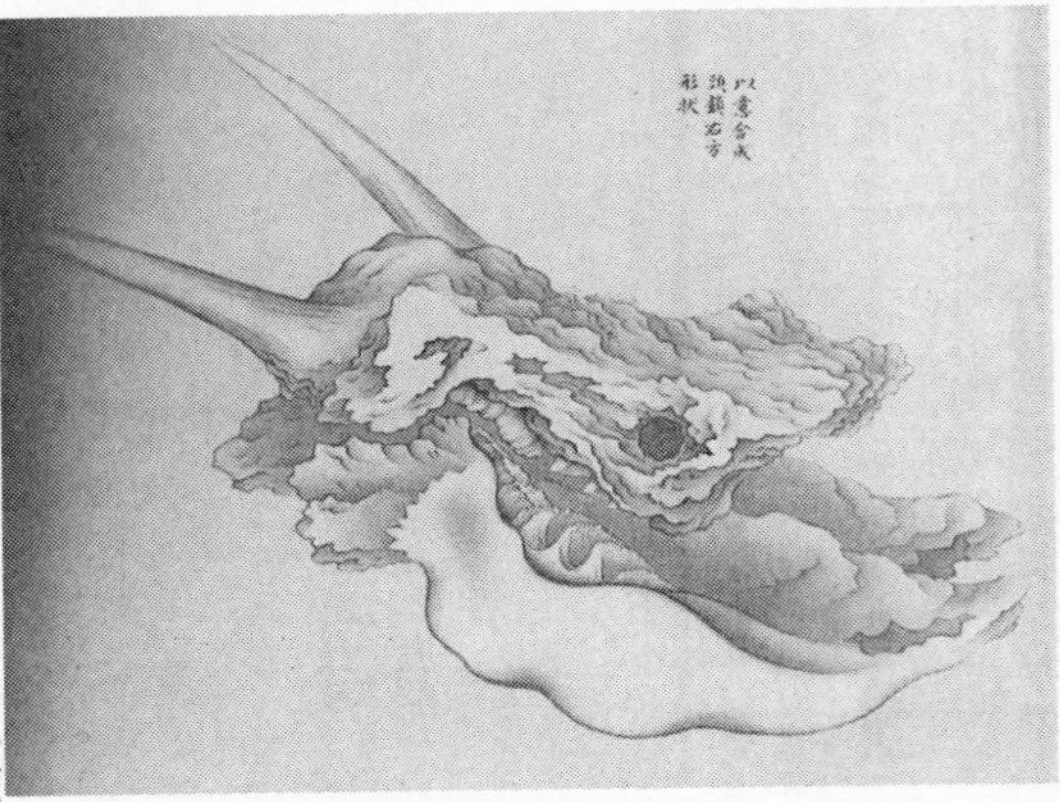

図17　上田耕夫画「龍骨図」（『ヒトの来た道』）

はナウマン象の化石）が見つかるという騒ぎがあった。椿井政隆も「伏龍骨之図《ふくりゅうこつのず》并序《ならびにじょ》」と題して、上田《うえだ》耕夫《こうふ》（一七六〇～一八三二）が文化二年六月に描いた龍骨の図［図17］を同年一二月付で写している［図18］。これは、伊香立《いかだち》にある八所《はっしょ》神社宮司の小谷《こたに》家がもともと所蔵していたもので、現在は滋賀県立琵琶湖博物館に保管されている。それとは別に、椿井政隆は文化五年一一月付でも、「伏龍骨之図并序」を作成している［図19］。こちらは龍骨をみつけた龍《りょう》家が所蔵していたもので、現在は大津市歴史博物館が保管する。

椿井政隆のことなので、忠実に写すだけでなく、祖先の椿井式部卿が聖武《しょうむ》天皇の命を奉じて、湖北の伊香山中で退治した龍の骨だと序文に追記している。なお、龍退治の逸話は、「伊香龍《いかだつ》八所《はっしょ》大明神《だいみょうじん》来由記《らいゆき》」（『神道大系』神社編二三）や後述する「己高山《こだかみやま》河合寺《かわいでら》伽藍《がらん》之《の》絵図《えず》」にも反映されている。さらに小谷家本には龍家本にはない追記があり、末尾に椿井政隆をはじめとする一族一七人の名前が列挙され、八所神社に寄進する

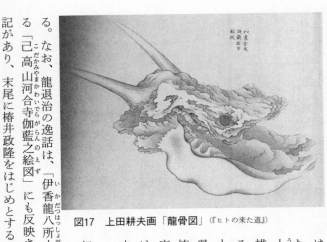

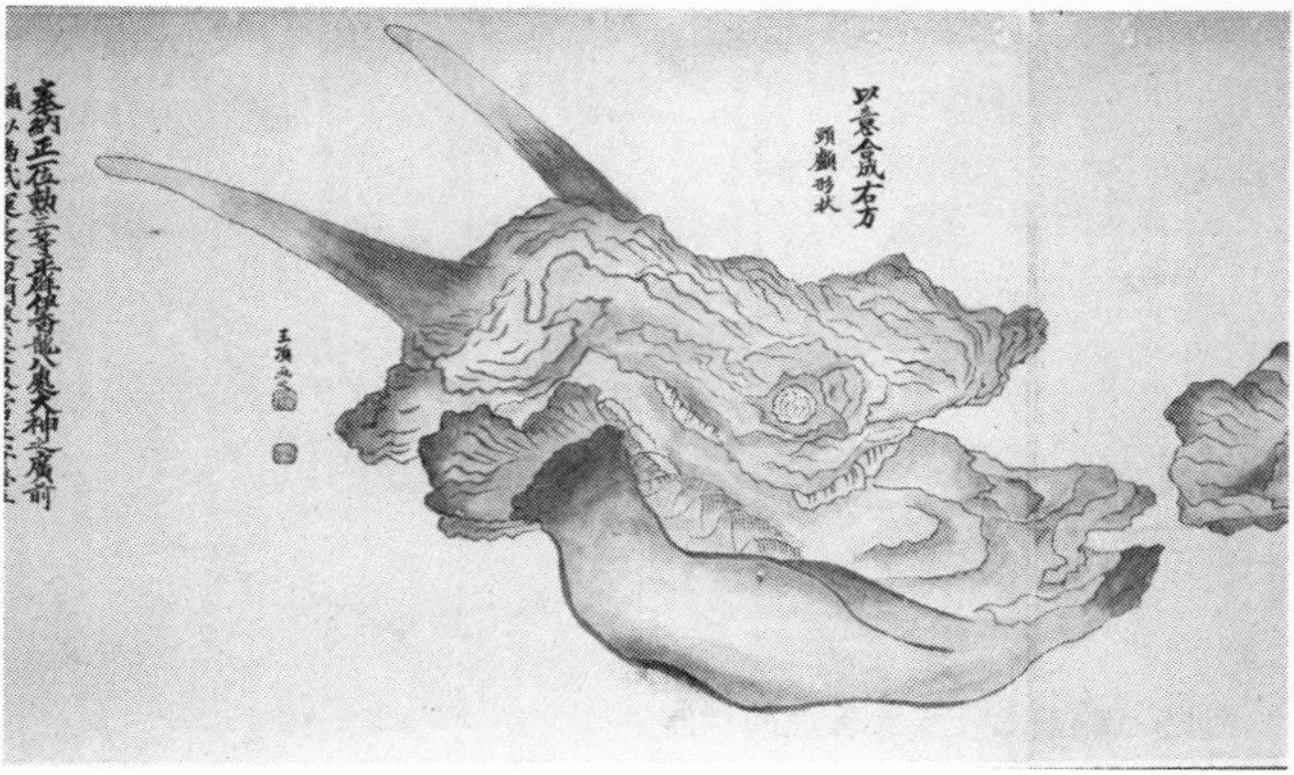

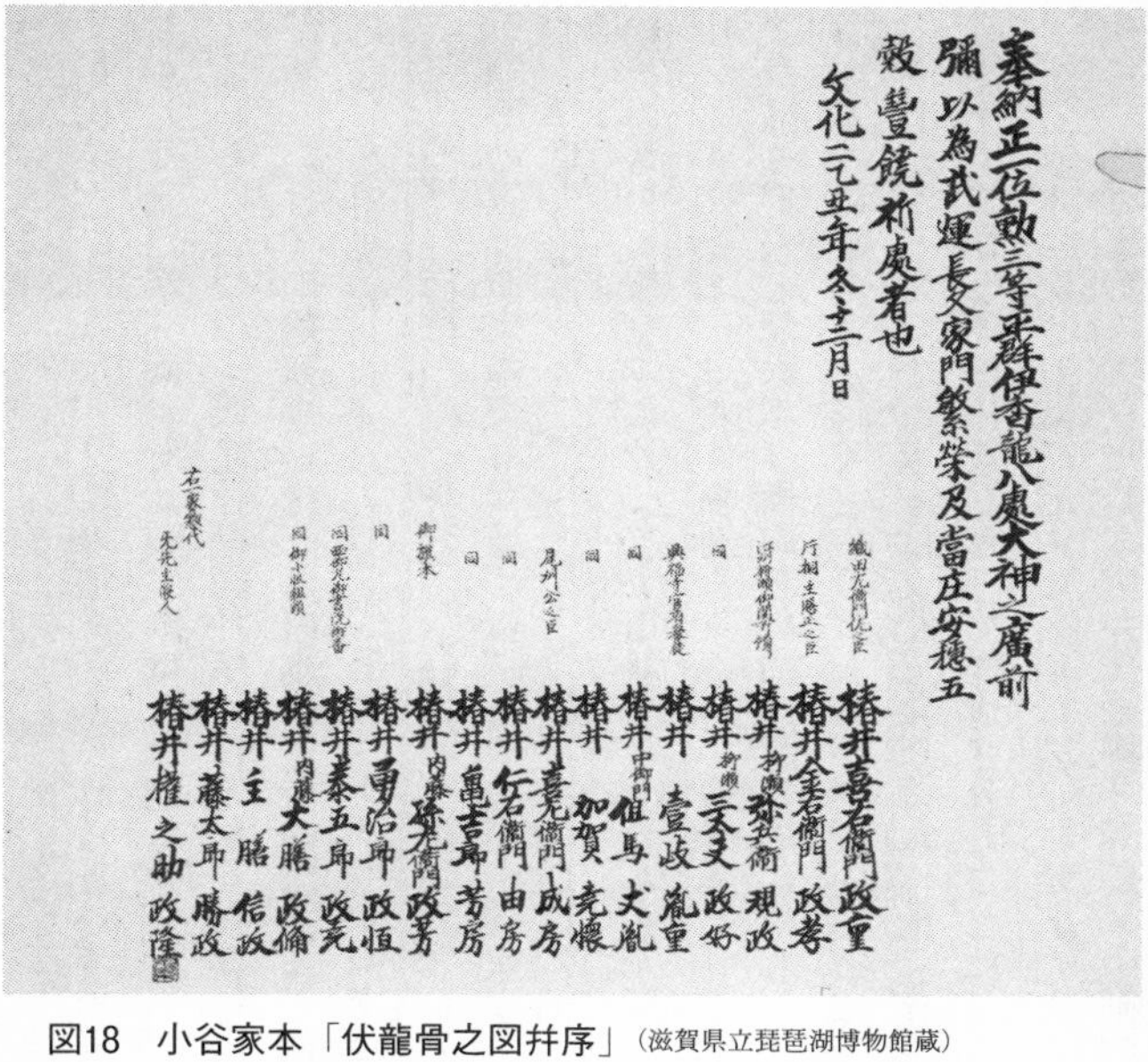

図18　小谷家本「伏龍骨之図幷序」（滋賀県立琵琶湖博物館蔵）

図19　龍家本「伏龍骨之図幷序」（個人蔵・大津市歴史博物館寄託）

旨が記される。

年代が古いほうに、文章の追記がみられるというのもおかしな話だが、両者を比較すればその謎も氷解する。すなわち、二つの「伏龍骨之図幷序」のうち、書写年代が新しいはずの龍家本のほうが原本に近いのである。例えば、上田耕夫の頭部を右側からみた絵図の説明文は「以意合成／頭顱《とうろ》右方／形状」（／は改行）とされているが、その点は龍家本でも共通する。ところが小谷家本では、「以意合成右方／頭顱形状」と微妙な変化がみられ、絵そのものも龍家本に比べて上田耕夫のものから乖離《かいり》しているのである。また「腕骨一」という部位も、上田耕夫が描くものと龍家本は横向きに描かれるのに対し、小谷家本では縦向きに描くというアレンジが加えられている。したがって、小谷家本は文化五年以降に、龍骨発見直後まで時期を遡る体裁をとって作成されたことになる。

　小谷家本に記された一七人の名前は表1に示したとおりで、ここまでみてきた旗本椿井氏や柳ヶ瀬氏・中御門氏など、椿井政隆と同時代の人物の名前が連なる。椿井政隆は、自身の署名に捺印《なついん》していることから、いずれは全てに捺印してもらうつもりでこれを作成したようである。惣代である自らを中心に、一族の結束を図るという用法を思いついて、新たにこのような追記をしたのであろう。

表1　「伏龍骨之図幷序」の署名

肩書	名前
織田左衛門佐之臣	椿井喜右衛門政重
片桐主膳正之臣	椿井金右衛門政孝
江州柳瀬御関所預り	椿井柳瀬弥兵衛規政
同	椿井柳瀬三太夫政好
興福寺官府衆徒	椿井壱岐胤重
同	椿井中御門但馬丈胤
同	椿井加賀尭懐
尾州公之臣	椿井喜左衛門成房
同	椿井仁右衛門由房
同	椿井亀吉郎芳房
御旗本	椿井内藤孫左衛門政芳
同	椿井勇治郎政恒
同西御丸御書院御番	椿井泰五郎政尭
同御小性組頭	椿井内藤大膳政備
一	椿井主膳信政
一	椿井藤太郎勝政
右一家惣代無先主浪人	椿井権之助政隆

以上のように、三〇代の椿井政隆は、膳所藩領での活動が目立つ。また、文化五年のものよりも、それ以降に作成された龍骨図のほうが虚飾が際立っている。おそらく、このころから偽文書の作成が本格化しはじめたのではないかと推察される。

文化五年（一八〇八）六月中旬の年紀を持つ「蝦夷《えぞ》国輿地全図」には、作成者として「城南県《じょうなんけん》　椿井員外郎中　平群政隆」の名が記される［図20］。この絵図には、次のような作成背景が記されている。椿井政隆は、若いころに蝦夷地に赴き、現地での見聞を踏まえた絵図の草稿を作成し、所持していたという。そう

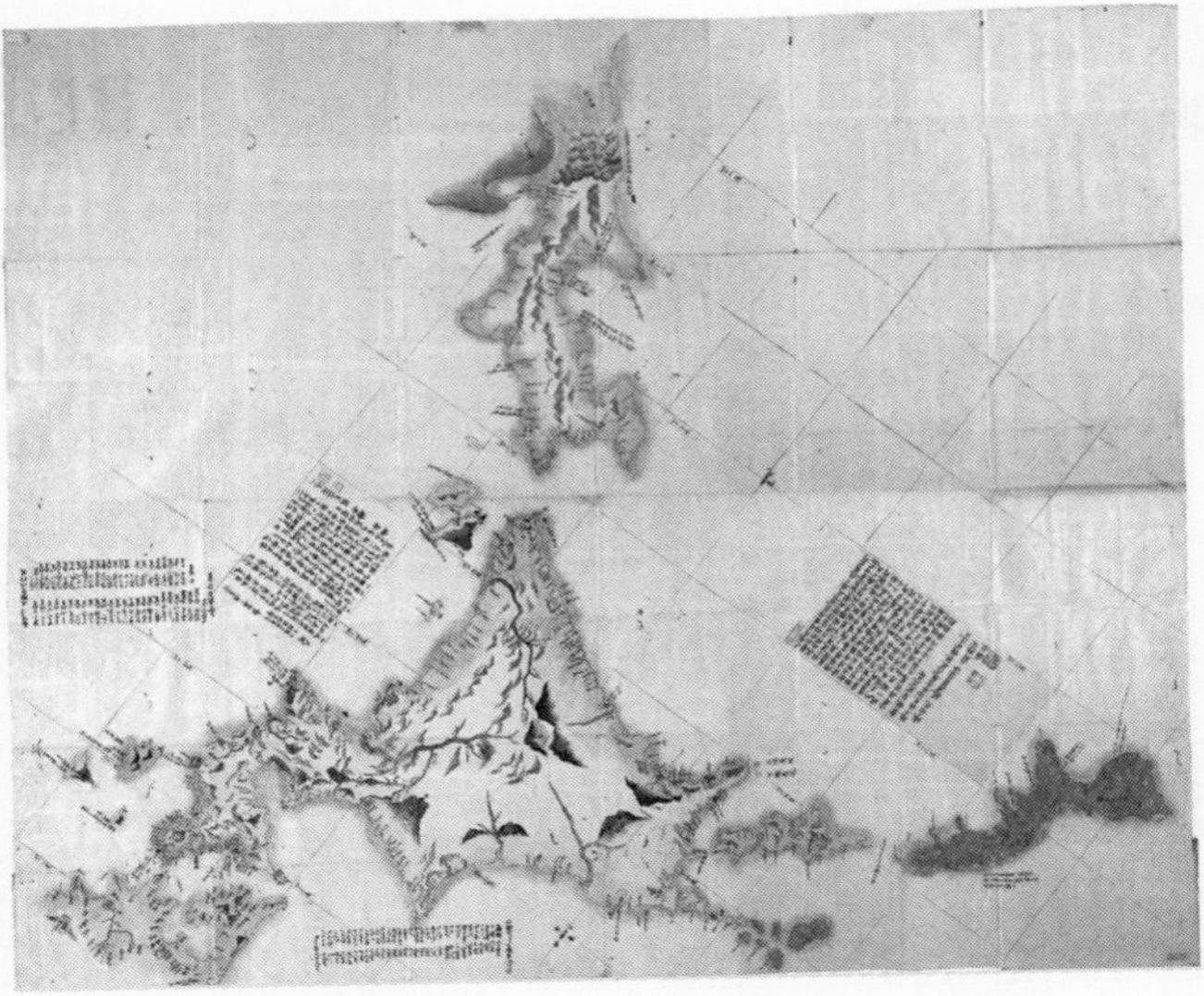

図20　「蝦夷国輿地全図」（函館市中央図書館蔵）

したところ、文化四年の秋に、膳所藩士の遠藤《えんどう》氏・松元《まつもと》氏・沢《さわ》氏の三人が藩命を受けて蝦夷地に赴いた。文政五年（一八二二）の「膳所藩分限帳手控」（大津市歴史博物館寄託縁心寺《えんしんじ》文書）から、遠藤家と沢家は禄高《ろくだか》七〇石と確認できるので、彼らは中級家臣のようである。翌年夏に三人は、松前《まつまえ》の住人が秘蔵する蝦夷地の絵図を持ち帰った。この「蝦夷国輿地全図」は、椿井政隆の草稿と松前で得た絵図、そして三人の見聞を交えて作成されたものだという。椿井政隆自身が蝦夷地に赴いたというのは偽りである可能性が高いが、膳所藩士と交流を持っていたことは事実であろう。

若いうちより、近江南部の膳所藩領

で活動していたことは注目に値する。椿井政隆は、後述のように依頼者・協力者がいたため山城国普賢寺谷の歴史を創作することに執心していたが、その結果として「興福寺官務牒疏」の当該部分は異常なまでに詳細な記述となっている。「興福寺官務牒疏」には、それとは別に明らかに突出した存在があった。「二十五箇別院」を持つ大菩提寺金勝寺である。理由は不詳ながら、衰退していた山岳寺院の金勝寺を、往時の姿として盛大に描くことに執心していたことは間違いない。おそらく、金勝寺と出会ったのと偽文書の創作に力を入れはじめたのは、ほぼ同じころであろう。

　金勝寺の勢力規模を誇張するためにとられた手段が、下部組織の「別院」制度である。実際、「椿井家古書目録」の【95】に該当する「興福寺別院」の「金勝寺図略」という金勝寺の絵図のほか、「金勝寺別院」を描いた「鈎《まがり》安養寺《あんようじ》之絵図《のえず》」も残っている［図21・22］。「金勝寺別院」の絵図はそれだけでなく、「大般若寺絵図《だいはんにゃじえず》」（志那《しな》所在の【135】）や「駒井《こまい》図《ず》宝光寺《ほうこうじ》四至《しいし》封《ほう》疆界図《きょうかいず》」もある。しかも、右の宝光寺のさらに下部となる「別院」を描いた「西照教笠寺《せいしょうきょうりゅうじ》伽藍之絵図《がらんのえず》」（通称「下《しも》の笠堂《かさどう》」に該当する【109】）や「笠堂医王寺絵図《かさどういおうじえず》」（通称「上《かみ》の笠堂」に該当する【72】）なども残されている（以上、『草津《くさつ》市史』第一巻）。「椿井家古書目録」には、金勝寺の「別院」を描く絵図として、ほかにも【102】の「金勝山寺別院図」、【131】の「金勝山寺別院三箇寺古図」、【139】の「金勝寺別院北法華寺図《きたほっけじず》」などがある。また、「大般若寺由緒書」や「宝光寺縁起《ほうこうじえんぎ》」など、それぞれの絵図に対応する縁起も作成された（惣社神社文書）。

図21　「金勝寺図略」（『忘れられた霊場をさぐる』）

図22　「鈎安養寺之絵図」（『忘れられた霊場をさぐる』）

図23　「八葉山蓮華教寺之絵図」（『日野町内遺跡詳細分布調査報告書』）

そして、金勝寺「別院」だけで近江国が覆われてしまっては違和感も出てくるので、相対化を図るため、金勝寺「別院」ではない通常の興福寺末寺も、ある程度網羅する必要があった。なぜそのようなことがいえるかというと、「比叡山別院《ひえいざんべついん》」の「八葉山蓮華《はちようさんれんげ》教《きょう》寺《じ》之《の》絵図《えず》」や【96】に該当する「東大寺《とうだいじ》別院《べついん》」の「龍《りゅう》護《ご》西中山金剛定寺《さいちゅうさんこんごうじょうじ》伽藍《がらん》之《の》絵図《えず》」などのように、他宗の絵図まで配慮して作成しているからである［図23・24］。先述のように、大菩提寺と対をなす少菩提寺に力を入れているのも、金勝寺を相対化する試みといえよう。「興福寺官務牒疏」

図24　「龍護西中山金剛定寺伽藍之絵図」（『日野町内遺跡詳細分布調査報告書』）

の構成から推測するに、椿井政隆は以上のような経緯で近江の山岳寺院調査を徹底的に進めていったと考えられる。

　この調査範囲は、かなり早い段階で定められていた。なぜなら、「椿井系図」を柳ヶ瀬三太夫に送ったのが文化三年（一八〇六）だからである。また、福田寺《ふくでんじ》（滋賀県米原市）の由緒を記した「布施山息長寺伝《ふせざんおきながじでん》記《き》」は、興福寺との関係をほとんど強調しないなど、内容からして初期の椿井文書であることが確実である。しかも、「布施山息長寺伝記」はのちの椿井文書にはみられない極めて拙《つたな》い筆跡を装っており、これに類する筆跡は、現在のところ八相《はっそう》神社

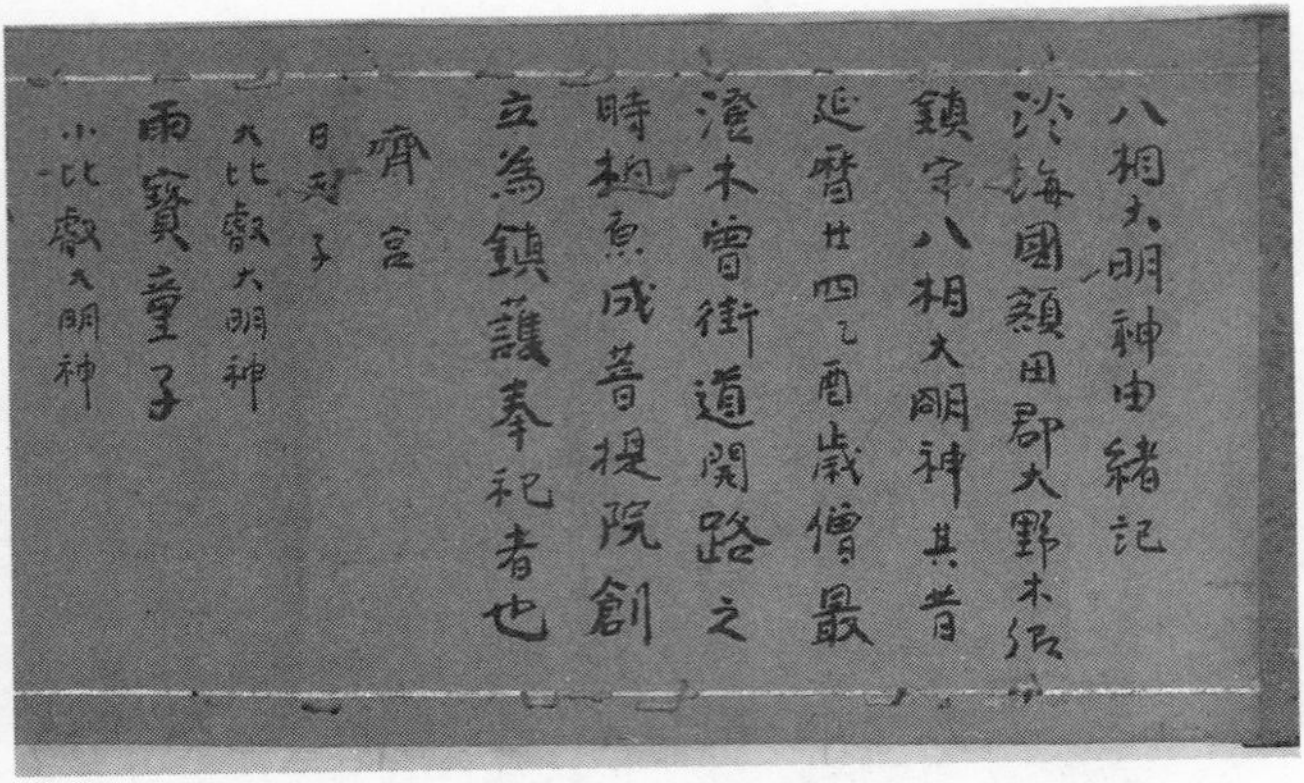

図25 「八相大明神由緒記」（章斎文庫蔵）

（米原市）の由緒を記した「八相大明神由緒記」しか確認できていない［図25］。このように、初期の仕事が湖北に集中することから、ツバイという地名に早くから着目していた椿井政隆は、自身の「分家」という象徴的なポイントを近江北端に定め、そこから近江東半において網羅的に偽文書を作成していったとみられる。

南山城から北河内へ

「興福寺官務牒疏」の寺社数からも、椿井政隆の動向を読み取ることができた。すなわち、山城国と河内国はなお作業中で、寺社数は増加しつつあった。また、河内国は手をつけたばかりと見受けられた。このように椿井政隆の活動を大まかにたどると、近江から南山城へ、そして北河内へという順に並べることができる。

巻末表Aに掲げた「椿井家古書目録」からもその

変遷はたどれる。この史料では、所々に「〆」と記し、何らかの一括関係を表している。その意味は不明ながら、巻末表Aの【72】から【140】までは「図之分」として図面と思われる史料が一括され、【1】から【71】までとは区別されていることがわかる。したがって、【141】以降の史料はそれに加筆されたもので、引き続き行われた集書活動の成果と判断される。

注目したいのは、【141】以降の史料が、朱智神社の由緒をまとめたものと思われる【143】の「筒城物(惣)社記」をはじめとして、【147】の「禅定寺《ぜんじょうじ》衆談中」、【160】の「神童寺録記」、【162】の「湧出森《わきでのもり》由来」など、大半が南山城関係のものとなっていることである。つまり、南山城における成果は、成熟期の仕事と想定できるのである。

椿井政隆は、系図と系図の間に相互関係を築くため、着到状のごとき連名帳を作成し、系図に登場する個々の家の当主が同時に実在していたかのようにみせていた。このような手法は、「白鳥社《しらとりしゃ》御陵《ごりょう》荘厳寺《しょうごんじ》由緒記《ゆいしょき》」（『永源寺町の歴史探訪』I）など近江でもまれにみられるが、主として南山城と北河内でしかみられない。つまり、前章で示した彼の偽文書創作の手法は、成熟した段階のものなのである。

都市部を避けて興福寺末寺の偽文書を作成するという、彼の基本的なスタンスからすると、衰退した山岳寺院が多い近江は格好のフィールドであった。若かりしころ、ここで得た経験と技術が、絵図を多用して視覚に訴える椿井文書の創作活動をその後も支え続けたのであろう。

椿井文書の絵図は、地表面調査による現況と一致したり、考古学的成果と合致することが多いため、中世の絵図を参考にしたものだとよくいわれる。もしそうだとしたら、椿井政隆が真上からみた平面図を基調とする中世の荘園絵図的な画法にとどまることなく、村名を小判型の円で囲う国絵図の表記法やパノラマ風の景観図など近世的画法まで採り入れていることをどう説明するのだろうか。椿井政隆はフィールドワークや略測図の能力に長《た》けていただけであって、中世の絵図を参考にしたという憶測は、近世後期における学問水準を軽視した評価に過ぎない。

近江での経験は、絵図以外でも活かされている。例えば、当時から古代近江の豪族と考えられていた息長氏を、椿井文書のなかでは山城の普賢寺谷で活躍させ、その地域核である普賢寺には「息長山」の山号まで与えている。このように、南山城における彼の活動は、近江で得た知識を踏まえたものとなっているのである。

湖北における椿井政隆初期の仕事と思われる「布施山息長寺伝記」では、当時の通説と同様に息長氏を近江坂田郡出身と考えており、南山城のことについては一切触れていない。したがって、彼なりに考証を続ける過程で、南山城に息長氏が存在したとする「伝説」の創作に辿り着いたようである。これはとりもなおさず、息長氏が存在したとする伝承が、近世後期の南山城には存在しなかったことを示している。椿井文書の主張が一貫していないのは、ここに限られることではないことから、椿井政隆の思想は偽文書を創作する過程で徐々に熟成されていったのだと考えられる。

3　椿井政隆自身による頒布

式内社周辺に出没

前章で述べたように、一八世紀末ごろから、近江国蒲生郡においては日野村井町（滋賀県日野町）の馬見岡綿向神社と岩倉村（同県近江八幡市）の馬見岡神社が、式内社の馬見岡神社をめぐって争っていた。日野村井町の辻六右衛門《つじろくえもん》が、幕末から明治にかけて編纂した「蒲生古蹟《がもうこせき》考《こう》」（日野町教育委員会蔵写真帳）に「山城人椿井広雄ト云人、当郡徘徊《はいかい》アリ、此人ニ社ノ系図ヲ頼ミタルナルベシ」とみえるように、この争いの場に椿井政隆が現れている。そして、「馬見岡ノ社トセンガ為、綿向古鐘ノ文ヲ贋作《がんさく》シ式外ノ神ト書タルナルベシ」とも記されるように、椿井政隆は永万《えいまん》元年（一一六五）の綿向神社鐘銘を偽作し、そこに「式外之神」と盛り込んだのである。これは明らかに岩倉村の望む内容といえよう。すでに当時から、受容する者がいる一方で、「贋作」と断定する者もいたことがわかる。

同じく蒲生郡中之郷《なかのごう》村（日野町）の坂本林平《さかもとりんぺい》は、「楓亭雑話《ふうていざつわ》」（長寸《ながき》神社蔵）のなかで、椿井政隆について次のように触れている。文化一四年（一八一七）に椿井政隆がやってきて、「五社明神」がないか尋ねてきた。地元で山崎神社と呼ばれてきた神社には五柱を祀《まつ》っているので、坂本林平は山崎神社は「五社」だと回答した。これを聞いて椿井政隆は満足げに帰っていったという。おそらくこの段階では、「五社明神」にまつわる筋書を想定していたのであろう。それに対して、「長曽《ながそ》」という地名から、山崎神社は式内長寸神社の可能性もあるのではないかと以前より疑っていた坂本林平は、同郡瓜生津村《うりうづ》（滋賀県東近江市）に滞在していた椿井政隆に手紙を送り、その可能性について問うた。すると、しばらくの日数を経て、「長寸山」の絵図と「四《よ》ッ谷《や》古城《こじょう》」の絵図のほか、「興福寺官務牒疏」を持参し、長寸神社と明確になったという。

右の一例は、自村の氏神が式内社になるという意味で、坂本林平にとって悪い話ではないため、椿井政隆に対する悪評はとくに記されないが、不審に思っていることは明らかであろう。実際、馬見岡神社をめぐる争いについては、「近頃、岩倉村ノ神社ヲ馬見岡也ト好事ノ士有リテ申出レト、是又拠ヲシラス」とみえるように、「好事ノ士」と名前を伏せつつも坂本林平は椿井政隆を批判している。

また、「近頃旧事ニ無他事人《たじなきひと》、南都大安寺《だいあんじ》資材録持来リテ見セケルニ、紙時代二百歳三百歳ノ物トハ見ヘス、鳥ノ子紙ニ似テ至テフリタリ、右巻物ニシテウヤ〳〵鋪《しき》書也、其大サ巻テ二囲斗《ばか》リ有リ、錦《にしき》ノ袋ニ入タリ」とここでも名を伏せているが、紙が新しいと疑っており、あえて仰々しくしていることを見破っている。椿井政隆のことを指しているのは、「椿井家古書目録」の【19】に「大安寺資財」がみえることからも明らかである。そのほか、「近頃椿井氏、何《いず》レノ記録ニ有シヤ、惟喬《これたか》親王ノ四世正四位下小椋《おぐら》左近衛《さこのえ》中将《ちゅうじょう》実澄《さねずみ》公ノ旧墓、奥津保《おくつぼ》杉杣《すぎそま》林邑田《はやしむらた》ノ中ニ有由尋惑ヘリ」と疑っていたり、あるいは「長寸郷」の「善通教釈寺《ぜんつうきょうしゃくじ》」なる寺の鐘銘についても、「例ノ好事ノ偽作ナラン歟《か》」と見抜いている。重要なのは、右のように疑いつつも、実際山崎神社が長寸神社と改名するように、利益をもたらす椿井文書は、結果的に受け入れられてしまうという点にあろう。

なお、「長寸山」のほかに無関係とも思える「四ツ谷古城」の絵図を持参した理由は、坂本林平宅に滞在中の椿井政隆に対し、同じく中之郷村の吉倉貞熙《よしくらさだひろ》が祖先のことを尋ねていたからである。その結果、吉倉氏は四ツ谷城の「目代《もくだい》」であったことが判明し、その旨を吉倉貞熙は

図26　「奥津野保左久良十七郷摠絵図」（『日野町内遺跡詳細分布調査報告書』）

文化一四年（一八一七）付で記録に残している。これも、椿井文書を積極的に受け入れた事例といえる。

『淡海温故録』に附巻として追加されている「古城之図」は、成立事情は不明ながら、椿井政隆が描いた古城図の写をまとめたものである。このうち「蒲生郡奥津保《おくつぼ》中《なか》ノ郷《ごう》四ッ谷古城全図」と「近江国栗本郡《くりもとぐん》男石荘《おいしのしょう》左久良太利大神宮《さくらたりだいじんぐう》之神領同蒲生郡奥津保左久良ノ郷公文所古城之全図」が、坂本林平のもとへ持参した絵図に相当する。また、これらの城が所在する奥津保の全景を描いた「奥津野保左久良十七郷摠絵図《じゅうしちごうそうえず》」で、当該地域の歴史が総括されている［図26］。

金剛定寺の椿井文書

蒲生郡における椿井政隆の足跡を示すものとして、「西中山金剛定寺縁起略紀《さいちゅうさんこんごうじょうじえんぎりゃっき》」（以下「略紀」）と「西中山金剛定寺縁起」の二冊の帳面がある。いずれも、椿井文書を写したものである。前者は、近江国蒲生郡中山《なかやま》村（滋賀県日野町）出身の近江商人である岡崎敬長《おかざきたかなが》が筆者で、表紙に文政元年（一八一八）七月に写した旨が記される。後者は、その息子の岡崎敬喜《たかよし》が写したもので、年代に「元治《げんじ》元年迄《まで》〇〇年」という注記が数多くあることから、元治元年（一八六四）の写とみられる。「西中山金剛定寺縁起」の原本は、同村の金剛定寺に現在伝わっている。「略紀」のほうが古いというのもおかしな話だが、これも近世における椿井文書の頒布方法を

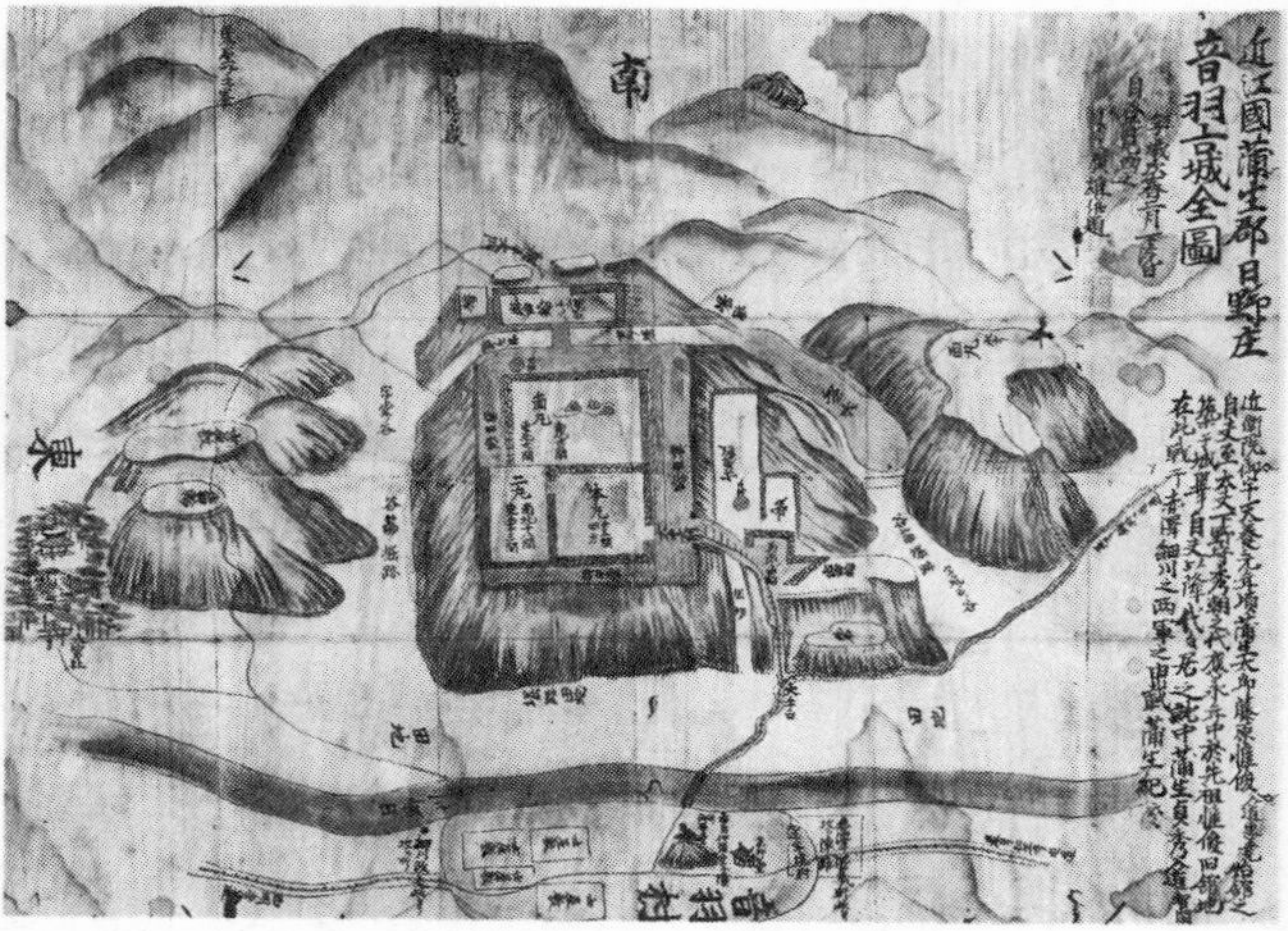

図27　「音羽古城全図」（『日野町内遺跡詳細分布調査報告書』）

反映したものとなっているので詳しくみておきたい。

「略紀」とはいっても、「西中山金剛定寺縁起」の要約以外にも、金剛定寺に関する様々な情報が盛り込まれている。その事情については、岡崎敬長が末尾に次のように記している。すなわち、文化一四年（一八一七）秋から冬にかけて、「椿井先生」が「南都東大《とうだい》寺《じ》」に残された記録から集めてきた情報を写させてもらったというのである。椿井政隆が「西中山金剛定寺縁起」そのものではなく、要約を岡崎敬長に提供した理由は、おそらく「西中山金剛定寺縁起」が未完成だったからであろう。

椿井政隆は、文化一三年（一八一六）二月に蒲生郡音羽《おとわ》村（日野町）にある音羽城を訪れて絵図を描いており［図27］、翌一四年一二月に再び蒲生郡を訪れて、先述の坂本林平家に滞在している。ここから、岡崎敬長とも文化一三年ころに接触して、何らかの要望を聞いていたと推測される。椿井政隆は、先述のように文化一四年の秋から冬にかけて調査したことにして、一二月ころから蒲生郡を転々としはじめた。そして翌文政元年（一八一八）になって、岡崎敬長のもとを訪れて調査の結果を報告したのであろう。「略紀」は、そのときの写と考えられる。

この段階で「西中山金剛定寺縁起」が未完成であったと推測する根拠は、金剛定寺が所有するもう一つの椿井文書「東大寺三綱廻状《さんごうかいじょう》」が、「略紀」に含まれていないことにもある。それに対して、岡崎敬喜が記した「西中山金剛定寺縁起」の続きには、「東大寺三綱廻状」も写されている。文政年間ころの成立と考えられる「楓亭雑話」には、すでに金剛定寺所蔵として「東大寺三綱廻状」が写されていることから、文政元年（一八一八）からさほど間を置かずして「西中山金剛定寺縁起」も完成したとみられる。金剛定寺には、椿井政隆が作成した「金剛定寺古図」という絵図も伝わるがこれも同様であろう。

様々な頒布の実例

『城州諸社詣記《じょうしゅうしょしゃもうでき》』や『式社まうて』によると、天保一三年（一八四二）に普賢寺谷のうち水取村の大富《おおとみ》家を訪れた国学者の水島永政《みずしまながまさ》は、継体天皇から始まる同家の系図を実見している。椿井文書にしかみられない「朱智荘」などが登場しているので、明らかな偽系図である。大富家の主人が水島永政に対して「家譜を正としてしめ」したように、椿井政隆に依頼して創られた偽系図は、それを入手した者によってすぐさま積極的に活用されている。普賢寺谷の椿井文書は、熟練期の椿井政隆が持てる力を出し切って作成したものなので、今現在も利用されてしまうことが多い。その点は近世にまで遡るようで、実際に水島永政も大富家の系図を鵜呑みにしている。

京都府立山城郷土資料館に寄託される個人蔵の古文書のなかに、椿井政隆が絵図を販売した際の領収書が含まれている［図28］。

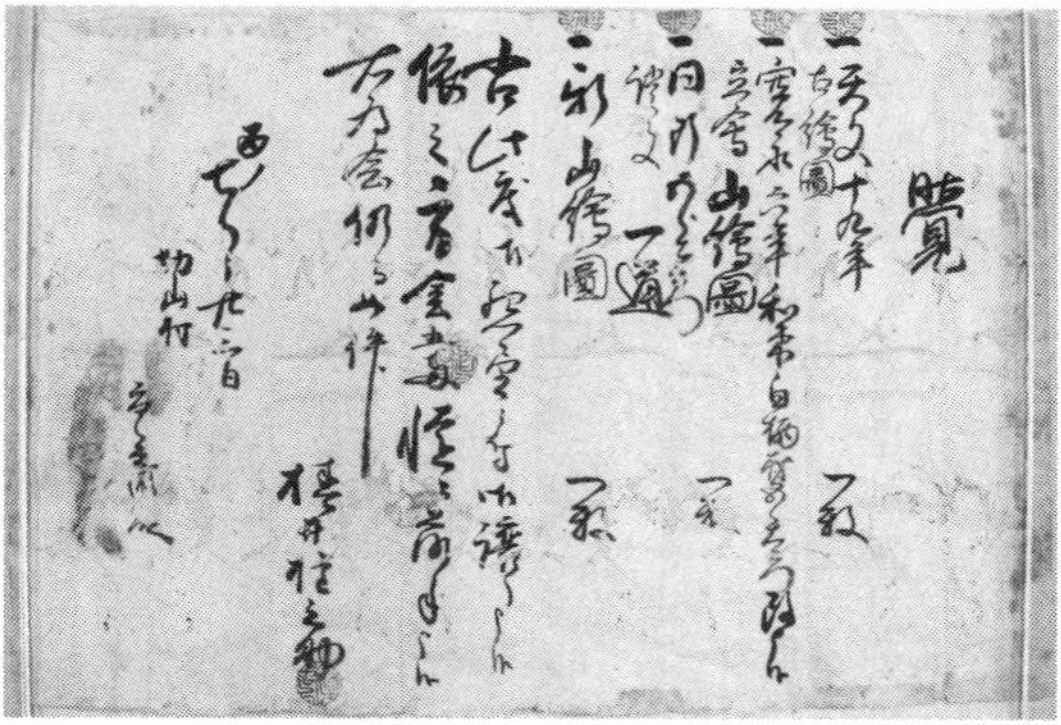

図28　覚（領収書）（京都府立山城郷土資料館寄託吉岡家文書）

覚

一天文十九年古絵図　一枚

一寛永六年和束《わづか》白栖《しらす》村五郎《ごろう》右衛《え》門《もん》改申候立会山《たちあいやま》絵図　一枚

一同断五郎右衛門証文　一通

一新山絵図　一枚

右此度御懇望ニ付、御譲り申候《もうしそうろう》、依之《これにより》方金《ほうきん》五両慥《たしか》ニ落手《らくしゅ》申候、右為念仍而如件《ねんのためよってくだんのごとし》

椿井権之助（印）

酉《とり》ノ

七月廿三日

切山村《きりやま》

市郎兵衛《いちろべえ》殿

椿井政隆が山城国相楽郡切山村（京都府笠置町）の市郎兵衛に売却したのは、天文一九年（一五五〇）の「古絵図」と寛永六年（一六二九）の「立会山絵図」および「証文」、そして「新山絵図」の四点であった。切山村は、文政八年（一八二五）に隣接する和束郷杣田村《そまだ》と「山手場」と呼ばれる山稼ぎの場をめぐって相論をしている。右の領収書とともに、年代は記されないが椿井政隆の筆跡で「山手場」の場所を示した絵図も残っている。これが「新山絵図」であろう。文政八年はちょうど酉年なので、領収書の年代とも合致する。相論にあたって絵図の作成を依頼したところ、椿井政隆が所蔵する「古絵図」もともに譲ってもらったようである。「立会山絵図」と「証文」は見当たらないが、笠置山から切山村にかけてを「天文拾七」年に描いたとする絵図は領収書とともに残されている［図29］。年を若干誤っているが、これが「古絵図」に該当するとみてよかろう。椿井政隆が偽文書を譲るにあたって、金銭の授受をしていたことはおよそ想像がつくが、確実な証拠が残るのは現在のところこの一例のみである。その代金は五両なので、現在の金額に換算して五〇万円強といったところであろうか。そこそ

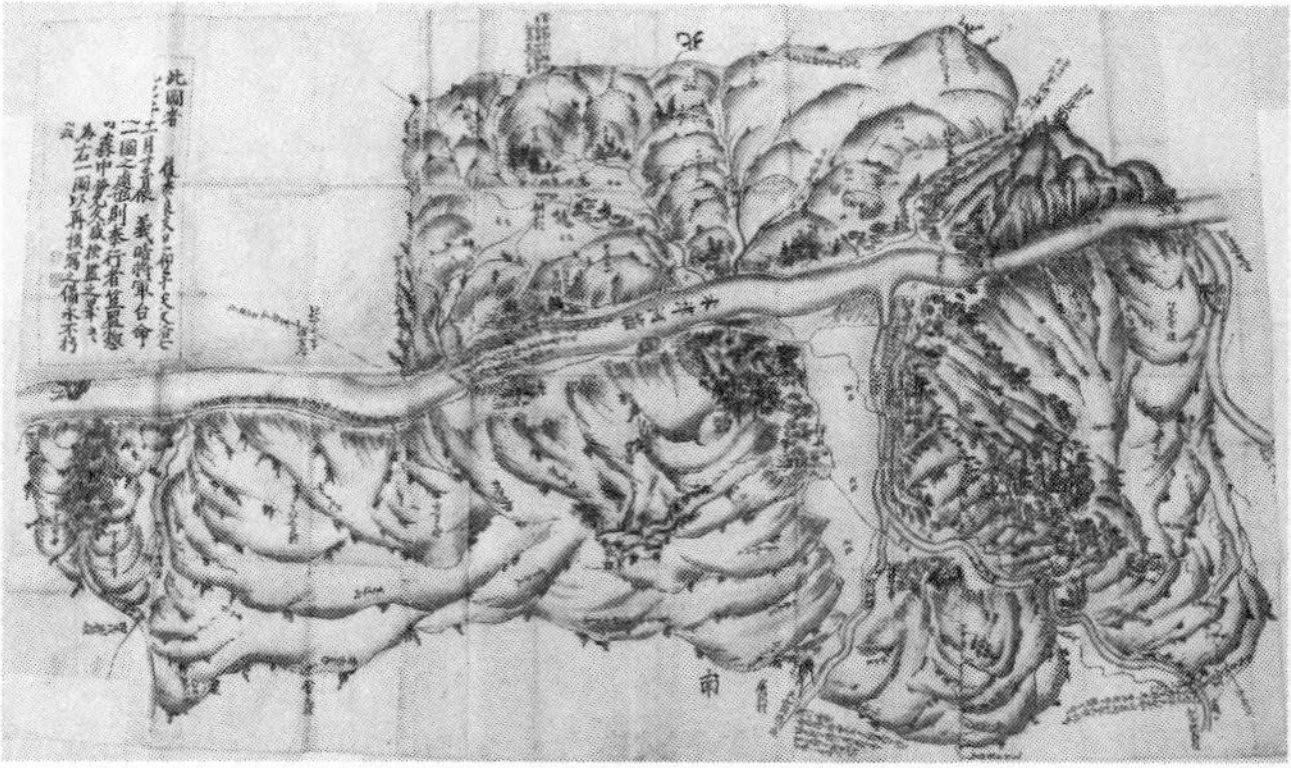

図29　笠置・切山絵図（京都府立山城郷土資料館寄託吉岡家文書）

この金額ではあるが、コンスタントにこの額を稼いでいたとは思えない。

そのほか珍しいものとして、美術史研究者の齋藤《さいとう》望《のぞむ》が紹介した「已高山河合寺伽藍之絵図」がある［図30］。これは井伊《いい》家文書に含まれるもので、彦根藩主井伊直亮《なおあき》の蔵書印も捺されている。井伊直亮は嘉永三年（一八五〇）に没するので、それ以前に井伊家の所蔵となったのであろう。しかも、井伊直亮の蔵書印が捺される椿井文書は、そのほかにも「筑摩社並七ヶ寺之絵図」があるという。筑摩神社が所有するこの絵図は、最終的に文化一二年（一八一五）に写されたとされるものであったが、井伊家が所蔵するものは文政元年（一八一八）に写されたことになっている。井伊家の所蔵となったのも、おそらくそのころではなかろうか。

このように事例を並べるとわかるが、椿井文書に対する近世の人々の姿勢は一様ではなかった。普賢

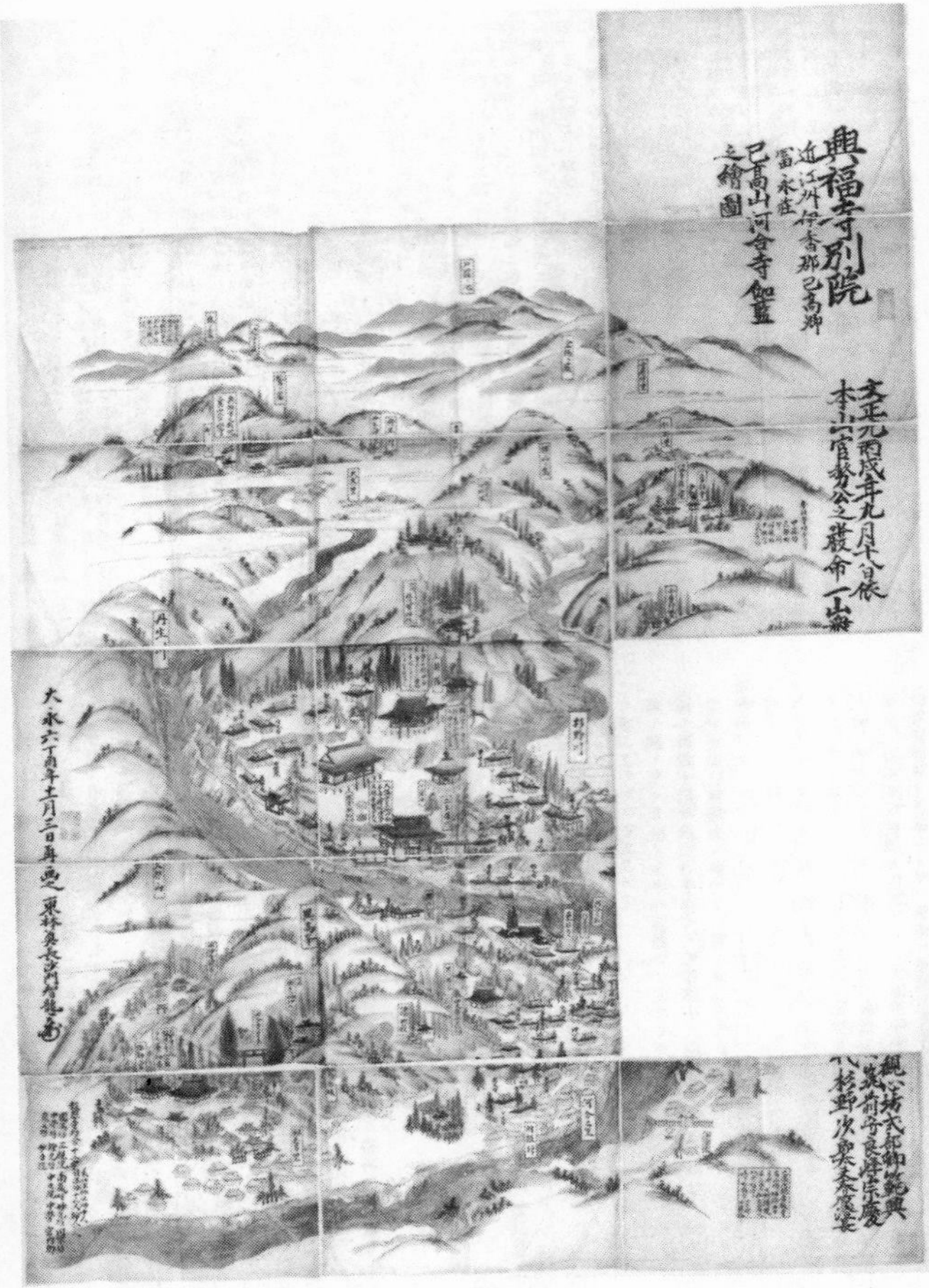

図30 「己高山河合寺伽藍之絵図」（齋藤望「近江国・河合寺伽藍図について」）

寺谷のように積極的に受容するところもあれば、蒲生郡のように疑いを持ちつつも利益をもたらす場合は受容するなど、対応の仕方もまちまちであった。椿井政隆本人を知っている場合は、必ずしも鵜呑みにされることはないが、受容するか否かは最終的に受け取り手の置かれた状況に左右されていたといえよう。一方の椿井政隆も、最初から完成品を持ち込むのではなく、同じ所に何度も通って需要を確認し、より受け入れられやすいものに仕上げていく努力を惜しまなかった。椿井政隆による調査とは、このような性格のものであった。

4　近代の頒布

維新期の椿井文書

明治七年（一八七四）に編纂が始まり、二年後に一応の完成をみた『特選神名牒《とくせんじんみょうちょう》』では、佐牙乃《さがの》神社の祭神を説明するにあたって、「相楽郡木津村今井《いまい》某所蔵」の「佐牙神社神紀」が引用される。これが椿井文書の「佐牙神社本源紀」であることは、先述のとおりである。また、明治一四年（一八八一）に宮本直吉《みやもとなおきち》は、木津の今井家が所蔵する「井堤郷《いでごう》旧《きゅう》地全図《ちぜんず》」を模写していた。このように、明治初期には複数の椿井文書が今井家の所蔵となっていた。今井家は、木津を代表する富農として知られる。

この前後の事情については、ここまでもたびたび触れてきた津田村の三宅源治郎が記録を残してくれている。その記録とは、彼が明治四四年（一九一一）に記した「郷社三之宮神社古文書伝来之記」というものである。以下に要約しておこう。

明治二一年（一八八八）に三之宮神社神職の三松俊季《みつまつとしすえ》は、朱智神社神職の中川政勝《なかがわまさかつ》から、今井家が所持する古文書のなかに三之宮神社関係のものが存在すると聞く。古文書に因縁を持つ者に対して、今井家では相当の謝礼金と引き換えに譲渡するというので、三松俊季は中川政勝の仲介で今井家を訪ねた。そこで三之宮神社に関する古文書を目にして心を動かされた三松俊季は、購入のために資金集めを試みるようになる。この古文書が、現在の三之宮神社文書に相当する。

明治二八年（一八九五）一一月に、三松俊季の熱弁に動かされた三宅源治郎は、穂谷の氏子惣代である上武庄太郎《しょうたろう》を誘い、三松氏と三人で今井家へ向かった。初回は三之宮神社文書を目にし、関連史料がないか確認するため一週間後に再び三人で訪問する。そのときに、前述した津田山周辺の二〇家分もの系図も見つかった。

その日は木津の川喜楼《かわきろう》に一泊し、翌日に一行は改めて今井家へ向かう。そして交渉の末、三之宮神社文書五巻と河州北部半国の絵図一枚、そして系図二〇巻を購入する。代金の四〇〇〇円は、三宅源治郎が支払った。この金額は、当時でいうと津田村の上田二反分（約二〇〇〇平方メートル）に相当するという。

三宅源治郎は、系図をそれぞれの家に転売することで、出費の補塡《ほてん》を図った。明治二九年

（一八九六）四月までに、津田家・山本家・藤井家・寺嶋家・辻家・北田家・安見家・山村家以外の系図は買い手がついた。そして、五月五日に奉告祭を挙行し、三之宮神社文書を奉納した。古文書を収納する唐櫃《からびつ》内部に記された奉納文と奉告祭文の撰文《せんぶん》は、国学者の敷田年治《しきだとしはる》に依頼するという力の入れようであった。その後、明治末までに山村家と寺嶋家の系図も売れたという。

三宅源治郎は、今井家に伝わる古文書の伝来を次のように聞いている。興福寺の侍であった椿井政隆が、事情はよくわからないが、明治維新の際に興福寺の宝庫に秘蔵されていた長持二棹《さお》もの古文書類を持ち出したという。維新後は家禄《かろく》を奉還したので椿井家は零落し、明治七年（一八七四）から八年ころに古文書を今井家へ質入れしたらしい。そののち一家滅亡の状態になり、古文書も今井家の所有に帰した。

興福寺旧蔵という触れ込みで質入れしたのは事実かもしれないが、実際はそうみえるように偽作した椿井文書とみて間違いあるまい。また、明治一八年（一八八五）四月に士族に編入された南山郷士《なんざんごうし》の筆頭に、椿井政隆の嫡子である万次郎（政福）の名がみえることから（京都府庁文書）、椿井家が滅亡したというのも事実ではない。ただし、古文書を質入れしていることから、零落したのは事実であろう。また、明治七年（一八七四）から九年にかけて編纂された『特選神名牒』に、今井家所蔵として椿井文書がみえることから、質入れの時期も矛盾がない。

系図の分売についても、津田村の西村家系図に三宅源治郎作成による収入印紙を貼付した領収書が添えられていることから、裏付けることができる。

椿井文書が広く定着した原因は、以上のような伝播の仕方にもあった。質入れ先の今井家という、いわば第三者が販売することによって、椿井政隆の集めた古文書が地元に戻ってきたという扱いを受けたのである。これによって、椿井政隆自身が頒布する場合とは異なり、ある程度の信憑性を帯びながら流布したといえよう。

もちろん、次にみる「正行寺《しょうぎょうじ》墳墓記」のように、今井家から流出して早々に偽作と見破られる場合もある。その場合は、「正行寺、去ル明治廿二年以来俄然《がぜん》小楠公《しょうなんこう》首墳抔《など》ト偽説ヲ唱ヘ、木津ノ住今井良久《よしひさ》ニ墳墓記ノ偽作ヲ著作セシメ」と「紀伊《きい》郡村誌」が指摘するように、今井良久が作者だと疑われることもあった（『宇治《うじ》市史』五）。

椿井文書の活用は、早い例では、明治一三年（一八八〇）から始まる奥山相論があげられる。この相論は、和束郷一四ヶ村（京都府相楽郡和束町《わづかちょう》）が原告となって、井手村（京都府綴喜郡井手町）をはじめとする九ヶ村を京都裁判所に訴えたことに始まる。そのなかで和束郷は、天保二年（一八三一）に椿井政隆が模写した榜示《ほうじ》惣絵図を裁判資料として提出しているのである（『山城町史』本文編）。

しかし、明治一〇年代はまだ、宮本直吉が今井家の椿井文書を写していたように売却はしていなかった。椿井万次郎も健在だったので、「質流れ」にはなっていなかったのであろう。こうした前史があって、明治二〇年代に入ると爆発的に流布することとなる。

「木津行」の流行

天保三年（一八三二）生まれの今井良久（佳平《かへい》）は、明治一二年（一八七九）の京都府会開設とともに議員となり、同一五年までつとめている（『京都府議会歴代議員録』）。このように所有者に名声があったことも、椿井文書の存在が広く知れ渡った要因の一つであろう。

今井良久は、明治二八年（一八九五）八月に没している。彼の嫡男にあたる良重《よししげ》はすでに没しており、次男の良政《よしまさ》は分家を興していた。そのため、良久は明治一七年（一八八四）に生まれた息子の清明《きよあき》を嫡子に定めていたが、彼は当時まだ一二歳である。

そのため、明治二八年（一八九五）一一月に三宅源治郎が今井家を訪問した際は、今井良政が対応している。八相神社（滋賀県米原市）の氏子総代をつとめていた中川泉三《なかがわせんぞう》は、明治三五年（一九〇二）に「八相大明神由緒記」なる椿井文書を購入するにあたって、やはり今井良政とやりとりしている。湯坪《ゆつぼ》神社（米原市）の「牛頭天王社縁起」（『近江町史《おうみちょうし》』）もまた、同年に今井良政から得ている。このように、良政が分家から戻ってくるかたちで今井家を相続したようである。

ここから敷衍《ふえん》すると、次のようなこともわかる。近江国神崎《かんざき》郡山上《やまかみ》村（滋賀県東近江市）の歳苗《としなえ》神社が所蔵する「柿御園惣荘絵図《かきみそのそうしょうえず》」は、「南山城木津町今井義人《（良久）》」から得たことが包紙に記されている。木津町の町制施行が明治二六年（一八九三）なので、これの入手は明治二六年から二八年までに限られるとみてよかろう。

　『近江栗太郡志』の編纂が進められていた大正一三年（一九二四）に、編纂委員で栗太郡志津《しづ》村長でもある青地重治郎《じゅうじろう》は、編纂主任の中川泉三に対して、「当地方ニ一時各村共木津行大流行致し」たので、栗太郡にも怪しい記録がたくさんあると書簡を送っている。「木津行」の

表2　飯田家所蔵椿井文書

目録名	点数
兵武〔一〕在函	98
兵武〔二〕在函	24
兵武〔三〕在函	43
山城〔一〕在函	53
山城〔二〕在函	99
近江〔一〕在函	85
近江〔二〕在函	70
絵画〔一〕在函	63
絵画〔二〕在函	35
絵画〔三〕在函	75
雑〔一〕在函	54
雑〔二〕在函	63
雑〔三〕在函	50
雑〔四〕在函	119
雑　在函（山城近江兵武雑茶花香謡）	205
合計	1136

「大流行」によって得られていることから、椿井文書のことを指すとみて間違いあるまい。「一時」流行したという認識から、大正末期にはすでに椿井文書の流出は止まっていたようである。

　椿井文書一式は、今井家からほど近い木津の飯田《いいだ》家に移っていた。その時期は判然としないが、昭和一〇年（一九三五）に東京帝国大学史料編纂所が飯田三次《さんじ》の所蔵する古文書を借用し、翌年までの間に目録を作成しているので、少なくともそれ以前のことである（木津川市教育委員会蔵飯田家文書写真帳・目録）。飯田三次は、大正一二年（一九二三）から昭和二一年（一九四六）までの間に、三度ほど木津町長をつとめた人物で、地元の名士であった。

　史料編纂所の調査では、「木幡庄《こはたのしょう》木幡寺《こはたでら》浄名寺《じょうみょうじ》廟墳図《びょうふんず》」・「大和国中古城図」・「水口岡山《みなくちおかやま》

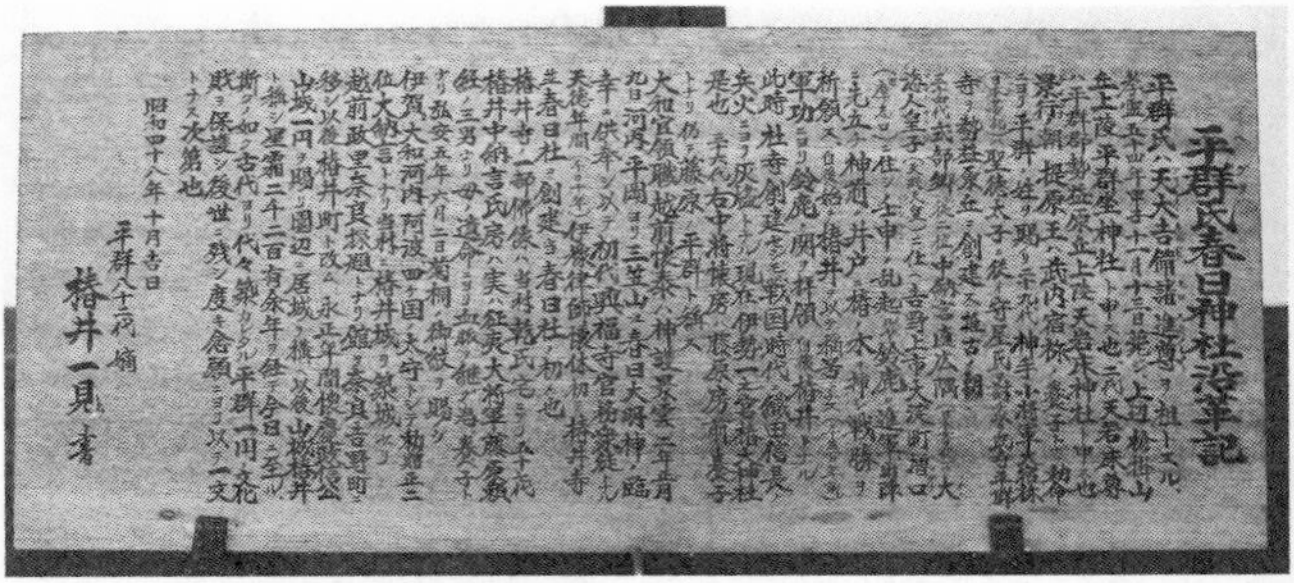

図31　「平群氏春日神社沿革記」

古城《こじょう》」などの絵図が模写された。表2に示したように、調査対象は一五函《はこ》にのぼり、函ごとに作成された一五冊の目録には、計一一三六点の古文書が掲載されている。「木津行」が流行したとはいえ、昭和一〇年段階にもそれなりの数が残されていることから、椿井文書が販売されたのは明治二〇年代から三〇年代までの間に限られるのではないかと思われる。

かくして、椿井万次郎が質入れした椿井文書は飯田家に伝わり、その一部が昭和五九年（一九八四）発行の『木津町史』史料篇Ⅰにも掲載されている。その一方で、質入れされなかった椿井文書が椿井家にも部分的に残された可能性がある。なぜなら、大和国平群郡椿井村（奈良県平群町）の春日《かすが》神社拝殿に、昭和四八年（一九七三）一〇月吉日付で椿井一見が記した「平群氏春日神社沿革記」が掲げられているからである［図31］。椿井政隆の曽孫《そうそん》で「平群八十二代嫡」を称する椿井一見も、平群氏を祖とする椿井政隆による歴史叙述を継承しているので、何らかの椿井文書を所持していた可能性が高い。

二系統の絵図

実際のところ、近世の流布と近代の流布がどれくらいの比率なのか、膨大な量があるため今すぐはっきりしたことはいえない。そこで、近世と近代のいずれに流布したものか見極める方法を紹介することで、近代の流布が相当数であったことを示しておきたい。

椿井政隆が作成した絵図をよくよく見ると、二つの系統があることに気づく。その一例として、「筒城郷朱智庄・佐賀庄両惣図」からみておきたい。この絵図は、『京都府田辺町史』の口絵に折り込み図版として収録されている。同書が発行されたときの所蔵者は、京田辺市三山木《みやまき》の個人で、京都府立京都学・歴彩館にも写がある。この絵図は、文明一四年（一四八二）にはじめて描かれ、永正六年（一五〇九）に加筆のうえ再び描かれた旨が画面右側に書き込まれている。そのうえで、画面の右下部分に「以南都春日社新造屋古図模写之」とも記される。このように、最終的な模写の年代は記されていない。

公家《くげ》の近衛《このえ》家に伝わった陽明《ようめい》文庫のなかにも、明治一四年（一八八一）に写された「筒城郷朱智庄・佐賀庄両惣図」が存在する。両者の構図はほぼ同じながら、『京都府田辺町史』の図版では「在判」と記される部分に、陽明文庫本では花押そのものが写されるなど、細かい点で異同がみられる。模写の年代もほぼ一致するが、画面の左下部分に「天明八戊《つちのえ》申年九月十六日　以春日社新造屋古図模写之」とあって、天明八年（一七八八）という近世後期の最終的な模写年代が追加されている点に相違がみられる。

同じく『京都府田辺町史』の口絵に折り込み図版として収録されている「普賢教法寺四至内之図」は、現在、普賢寺谷の観音寺が所蔵する。この絵図は、昭和六〇年（一九八五）ころのさらに十数年前に、京都国立博物館の景山春樹《かげやまはるき》の斡旋《あっせん》により三重県の古書店から購入したものだそうである。購入の時期は、『京都府田辺町史』が発行された昭和四三年（一九六八）をさほど遡らないとみてよかろう。

それとは別に、平成二八年（二〇一六）に古書店で売りに出された「普賢教法寺四至内之図」も確認できる（『阪急古書のまち四十周年記念目録』）。両者ともに、正長元年（一四二八）に「改正」した旨が画面右側に記され、天文二年（一五三三）に「再画」された旨が画面左側に記される。ただし異なる点もあって、後者には画面右下に天保三年（一八三二）に写した旨が追記されている。

以上のように、椿井文書の絵図は、模写をした近世後期の年代を記すか否かで二つの系統に分けることができる。このように分かれる要因は、自身が所蔵するものの写というかたちで、椿井政隆が頒布していたことに求められる。近世後期の模写年代は、椿井政隆が頒布する際に書き込んだものであって、そこから近世に流布した写と判断される。一方、椿井家に残された原本には、最終的な模写の年代を必ずしも記しておく必要はない。そのため、近世後期の模写年代がない場合は、近代に流布した原本である可能性が高い。

図32　「伏見山寺宮近廻地図大概」（『伏見の古絵図』）

藤本孝一の調査によると、明治一四年（一八八一）段階で「普賢教法寺四至内之図」は普賢寺谷の大西家が所蔵していたという。椿井文書の原本流出が明治二〇年代から始まることを踏まえると、天保三年（一八三二）に写した系統のものが大西家に伝わったと考えられよう。

そのほかの地域でも、二系統の絵図を確認することができる。例えば、これまでも引用してきた「筑摩社並七ヶ寺之絵図」は、筑摩神社本が文化一二年（一八一五）、井伊家本が文政元年（一八一八）に模写された旨が記されていた。それに対し、米原市の坂田《さかた》神明宮《しんめいぐう》蔵や蛭子神社蔵のものはほぼ同じ構図ながら、村名の表記方法などが若干異なり、やはり最終的な模写の年代が記されない。

また、著名なところでは、桓武《かんむ》天皇陵を比定する際にも根拠とされた「伏見《ふしみ》山寺宮近廻地図大概」という絵図も類例といえる［図32］。伏見周辺を描いたこの絵図には、正徳《しょうとく》三年（一七一三）のものと称した正円寺《しょうえんじ》拙牛《せつぎゅう》の印鑑が捺される絵図と、「椿井家古書目録」の旧蔵者でもある田中教忠《たなかのりただ》が所蔵する印鑑が捺されない絵図との二種が存在したことから（加藤次郎《かとうじろう》『伏見桃山《ももやま》の文化史』・『京都の歴史』三）、やはり椿井政隆が作成したものと考えられる。

下書き線のある絵図

明治一四年（一八八一）に宮本直吉が写した「井堤郷旧地全図」の原本は、木津の今井家が所蔵していた。そこには、享和三年（一八〇三）に模写した旨が記されている。近世後期の模写年代が記されていれば、椿井政隆が直接譲ったものである可能性が高いが、必ずしもそうと一概にはいえないのである。そこで、流布した時期を判断する方法をもう一つ提示しておきたい。

叡福寺を描いた「建久四年古図」は、建久四年（一一九三）という原画が描かれた年代しか書き入れられておらず、椿井政隆による模写であることは記されても、模写の年代は不明である。よって、近代に流出したものと推測される。それを裏付けるかのように、明治二〇年（一八八七）に「建久四年古図」を部分的に写した絵図が地元の渡辺《わたなべ》家に残っている。同じく地元の小寺栄治郎《こでらえいじろう》によって明治二四年に写された「建久四年古図」が、西方院に残されている。明治二〇年代における立て続けの模写は、おそらく「建久四年古図」の発見を機になされたのであろう。

筆者は、平成二〇年（二〇〇八）に大阪市立美術館で開催された特別展「聖徳太子　ゆかりの名宝」で、「建久四年古図」をはじめて間近でみた。現物をくまなく眺めているうちに、あることに気づいた。画面の左下部分に描かれる丘陵の稜線《りょうせん》や河川、あるいは古墳などに顕著なのだが、薄い下書き線が多数残っていたのである。しかも、その下書き線は、清書された線と大幅に乖離していた(口絵3)。

京都府木津川市の神童寺が所蔵する「北吉野山金剛蔵院《こんごうぞういん》神童教寺伽藍之図」〔図33〕も、永正六年(一五〇九)に原画が描かれ、寛永一〇年(一六三三)に「再画」され、「亦復再模写」されたものとされる。最終的な模写の年代が記されていないので、椿井家に残された原本と推察される。平成二二年(二〇一〇)一一月に神童寺で特別展示された際に、筆者はこの絵図を間近でみることができた。このとき、とくに画面上方の山の稜線において、下書き線と清書の線が大きく乖離していることを確認した。

少菩提寺《しょうぼだいじ》を描いた「円満山少菩提寺四至封彊之絵図」も、椿井政隆自身が模写したとするもののその年代は記されず、明応元年(一四九二)という原画が描かれた年代しか記されていない。この絵図は、湖南市立菩提寺まちづくりセンターの展示室でレプリカをみることができる。そして、これもやはり山の稜線に下書き線が明確に残っていた。

完成品と大きく異なる下書き線を残しているということは、原図を模写したとする椿井政隆の主張と矛盾している。よって、これらは椿井家に残された原本で、本来は門外不出とされ、頒布するのは下書き線のない清書に限定していたはずである。ところが、明治時代に図らずも流出してしまったのであろう。

また、下書き線と清書の線の大幅な乖離は、絵図の作成に関わった人物が複数いることを示唆する。椿井政隆単独では困難に思われるほど、絵図が膨大に作成されていることから、工房

図33　「北吉野山金剛蔵院神童教寺伽藍之図」（難波田徹『中世考古美術と社会』）

のようなものが存在した可能性もあるだろう。

第四章　受け入れられた思想的背景

1　椿井政隆の問題関心

椿井文書の情報源

椿井文書に年代などの虚偽があることを知りつつも、椿井政隆による調査成果が反映されているに違いないと主張する人が少なからずいる。その根拠は、『古事記』や『日本書紀』などの史書と一致する部分があるというもので、だからこそ、そのほかの記述にも何らかのたしかな情報源があるはずだというのである。そのように主張するのであれば、椿井政隆が現代に伝わらないたしかな情報をどれだけ得ていたのか提示する必要があるだろう。

結論から先に述べれば、椿井政隆が持っている情報量というのは、当時にしてみればそれなりのものかもしれないが、図書館やインターネットを駆使できる現代の我々研究者からみれば、さして大したものではない。

椿井政隆の持っている情報量を推し量るため、まずは彼の蔵書について検討しておきたい。その手がかりとなるのが、たびたび引用してきた「椿井家古書目録」という史料である。これには、椿井文書などが一八八項目、点数にすると二〇〇点を超えて列挙されている。各地で作成された膨大な量の系図や、連鎖的に作成した小規模な神社の縁起など、特定の家や寺社に需要が限定されるものが含まれていないことから、必ずしも椿井文書の全貌が示されているわけではない。おそらく、椿井文書の販売目録のようなものと思われる。

興味深いのは、椿井文書と内容が一致するものに混じって、【19】の「大安寺資財(帳脱)」、【21】の「聖徳太子講式」、【27】の「大原問答絵鈔《おおはらもんどうえしょう》」、【32】の「石亭百石図《せきていひゃっせきず》」、【38】の「日本記(紀)略」、【41】の「信長譜(記)」、【43】の「公事根源集釈《くじこんげんしゅうしゃく》」、【44】の「慶元通鑑《けいげんつがん》」、【64】の「多武峰《とうのみね》略紀(記)」といった一般的に知られる史料も含んでいることである。正しい史料と並べることで、椿井文書の正当性を確保しようとしているのであろう。

ここでは、このうち『信長記《しんちょうき》』に着目したい。よく知られるように、『信長記』は太田牛《おおたぎゅう》一《いち》(一五二七〜一六一三)が記したものと、それをもとに小瀬甫庵《おぜほあん》(一五六四〜一六四〇)が物語風に改めたものの大きく分けて二種がある。前者は、岡山藩主の池田《いけだ》家に伝わる原本の筆写で広まっているため、大名家を中心として限られた範囲にしか流布していない。それに対して後者は、出版されて市井に広まった。よって、近世に世間一般でいうところの『信長記』は後者である。

椿井文書とみられる近江国犬上郡の新谷《しんがい》家系図（『多賀町史《たがちょうし》』上巻）には、天正元年（一五七三）九月四日に、佐和山《さわやま》城へ入った信長に謁見した旨の一文がある。この一件は、牛一本『信長記』同日条の「九月四日、信長直《じか》に佐和山へ御出でなされ、鯰江《なまずえ》の城攻破るべきの旨、柴《しば》田《た》に仰付けられ候、則取詰め候処」という記述と一致する。それに対して甫庵本『信長記』同日条では、「九月四日に同国なまづえの城せめやぶるべしと仰られけれは、柴田承てとりまく所」と、信長の佐和山入城記事が省略されているのである。つまり、椿井政隆は何らかのルートを用いて、牛一本『信長記』を入手していたことになる。

ここから、「椿井家古書目録」のうち椿井文書を除いた史書類は、椿井政隆の蔵書のなかでも自慢できるものが並べられていると考えられる。もちろん、当時は自慢しうるものだったかもしれないが、今となってはさほど珍しいものは何一つない。見方を変えれば、椿井政隆の知り得た情報とはこの程度のものなのである。

そのほかに、椿井政隆の得ていた情報量を示す存在として、『粟津拾遺集』がある。これは偽書ではなく、大津市膳所周辺の粟津荘を対象とした地誌で、あとがきに「右此の一冊は我多年撰集する処、然るに此の度粟津住何某懇望によりこれを書す」との自負が示されるが、表3に項目を示したように、内容的には寒川辰清《さんがわときよ》が編んだ享保一九年（一七三四）成立の『近江輿地志略』という地誌から、粟津荘部分を序列もそのままに抜き書きしたものに過ぎない。

表３　『近江輿地志略』と『粟津拾遺集』の比較

村名	近江輿地志略	粟津拾遺集
一	粟津荘	志賀郡粟津庄
西庄村	法伝寺 — 八大龍王社 泉水寺 兵津川	法伝寺 桃源寺 八大竜王社 泉水寺 兵津川
木下村	正法寺 敬願寺 霊照院 八大龍神社 唯泉寺 天王 石神 庄塚 鳴滝 御霊殿山 山頭嶽	正法寺 敬願寺 霊照院 八大龍神社 唯泉寺 天王 石神 庄塚 鳴滝 御霊殿山 千頭ヶ嶽
膳所村	陪膳浜 膳所城 縁心寺 清徳院 響忍寺 大泉寺 膳所大明神社 大養寺 景沢寺 持明寺 安昌寺 唯伝寺 永順寺	陪膳浜 膳所城 縁心寺 清徳院 響忍寺 大泉寺 膳所大明神 大養寺 景沢寺 持明寺 安昌寺 唯伝寺 永順寺

村名	近江輿地志略	粟津拾遺集
中庄村	牛頭天王社 稲荷大明神社 大円院 最勝院 膳所瀬 光源寺 専光寺 瓦浜 田中山王社 陽焔水 妙福寺 法性寺 茶臼山 別所谷 墨黒谷 毘沙谷	牛頭天王社 稲荷大明神社 大円院 最勝院 光源寺 膳所ヶ瀬 — — 田中山王社 陽焔水 妙福寺 法性寺 茶臼山 別所谷 墨黒谷 毘沙ガ谷
別保村	若宮八幡社 新楽寺 兼平寺 西念寺 今井四郎兼平墓 天満天神宮 大将軍 幻住庵	若宮八幡社 新楽寺 兼平寺 西念寺 今井四郎兼平墓 天満天神社 大将軍社 幻住庵
一	粟津古戦場 粟津野	粟津古戦場 粟津野

大きく異なるのは、明和九年（一七七二）開基の西庄《にしのしょう》村桃源寺《とうげんじ》が追加された点と、中庄《なかしょう》村の専光寺《せんこうじ》と瓦浜《かわらがはま》が省かれている点である。後者の原因は、その直前の項目で膳所瀬と光源寺《こうげんじ》の順序を誤って逆転させてしまったことにあるのではなかろうか。つまり、書きそびれた膳所瀬を補足したうえで、光源寺の項目を飛ばして筆写を続けようとしたときに、視線が先に進みすぎたと考えられよう。換言するならば、丸写しを図って、それすら失敗したと推察されるのである。このように史実を連ねようとすると、比較的入手が容易な本から抜き書きするだけで、独自の調査で得た情報はほとんど持ち合わせていないのである。

以上のように、内容全体に信憑性を持たせるため、たしかな史書をもとにした情報が椿井文書に盛り込まれるのは事実である。しかし、現代的にみれば、それらの情報は図書館などで容易に手に入るものばかりといえる。逆説的にいえば、椿井文書にしかみられない情報は、椿井政隆の偽作である可能性が極めて高いと考えられる。

椿井政隆の調査とその成果

もちろん、椿井政隆が独自に収集している情報もある。例えば、藤田恒春が明らかにしたように、近江国野洲郡で「元亀の起請文」を調査し、二五通の文書を一巻の巻物に装丁している。「元亀の起請文」とは、一向一揆に内通させないため、元亀三年（一五七二）に織田信長が野洲郡・栗太郡の村々から徴収した誓文のことである。同様に、ふすまの下張りから剥《は》がされた

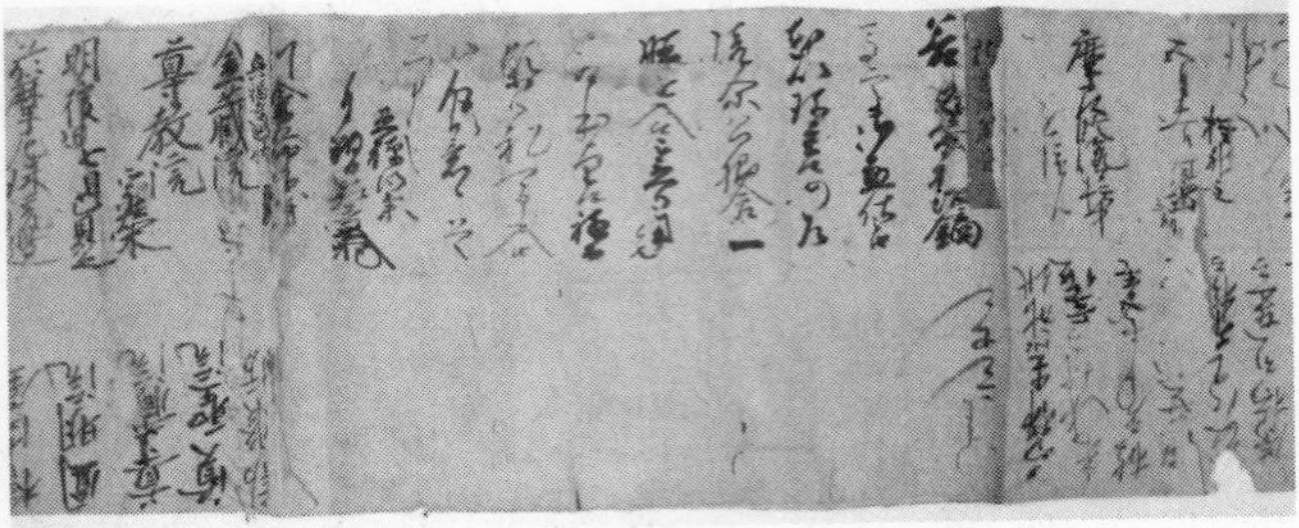

図34　興福寺摩尼珠院文書（大阪大谷大学図書館所蔵椿井文書）

中世の興福寺摩尼珠院《まにしゅいん》文書六通を巻物にした例もある（大阪大《おお》谷《たに》大学図書館所蔵椿井文書）［図34］。

また、近江国滋賀郡下在地村《しもざいじ》（滋賀県大津市）の新知恩院《しんちおんいん》でも調査した痕跡が残る。なぜなら、「新知恩院什宝《じゅうほう》目録」という寺宝のリストは、椿井政隆の筆跡と見受けられるからである。ここでは、国の重要文化財の「六道絵《ろくどうえ》」に該当する「小野篁《おののたかむら》真筆六道図」が、「椿井播磨守澄政《すみまさ》」の寄進によるものとされている。「椿井播磨守澄政」は、「平群姓正嫡椿井家系図」のなかでは永正六年（一五〇九）に戦没した人物とされる。

そのほか、椿井政隆が史料の調査と補修をしていたことは、近江国栗太郡大石中村《おおいしなか》（大津市）の佐久奈度《さくなど》神社が所蔵する大《だい》般若経《はんにゃきょう》からも知ることができる。これらの巻記によると、修復は文化七年（一八一〇）のことで、大石中村に隣接する淀《よど》村の正田万蔵《しょうだまんぞう》が世話方となり、そのほかの氏子や神主である飯《いい》田《だ》大和などの協力のもと実施された。

このような古文書調査の成果として、次のような一例があげられる。

其の方共□筋目正しく紛れこれなき候旨、近衛殿より相違せられ候につき、必ず先々旧領元のごとく返附すべく候、随って忠節肝要たるべく尤もに候、委曲木下藤吉郎《きのしたとうきちろう》・明智《あけち》十兵衛《じゅうべえ》より申し渡すべく候者也

天正五

九月十六日　信長（朱印）

普賢寺

惣侍中

『京都府田辺町史』に写真が掲載されるこの織田信長朱印状は、近衛前久《さきひさ》から申し入れがあったので、「普賢寺惣侍中」に領地を返還する旨を伝えたものである。しかし、文末で取次をつとめる「木下藤吉郎」秀吉《ひでよし》と「明智十兵衛」光秀《みつひで》は、天正五年（一五七七）ならば「羽柴《はしば》筑前守」と「惟任日向守《これとうひゅうがのかみ》」を称しているはずである。つまり、明らかな偽文書といえる。

椿井文書のなかには、右の信長朱印状と同じく「普賢寺惣侍中」に宛てた、文明一二年（一四八〇）二月六日付の「興福寺前官務順盛《じゅんせい》」と「官務澄胤《ちょういん》」の連署書状も存在する［図35］。このように、普賢寺谷とそこにいる土豪たちの歴史を創作することに力を入れていた椿井政隆は、「普賢寺惣侍中」の実在性を高めようとしていた。それだけでなく、椿井政隆は『信長

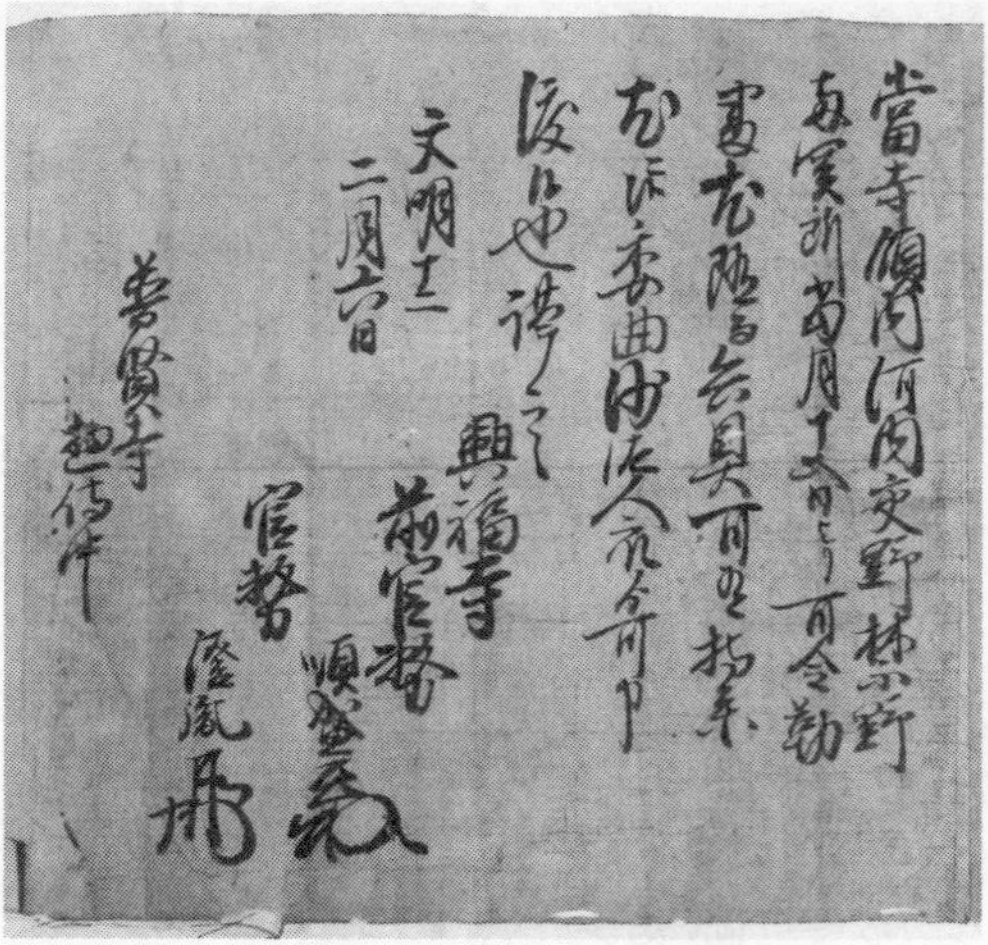

図35　「興福寺前官務順盛」と「官務澄胤」の連署書状（大阪大谷大学図書館所蔵椿井文書）

記』にも関心を寄せていた。「椿井家古書目録」にみえる【7】や【17】の「信長公」とは、複数存在することから信長の書状ではないかと思われる。実際に、飯田家に伝わった椿井文書のなかには、信長の印判状も含まれていることから、椿井政隆は信長の印鑑まで作成していたことになる（木津川市教育委員会蔵飯田家文書写真帳）。よって、どこかで印影を目にしたに違いない。

ただし、古文書調査の成果が椿井文書の至るところで反映されているかというと、必ずしもそういうわけではない。例えば、先ほどの佐久奈度神社では、「佐久奈度神社之記」（『神道大系』神社編二三）なる椿井文書を作成しているが、大般若経の調査は活かされていない。もちろん、聞き取り調査をしたうえで、後日にその内容が踏まえられた椿井文書が登場するという事例は確認できるが、これは受け入れられやすくするための努力といえる。そのような目的を達するには、当時あまり知られていない古文書と内容を合致させることに努力を払うよりも、むしろ「椿井家古書目録」に掲載されるような著名な図書と内容を合致させたほうが容易かつ有効といえる。

そのため、椿井文書を作成する際には、基本文献が重視されるのだと思われる。とりわけ知識の蓄積が豊富で文化的水準が高い畿内近国には、早くから地誌が浸透していた。それらと内容が一致するからこそ、椿井文書は受容されるのである。次から次に椿井文書を創作するため、椿井政隆は膨大な情報を集めていたと思われる節がある。しかし、つまるところ椿井政隆が抱える膨大な情報とは、充実した地誌をはじめとする基本文献に基づくものにほかならない。

それによって作成されたものは、当時の書札礼（手紙を書く際のルール）を大きく無視した文書など、明らかに偽文書とわかるように創られたものもしばしばみられる。また、自らの考証をもとに描いたパノラマ絵図のように、空想を楽しんでいるとしか思えないものもある。これらの椿井文書からは、悪意というよりも、遊び心をもって自己満足のために作成する椿井政隆の姿が浮かび上がってくる。事実、大量の椿井文書が椿井家に残された状況に鑑《かんが》みると、即売を前提としていないものも多く存在したようである。

このように一般に受け入れられやすい筋書を創る一方で、見る人が見ればわかる虚偽も含ませるという矛盾した二面性を有するのも椿井文書の特徴といえる。椿井政隆の本心は図りかねるが、残された椿井文書から察するに、椿井政隆の偽文書創作は趣味と実益を兼ねたものであったが、彼個人としては前者に重きを置いていたのではなかろうか。

椿井政隆の国学的思想

椿井政隆が、どこでだれに何を学んだのかは全くもって不明である。しかし、神社に強い関心を持っていることから、『続浪華郷友録』という人名録にもみえるように、国学に造詣《ぞうけい》が深いことは間違いない。後醍醐天皇に関係する椿井文書も多く見受けられることから、南朝を正当とする水戸学《みとがく》の影響を少なからず受けているようにもみえる。しかし、そのような椿井文書は成熟期に作成されたもので、南朝関係の史蹟が多く残る南山城に集中することから、結果的に水戸学の成果を利用したとみるほうが順当かと思われる。

南朝にまつわる椿井文書として、すでに「南山雲錦拾要」・「吐師川原着到状」・「仏川原着到状」・「笠置山の図」などを紹介してきた。これらは、元弘の変に際して後醍醐天皇のもとで働いた南山城の土豪に関するものである。

また、南朝ゆかりの地における縁起や絵図も目立つ。例えば、「椿井家古書目録」の【18】に該当する「北吉野山神童寺縁起」（『京都府史蹟勝地調査会報告』第三冊）や【182】に該当する「北吉野山金剛蔵院神童教寺伽藍之図」など、大和の吉野山《よしのやま》に対置される神童寺関係のものがあげられよう。【180】に該当する「鷲峯山《じゅぶせん》都繿遮那《とらんしゃな》院大龍華《いんだいりゅうげ》三昧教寺《ざんまいきょうじ》全図《ぜんず》」も、笠置山へ向から後醍醐天皇が立ち寄ったとされる金胎寺《こんたいじ》を描いたものである［図36］。「椿井家古書目録」には他にも笠置山関係の【45】、神童寺関係の【160】など、これらの史蹟に関わるものがみら

図36　「鷲峯山都轡遮那院大龍華三昧教寺全図」（『和束町史』第１巻）

れる。

並河誠所に始まる式内社を比定しようとする動きは、古代日本の思想や文化を古典に基づいて明らかにしようとする国学と結びつきながら盛んになっていく。椿井政隆もその一角に位置づけることができよう。各地の神社を介して国民を統合しようとした明治新政府は、近世におけるこれらの議論を踏まえながら、式内社を確定させていった。

右のような国学の隆盛から国家神道へという流れのなかで、神社の社格が次第に重要な意味を持つようになっていく。それぞれの村においても、自村の神社の社格を意識するようになったに違いない。こうした時代背景のもと、神社にまつわる椿井文書の需要は徐々に高まり、国家神道が軌道に乗るころに流出して爆発的に広まるのである。

また、国学に基づく勤王思想は、武士化を望む富農の身分上昇志向と結びついていく。幕末から維新期にかけて、全国各地で勤王思想に基づく草莽隊《そうもうたい》が結成されるが、それもこの結果といえよう。椿井政隆自身は、直接的には興福寺の侍というかたちで身分上昇を図っていたが、他の家も対象とするなかで、後醍醐天皇に尽くした土豪に関係する椿井文書を量産していく。南山城でも、幕末維新期に南山郷士なるものが結成されていることから、椿井文書はここでも受容される結果となった。

以上のように整理すると、椿井文書が受容された背景は次のように想定できる。南朝や式内社を顕彰する動きと富農が身分上昇を図る動きは、すでに椿井政隆が生きた時代にもみられたが、国学者など限られた範囲にとどまっていた。ところが明治以降は、これらの動きが三つ巴《どもえ》となって社会全体を覆うようになっていく。そうしたなかで、椿井文書はより広く受け入れられる結果となったのであろう。

2　式内社の受容

『五畿内志』が目指したもの

椿井政隆は、並河誠所が『五畿内志』を編纂するにあたって、あたかも典拠としたかのような偽文書を創作していた。そうすることで、偽文書の筋書が受け入れられやすくなるからである。したがって、椿井政隆が『五畿内志』に大きな影響を受けていたというよりも、多くの人々が『五畿内志』に影響を受けていることを彼は熟知していたと表現したほうが適切かもしれない。その意味では、椿井政隆本人の思想だけでなく、周囲の人々の思想も把握しておかなければ、椿井文書が受け入れられた事情は正確には理解できない。

そこで、まずは前提となる並河誠所の思想について簡単に整理しておく。五一郎あるいは永《えい》とも称した並河誠所は、伊藤仁斎《いとうじんさい》門下の儒学者で、関祖衡《せきそこう》の遺志を継いで享保一四年（一七二九）に『日本輿地通志畿内部《にほんよちつうしきないぶ》』の編纂を始め、元文元年（一七三六）に刊行を完了した。『五畿内志』と通称されるこの地誌は、『河内志』・『摂津志』・『大和志』・『山城志』・『和泉志』の五編で構成される。これ以降、地誌の編纂が全国的に盛んになるが、充実した内容の『五畿内志』はそれらの模範とされた。

井上智勝《いのうえともかつ》によると、並河誠所は儒学において理想とされる古代中国の帝王と古代日本の天皇を重ね合わせ、「制」や「法」が混乱する保元《ほうげん》年間（一一五六〜五九）以前の古代社会を理想として捉えていた。そして、この古代社会で国家制度的に営まれていた式内社の祭祀こそが、理想的な社会を再構築するうえで必要な要素と捉え、重要視したようである。

並河誠所が活躍した享保期は、揺らぎはじめた幕府政治を立て直す改革が実施された時期にあたるため、まさに時宜を得た発想であった。そのため幕府も、並河誠所が巡回してきたら彼の調査に協力するよう村々に通達するなど、『五畿内志』編纂事業を全面的に後押しする。

並河誠所は、『五畿内志』編纂で式内社の所在を徹底的に比定すると、自説の普及を図るため、弟子たちとともに石碑の建立やガイドマップの作成なども行った。しかし、彼の事業によって、それまで呼び慣《な》らわしていた社名が間違いだと指摘された村々のなかには、戸惑いを隠しきれずにこれを拒絶するところもあった。

当時の記録には、並河誠所が逐一史蹟に赴くのではなく、周辺の村役人を一ヶ所に集めて聞き取りをした様子が残されている。調査範囲が広域にわたるため、このようにずさんな方法となるのも必然的であったといえるだろう。また、歴史の空白部分を埋めるために、儒学的復古思想に基づく推測や思いこみも『五畿内志』にはふんだんに盛り込まれている。おそらく並河

表４　綴喜郡の式内社

格	社名	雍州府志	山州名跡志	山城名勝志	五畿内志	山城名跡巡行志	都名所図会	現在の比定地
大	樺井月神社	—	—	—	水主	水主	—	水主
小	朱智神社	—	—	—	—	—	—	天王
大	月読神社	—	—	—	大住	大住	—	大住
小	咋岡神社	—	—	下狛	草内	草内	—	飯岡
小	高神社	—	多賀	—	多賀	多賀	—	多賀
小	内神社	—	—	—	内里	内里	—	内里
小	粟神社	—	—	市辺	市辺	市辺	—	市辺
大	棚倉孫神社	—	—	—	田辺	田辺	—	田辺
小	佐牙乃神社	—	—	—	江津	江津	—	江津
小	酒屋神社	—	興戸	—	興戸	興戸	—	興戸
小	甘南備神社	—	薪	薪	薪	薪	—	薪
小	天神社	—	田辺	田辺	天王	田辺	田辺	松井
小	地祇神社	—	—	—	上	上	—	上

誠所は、正確な地誌を作ることよりも、五畿内を網羅したものとすることに力点を置いていたのであろう。

一七世紀後半から一八世紀前半にかけて、北河内で相次いで創作された津田城と氷室も、『五畿内志』に掲載されて広く知られるようになる。このように、一部の地域でしか知られていないような史蹟も掲載されていることから、並河誠所の調査はそれなりに綿密だったかのようにみえる。とはいえ、直近の偽作がそのまま掲載されていることから、現在の水準に照らし合わせれば極めてずさんな調査であったといわざるをえない。

綴喜郡の式内社考証

ここでは、椿井政隆が積極的に活動した山城国綴喜郡を対象として、近世における式内社考証の実態をみてみたい。「延喜式神名帳」には、綴喜郡内の式内社として、大社三社・小社一〇社の計一三社があげられている。表4に示したように、現在はその全ての所在地が確定しているが、これは明治七年(一八七四)から九年にかけて実施された教部省《きょうぶしょう》による『特選神名牒』編纂事業の結果である。その前提となったのは、近世に積み重ねられた考証であった。式内社の所在が徐々に定まっていくその様子は、地誌を並べることで明らかとなる。

A貞享《じょうきょう》元年(一六八四)黒川道祐《くろかわどうゆう》『雍州府志《ようしゅうふし》』

山城国初の本格的地誌である。「延喜式神名帳」にあげられる社名一覧は掲載されるものの、綴喜郡では石清水八幡宮《いわしみずはちまんぐう》とその末社以外に具体的記述はない。

B正徳元年(一七一一)坂内直頼《さかうちなおより》『山州名跡志《さんしゅうめいせきし》』

薪《たきぎ》村の神南備山《かんなびやま》にある神社を式内社の甘南備《かんなび》神社と推測するのをはじめ、興戸《こうど》村の酒屋《さかや》社を式内社とする。また、田辺《たなべ》村内の天神森《てんじんもり》に所在する天神宮は天満天神を祀っているが、これは式内社の天神社で祭神は天満神ではないとする。そのほか、高《たか》神社を地名に由来するとも述べているので、多賀《たが》村に比定しているようである。次に掲げる『山城名勝志《やましろめいしょうし》』とともに、当地域初の式内社比定として注目しうる。また、現在朱智神社となっている天王村の牛頭天王社について、「鎮座記不詳」としている。

C正徳元年(一七一一)大島武好《おおしまたけよし》『山城名勝志』

天神森の神社を地元では「菅原天神《すがわらてんじん》」と称しているが、式内社の天神社だと推測する。また、薪村にある山を地元では「間鍋山《かんなべやま》」と誤って呼ぶが、山腹にあるのが式内社の甘南備神社だとする。それに加えて、地元で「粟明神《あわみょうじん》」と呼ばれる多賀村の北東一キロメートルほどのところにある神社を式内社の粟神社に比定する。これは、地理的にみて市辺《いちのべ》村に該当する。そのほか、下狛《しもこま》村の鞍岡《くらおか》天神が式内社の咋岡《くいおか》神社である可能性をほのめかすが、当地は相楽郡に属すので保留している。

D享保一九年（一七三四）並河誠所『五畿内志』

はじめて全ての式内社に対してコメントを加えた地誌で、新説も多数みられる。例えば、式内社の天神社に比定されてきた天神森の神社を、新たに式内社の棚倉孫《たなくらひこ》神社としている。他の考証結果などを踏まえると、天神森が所在する田辺村と「棚」でタナの音が一致することに、大社の棚倉孫神社は付近の中心的な場である田辺村にあるべきという判断を重ね合わせた程度の考証だと思われる。結果として、玉突きされた式内社の天神社は、新たに天王村の牛頭天王社に比定される。過去の地誌も目配りしていたように、一〇ヶ村もの氏子圏を抱える牛頭天王社は、綴喜郡内でも際立つ存在であった。「天神」と「天王」で語呂《ごろ》もちょうど合うので、こうした規模の神社こそ式内社でなくてはならないと判断したのであろう。月読《つきよみ》神社・咋岡神社・内《うち》神社・佐牙乃神社・地祇《ちぎ》神社なども新たに比定しているが、検討を要する。

E宝暦四年（一七五四）浄慧《じょうけい》『山城名跡巡行志《やましろめいせきじゅんこうし》』

式内社に関しては、基本的に『五畿内志』に従っている。ただし、若干の異同もみられる。

例えば、天王村の牛頭天王社を天神社と呼称することには従うものの、「鎮座記不詳」として式内社とはしていない。この点は、『五畿内志』に対して懐疑的である。事実、天神森の神社を、『山州名跡志』の記述を引用しながら式内社の天神社に比定している。しかし、棚倉孫神社の部分では『五畿内志』の記述を引用しているため、天神森の一つの神社が、棚倉孫神社と天神社の二つの式内社に比定されるという矛盾をきたしている。

F安永九年（一七八〇）秋里《あきざと》籬島《りとう》『都《みやこ》名所《めいしょ》図会《ずえ》』

天神森にある神社を式内社の天神社とする『山州名跡志』の説を採用しており、挿絵にも「天神社」が登場する。ちなみに、天王村の神社は当時の呼び名どおり、「牛頭天王社」と紹介されている。

以上のように地誌を並べてみると、古代社会の完全な復原にこだわるがあまり、『五畿内志』には大胆なこじつけが相当量含まれていることが浮き彫りとなる。にもかかわらず、それらのこじつけの多くは、現在定説化しているのである。椿井文書は、『五畿内志』に沿うかたちで創作されることから、そこで一役買っているに違いない。

その一方で、『五畿内志』の説が素直に受け入れられない事例も若干ある。例えば、すでに式内社に比定されていた天神森の天神社では、『五畿内志』が新説を唱えることで新たな混乱が生じた。しかも現在、式内社の天神社は、ここまでの議論で一切名前の出てきていない旧松井村になぜだか比定されている。そのほか、『五畿内志』が草内《くさじ》村に比定する咋岡神社も、最終的には飯岡村に確定しているので、何らかの混乱が生じた可能性を指摘しうる。

式内社に伝わる椿井文書

並河誠所が比定をあきらめた朱智神社を天王村の牛頭天王社としたように、椿井政隆は『五畿内志』に単に従うだけでなく、欠を補うことにも力を入れていた。したがって、天神森の天神社における混乱の収拾が、椿井政隆の目標となるのは当然のなりゆきであった。

現在、旧田辺村天神森の棚倉孫神社が所蔵する「棚倉神社紀」という縁起が、その成果物である。これは、同社の社歴を「田辺城主田辺伯耆《ほうき》守繁昌《しげまさ》」の後継者である「田辺備後《びんご》守繁吉《しげよし》」らが、大永《たいえい》六年（一五二六）にまとめたという体裁をとる。「先公文所」である「繁吉」のほか、「下司」・「公文所」・「神主」の計四名が署名し、花押も据えられている。日下に署名しない点も椿井文書の特徴を示しているが、これとは別の系図に「田辺城主伯耆守繁昌」や「田辺備後守繁吉」の名も確認できることから、一連のものとして椿井政隆が作成したとみてよい。

文中に「棚倉天神之神社」とみえるように、当社を棚倉孫神社と天神社のいずれに比定するかで混乱していることを、椿井政隆は明らかに把握している。そのうえで折衷案を採っているのである。これの筋書は次のようなものである。もともと棚倉孫神社だった当社に天神を合祀したため、この縁起が作成された中世には「棚倉天神之神社」と呼ばれていた。おそらく、近世に入ると、先行する「棚倉」は忘却されてしまったといいたいのであろう。つまり、朱智神社の縁起と筋書は全く同じである。

このように、式内社に限定するならば、椿井政隆は『五畿内志』に追随して棚倉孫神社を田辺村に比定していたことになる。『五畿内志』では、これによって玉突きされた式内社の天神社を天王村の牛頭天王社に比定していたが、椿井政隆はそれを朱智神社に比定してしまった。つまり、天神社は再び玉突きされたこととなる。そこで俎上《そじょう》にのぼったのが、現在の比定地である旧松井村の神社であったに違いない。

「延喜式神名帳」に掲載されない神社のことを式外社という。式外社でも、由緒ある神社は少なくない。例えば、綴喜郡では石清水八幡宮があげられよう。『五畿内志』では、このように並河誠所の目にとまった式外社も取り上げられている。

綴喜郡の場合、取り上げられる式外社は七社で、そのうち六社には社名があるが、ただ一つだけ「松井村に坐《いま》す神祠」という社名のない神社が掲載されている。この神社の由緒として触れられるのは、明応元年（一四九二）の棟札が残るということだけなので、掲載の理由もそれであろう。明治四一年（一九〇八）発行の『山城綴喜郡誌』では、松井村の天神社の由緒として明応元年の修復があげられているので、この神社が「松井村に坐す神祠」に該当することは間違いない。

椿井政隆にとって都合のよいことに、綴喜郡内に社名のない由緒ある神社が『五畿内志』に掲載されていたのである。これを式内社の天神社にしてしまえば、全てが丸く収まる。そのように考えて、松井村の天神社に関する椿井文書を作成したと想像されるが、現在のところ残念ながら現物は確認できていない。

ただし、天神社を松井村に比定するにあたって、『特選神名牒』が根拠とした河毛敏雄《かわげとしお》の「山城延喜式社考徴」は注目される。なぜなら、天神社と同じく『五畿内志』の比定が覆った咋岡神社のほか、久世《くせ》郡の石田《いわた》神社・荒見《あらみ》神社・雙栗《さぐり》神社・旦椋《あさくら》神社・室城《むろき》神社など、木津川沿いの椿井文書が関与したと思われる神社ばかりで引用されているからである。おそらく、幕末から明治時代にかけての国学者で、淀藩《よど》にも出入りしていた河毛敏雄は、この地域で椿井文書の内容を見聞したのであろう（「滋賀県人物詳伝」）。

そして、以上のように『五畿内志』の矛盾を解決すると、椿井政隆は自分なりの地域像を構築するため、相互関係を持たせながら綴喜郡に所在する式内社の縁起を網羅的に作成していく。その実態を示せば、天神社に関する縁起を作成したことも、ある程度は裏付けられるだろう。

式内社の佐牙乃神社は江津村に比定され、現在は佐牙神社と呼ばれている。当社を最初に比定したのは、ほかならぬ並河誠所である。おそらく「佐牙垣内《さがいと》」の小字名《こあざ》によるものであろう。現在の社殿は、身舎《もや》の蟇股《かえるまた》の形式から室町初期のものと考えられ、国の重要文化財に指定されている。ただし、「佐牙神社本源紀」（『田辺町近世近代資料集』）なる縁起では、永正六年（一五〇九）に焼失して同一一年に再建されたとされており、年代的に矛盾する。これが木津の今井家に伝わった椿井文書であることは、先述のとおりである。

甘南備神社には、永正一七年（一五二〇）一一月三日付の「山城国神奈備記」（『薪誌』）なる縁起がある。そこでは、興福寺三綱にあたる都維那《ついな》光円《こうえん》・寺主乗学《じょうがく》・上座真秀《しんしゅう》の三名が花押を据えて由緒の内容を保証している。穂谷村の三之宮神社が所蔵する同年正月晦日付の「氷室本郷穂谷来因之紀」は、これと体裁を同じくしており、右記三名に「官務法印順興《じゅんこう》」を加えた四名が花押を据えている。よって、「山城国神奈備記」も椿井文書と考えて間違いあるまい。

他社については、『山城綴喜郡誌』や『京都府田辺町史』における社伝の引用でしか確認できないが、焼失と再建を繰り返す中世の事績が日付まで判明している点に椿井文書の存在をうかがわせる。よって、綴喜郡内のほぼ全ての式内社に、社伝を記した椿井文書が存在したと考えられる。それら個々の作成目的はそれぞれであろうが、全体を通じての狙いは、いうまでもなく『五畿内志』の補完にあるといえよう。

3　三浦蘭阪の『五畿内志』批判

蘭阪随筆にみる三浦蘭阪の主張

ここまでみてきたように、『五畿内志』にみえる並河誠所の虚飾は、冷静になれば見破るのはさして難しいことではない。事実、それを批判する動きはすでに近世にも起こっている。しかし、そのような批判のほとんどは無視され、結果として椿井文書が受容されてきた。ここでは、『五畿内志』を批判していた三浦蘭阪の主張に耳を傾けることで、『五畿内志』を肯定する論者のほうが優勢となってしまう背景についてみていく。

三浦蘭阪は、明和二年（一七六五）に大山崎《おおやまざき》の社家松田邦秀《まつだくにひで》の次男として生まれ、河内国交野郡坂《さか》村（大阪府枚方市）在住の医師である三浦義方《よしかた》の養子となり医業を継いだ。その傍ら、古文書の現物や写、あるいは遺物の拓本など、膨大な資料を収集してその研究に力を注いでいる。

三浦蘭阪の著書は多いが、文化三年（一八〇六）に刊行された『川内摭古小識《かわちせっこしょうしき》』を除くと、残りの全ては自製の木活字による刊行で、商業ベースにのるものではない。それらのうち、蘭阪随筆というシリーズには、多くの資料に裏付けられた実証的な意見が述べられると同時に、木活字という少部数の発行であるため、忌憚《きたん》のない意見が綴《つづ》られている点に特徴がある。

例えば、『雄花冊子』の第一〇条では、物部守屋《もののべのもりや》が蘇我馬子《そがのうまこ》・厩戸皇子《うまやどのおうじ》連合軍に対し矢を放った衣摺《きぬすり》の朴《えのき》の枝間《また》の比定地を「河内志ニハイカテモラシケム」（『五畿内志』のうち『河内志』では、なぜだか書き漏らしている）と指摘する。また、第三八条では、「鶯《うぐいす》の関《せき》」について、「河内志ニハサラ（讃良）、ノホリミソムラ（堀溝村）ノ地名ニ鶯関寺《おうかんじ》ノアト有ト書タリ、例ノヒカ（僻）聞ノシヒ（誣）言ニナム」（『河内志』には讃良郡堀溝《ほりみぞ》村〔大阪府寝屋川市〕の地名に「鶯関寺」の痕跡があると書いているが、例の聞き違いのこじつけだ）と手厳しく批判する。

三浦蘭阪の『五畿内志』批判は、『雄花冊子』のみにとどまるものではなかった。河内国を縦断したときの記録である『石川紀行』にも、『五畿内志』の批判がみられる。例えば、交野郡田口《たのくち》村（枚方市）にある田口氏の墓は「河内志ツクリシナヒカ《並河》ノ永カシヒ《誣》言」（『河内志』が創作した並河誠所のこじつけ）であると厳しい言葉で論断している。また、交野郡茄子《なす》作《づくり》村（枚方市）の本尊掛松《ホンゾンカケマツ》の音がホトトギスの鳴き声に似ているということに基づき、「永カ私ニ杜鵑《ほととぎす》松トシモ書タルソヲカシキ」（並河誠所がホトトギス松と書いたのは滑稽《こっけい》だ）と嘲笑《ちょうしょう》する。あるいは、中国人に馬蹄《ばてい》石と呼ばれるものが、古市《ふるいち》郡駒ヶ谷《こまがたに》村（大阪府羽曳野《はびきの》市）周辺で出土するというが、これも「永カシヒコトソモノワラヒニコソ」（並河誠所のこじつけで、笑いぐさだ）と指摘する。そのほかにも、交野郡磐船《いわふね》村（大阪府交野市）の磐船山《いわふねやま》を饒速日命《にぎはやひのみこと》が天から降りてきたところとする説や、高安《たかやす》神社の旧記に基づき高安《たかやす》郡恩智《おんぢ》村（大阪府八尾《やお》市）の古名を『日本書紀』に出てくる「母木《おものき》」とする説など、『五畿内志』にみえる主張を随所で疑問視している。

では、三浦蘭阪はなぜここまで徹底して『五畿内志』を批判するのであろうか。その理由は、『雄花冊子』の第三七条から読み取ることができる。

交野郡藤坂村（枚方市）には、王仁の墓とされる自然石が存在する。これについて三浦蘭阪は、『五畿内志』編纂の際に、並河誠所のこじつけによって生み出されたものだと指摘している。古墳時代当時の墓が自然石一つであるはずがないという同様の批判はすでに多くみられたため、先述のように椿井政隆はそれらの批判を封じるために「王仁墳廟来朝紀」なる椿井文書を偽作していた。

三浦蘭阪は続けて、「近キコロ其ノカタヘニ、又大ナル石ニ、ヤコトナキ方ノ書タマフトテ、博士王仁墳ト鐫《え》リテ建シハ、永カ迹《また》ナシコトニハカラレシ人ニコソ」（近頃その傍らに大きな石に高貴な方がしたためた「博士王仁墳」という字を彫って建てた者は、まさに並河誠所がやったことに謀られた人というべきだ）と非難する。ここでいう「ヤ（ン脱）コトナキ方」とは皇族の有栖川宮《ありすがわのみや》で、非難の対象となっているのは坂村の東隣にある招提《しょだい》村の家村孫右衛門《いえむらまごえもん》である。孫右衛門は、有栖川宮染筆の石碑を文政一〇年（一八二七）に建立しており、現在もこの石碑は「王仁墓」の傍らに残されている。

さらにその側《そば》に、新たに石碑を建てた人物に対し「有知無知三十里ナル可《べ》シ」と罵《ののし》る。石碑というかたちに残されることで、知識があるかないかが広くまわりに知れ渡ってしまうというのである。そして、ほかならぬ並河誠所も、『五畿内志』の調査成果を踏まえた石碑の建立を進めていた。すなわち、三浦蘭阪が危惧《きぐ》していたのは、『五畿内志』の誤りが、石碑という目に見えるかたちになることで広まってしまう点にあったといえるだろう。

片埜神社をめぐる三浦蘭阪の考証

『五畿内志』における式内社の扱いについて、三浦蘭阪の考えをみるため、交野郡の中核的な場ともいえる式内社「片野神社」を取り上げることとする。同社は、現在のところ、三浦蘭阪の居村である旧坂村に所在する「片埜《かたの》神社」に比定されている。よって以下では、古代の式内社を指す場合は「片野神社」、坂村の神社そのものを指す場合は「片埜神社」と表記を区別しておく。

『雄花冊子』の第一二条には、次のような言及がみられる。まず、「延喜式ナル交（片）野神社ヲ河内志ニハ此ノサカ（坂）ノ里ノ一ノ宮ト書ルハ、此ノ郡ノ中ニテハ大祠ナレハ強《しい》テカクイヒシニコソ」（延喜式神名帳にみえる片野神社を『河内志』で坂村の一宮と記したのは、交野郡のなかでは規模が大きい神社ということのみが根拠で、強引にこのようにいった）とする。これは、片野神社について『五畿内志』が「坂村ニアリ、今一ノ宮ト称ス」と掲げていることを批判したものである。そのうえで三浦蘭阪は、星田《ほしだ》村（大阪府交野市）にある「カタノ大明神」こそが、延喜式にみえる片野神社であると指摘している。

三浦蘭阪は、戦国期に活躍した連歌師牡丹花肖柏《ぼたんかしょうはく》の歌集『春夢草《しゅんむそう》』をあげ、一宮の呼称が古くから続いていることを説いている。蘭阪随筆のうち『斑鳩日記《いかるがにっき》』でも、尊延寺（枚方市）という寺を訪れたくだりで、「牡丹花肖柏の集に、此てら・一の宮・なきさの院にての発句を一つらに書たり」と指摘している。実際、『春夢草』には、渚院《なぎさのいん》（枚方市）・尊延寺・「河内一宮」の三ヶ所における発句が続く。いわゆる諸国一宮制における河内国の一宮は現在の枚岡《ひらおか》神社（大阪府東大阪《ひがしおおさか》市）であるが、三句が近接していることからも、「河内一宮」とは現在の片埜神社を指しているとみているのである。たしかに当社は、中世以来片野神社を呼称した形跡は一切なく、「牧郷一宮」あるいは「牧一宮」を称していた。これを片野神社にあてたのは、『五畿内志』がはじめてのことである。

一方、星田村にある「カタノ大明神」は、現在も星田神社の境内社「交野社」として残っている。現在の星田神社は住吉《すみよし》四神が主神で、近世中後期には住吉大明神と呼ばれていた。しかし、これは周辺諸村の惣社であった磐船神社における宮座争いの結果、同社から勧請してきたもののようである。勧請を裏付ける確実な史料はないが、比較的新しい宝永《ほうえい》年間（一七〇四～一一）のこととされるうえ、実際に「片野社」が地元では「古宮」と呼ばれていることから、おそらく事実であろう。つまり、星田神社は、『五畿内志』編纂直前までは「交野社」を主神としていたのである。所在を星田村に特定していることから、三浦蘭阪はおそらくこの事実も把握していたに違いない。

そして、神仏の来臨を願う際に読み上げられる勧請神名帳にも注目したい。これは、古代に各国で作成された国内神名帳がもとになって成立したと考えられている。その勧請神名帳に、三浦蘭阪が用いる「カタノ大明神」と同じ「交野大明神」の名がよくみられるのである。勧請神名帳は広く流布していることから、三浦蘭阪もこの手の史料を目にしていた可能性が高い。だとすれば、三浦蘭阪は古代の神名帳との連続性も踏まえていることになる。

交野郡は、大宝令《たいほうりょう》施行の際の郡の分割で、茨田郡から割置《かっち》されたといわれる。それが事実だとすれば、割置の段階で中心的な地域であった「交野」の地名が、郡名に採用されたと考えるのが自然であろう。中世後期の交野郡は、北端の楠葉《くずは》郷と東端の津田郷を除くと、中央の平地部分は北部の牧郷と南部の交野庄に二分されていた。つまり交野には、郡域を指す広義と、南部地域を限定的に指す狭義とがあったのである。

狭義の交野地域は、平安期から大交野荘《おおかたの》とも呼ばれていたように、かつては交野郡の中心部であったと推測される。そして大交野荘は、星田荘とも呼ばれていたように星田を中核とする。よって、「カタノ大明神」をかつての主神とする星田神社こそ、式内社の片野神社にふさわしい存在といえる。それに対して片埜神社は、北部にあたる牧郷の一宮なのである。この牧郷の範囲は、近世にも氏子圏として機能していたことから、そこに住む三浦蘭阪が以上のような批判をするのは当然のなりゆきであった。

茨田郡から交野郡が割置されたという記述自体は蘭阪随筆のどこにも見当たらないが、三浦蘭阪はその事実もおそらく把握していたと思われる。なぜなら、交野郡同様に河内国八上《やかみ》郡の成立が遅れるという事実を『雄花冊子』の第六条で指摘したうえで、そのことを見落としている並河誠所を批判しているからである。

片埜神社の造営

三浦蘭阪には同好の仲間も多かったため、彼の『五畿内志』批判が全く広まらなかったわけではない。事実、『雄花冊子』を見て類本を懇望する者もいた。にもかかわらず、三浦蘭阪の批判が効果をあげなかったのは、『五畿内志』そのものの影響力が大きかったことに加え、地誌を発行したり石碑を建立したりするなどして、並河誠所に追随する者が後を絶たなかったためでもある。

その点は、三浦蘭阪自身も自覚していたようである。享和二年（一八〇二）に三浦蘭阪は、古物収集家であり、考古研究の第一人者でもあった金剛輪寺覚峰《こんごうりんじかくほう》のもとを訪れ一泊している。そのとき三浦蘭阪は、金剛輪寺が神宮寺として付属する神社は、式内社の杜本《もりもと》神社に相当すると覚峰から説明を受けた。それに対し三浦蘭阪は、「社ヲ永カ杜本神社トイヒシニ拠《よ》リテ、ヒタフルニソノヤシロトサタメシモ、数多《あまた》ノ神宝ノ説モウケカタシ」（この神社を並河誠所が杜本神社といったことに拠って、ひたすらにその神社だと決めつけるのも、数多くの神宝の説も納得しがたい）と、並河誠所に追随する姿勢に批判的な意見を『石川紀行』に記している。

当時は、秋里籬島による『河内名所図会』が刊行されたばかりであった。その『河内名所図会』の金剛輪寺の項で、覚峰について「今般、此書を助力し給ふ事多し、まづは河内州の国学の識者なり」と持ち上げるように、秋里籬島は執筆にあたって、覚峰から多大な協力を得ていた。その結果として、杜本神社をはじめ、『河内名所図会』の金剛輪寺周辺における記述は極めて豊富となっている。三浦蘭阪の著作に秋里籬島に対する直接の言及はないが、おそらく覚峰同様に並河誠所の虚言を消化できず、知らず知らずのうちに並河説を補強していることに、ある種の軽蔑《けいべつ》感を持っていたに違いない。

そして、坂村の神社も、現在片埜神社と呼称していることから、並河誠所に追随するような現象が起こったものと想定される。そのことを明確に示すのが、「一宮神祠碑」と題した一文である。文末に「寛政丁巳（九年）之春　前祠祝岡田《おかだ》皐（本房）拝撰」とあるように、この一文は片埜神社の前宮司である岡田《おかだ》本房《ほんぼう》が寛政九年（一七九七）に起草したもので、息子の岡田本親《ほんしん》が前年に境内を修繕したのを機に、同社の繁栄を祈念してしたためている。この文中に、「吾河内州一宮神祠、奉祀進雄神云、蓋《けだし》延喜式所謂交野神社是也」と、『五畿内志』の説が断定的に取り込まれているのである。

では、岡田家にとって寛政の造営とは、どのような意味を持っていたのであろうか。片埜神社の本殿は、慶長七年（一六〇二）に豊臣秀頼《とよとみひでより》によって造営されたことが棟札から明らかである。それもあって、秀吉や秀頼が大坂城の「鬼門鎮護」を企図して造営したというのが通説となっている。しかし、棟札にはそのようなことは特段記されていない。そもそも、慶長期に秀頼の名のもとで行われた社寺普請は、大坂の四方八方で行われているため、その社殿の規模をみても片埜神社が取り立てて重点的であったとは思われない。

この「鬼門鎮護」説が登場するのが、まさに寛政期なのである。「一宮神祠碑」に「大府大夫、一旦《いったん》相議曰、神祠之所在、則浪華《なにわ》之東北隅、為所謂鬼門、是固宜置巨社」（大坂の重臣たちが議論して、神社の所在が大坂東北隅のいわゆる鬼門にあたるので、大きな神社をおくべきということになった）とみえるほか、寛政八年（一七九六）銘の鳥居にも「大坂鬼門一宮社」と彫られている。こうしてみると、寛政の造営は、岡田家が片埜神社の由緒を主張する機会になったことは明らかである。おそらく、寄付金を確保して造営を成功に導くために、あらかじめ式内社と「鬼門鎮護」の二本柱で由緒を整理しておいたのではなかろうか。

「一宮神祠碑」という表題からも明らかなように、これはそのまま石碑の碑文となった。今現在も、この石碑は京街道から片埜神社参道への分岐点にあたる一の鳥居の脇に残っている。しかも、碑文は本房の師である海保青陵《かいほせいりょう》（皐鶴《こうかく》）の揮毫《きごう》で、篆額《てんがく》は菅原長親《すがわらながちか》に依頼するという力の入れようであった。このように、岡田家は、並河誠所の説に追随するだけでなく、それに基づいて石碑を建立するという、三浦蘭阪が批判する行為もしていた。

さらに「一宮神祠碑」は、碑文として衆目に晒されるだけでなく、刊行もなされた。表紙に「一宮神祠碑」の題簽《だいせん》が貼られたそれは、まず冒頭に碑文が掲げられ、岡田本房の妻で女流文学者としても知られる小磯逸子《こいそいつこ》の「一のミやの記」が続く。それに岡田本房筆の「萩《はぎ》をうふること葉」と岡田本親筆の「神のをしへ」が加えられて、一書の体をなしている。このうち、逸子が記した「一のミやの記」のなかにも、「延喜式には交野神社となん記し給ひ」とみえるのである。

しかも、「一宮神祠碑」は、享和元年（一八〇一）に刊行された『河内名所図会』に全文が掲載されることとなった。寛政期以来の岡田家の由緒語りを踏まえると、ここでも編者の秋里籬島あたりに売り込みをした可能性が高い。

三浦蘭阪の葛藤

三浦蘭阪にとって複雑なことに、「一宮神祠碑」を起草した岡田本房は兄のように慕っていた文芸仲間であった。その妻にあたる小磯逸子が、寛政二年（一七九〇）に『於《お》くのあら海』を刊行した際には、三浦蘭阪も跋文を寄せ、『十六夜日記《いざよいにっき》』に匹敵すると絶賛している。このように、三浦蘭阪と岡田本房は家族ぐるみで睦《むつ》まじい関係にあった。

したがって、三浦蘭阪は牧一宮が着々と片野神社に転化していく過程を目の当たりにしていたことになる。蘭阪随筆における『五畿内志』およびその周辺に対する批判が、とりわけ式内社や石碑建立に集中するのは、その反動から来るものと推察される。一方で、注意すべきは、岡田家やそれと関係しているであろう秋里籬島に対する批判が、どこを探しても見当たらないことである。親交を維持するには見て見ぬふりをせざるをえなかったのであろう。『雄花冊子』の第一三条からは、そのことに対する三浦蘭阪の葛藤《かっとう》が垣間《かいま》見える。

まずは、「凡《およ》ソ河内志ニハ、式ニ載リシ神社ノカキリ、今モ其ノ名、其ノトコロノサタカニ知レタリシヤウニカキタリ、今カムカフレハ、オホ方ハウケカタクナム、其ノアタリノヤマ川ムラ里ノ名ニノミ、ヨリシシヒ（誣）言ナリ」（『河内志』には、延喜式に載っている神社全てが今もその名前でその場所にたしかに知られているかのように記されている。今考えれば、大方は納得しがたい。そのあたりの山川や村の名にのみ拠ったこじつけだ）と例によって並河誠所に対して手厳しい言葉をぶつける。それに続けて「サレト此ノ輿地通志出シヨリ、古キ神社ノ名サタカニカクトカシコム人モアレハ、コ《(此)》モア《(悪)》シトハイヒステカタクコソ」（しかし、『五畿内志』が刊行されてより、古い神社の名がたしかにそのとおりだと信心する人も出てくるので、この説も悪いとは言い捨てがたくなってしまった）と歎《なげ》くのである。研究の対象が信仰の対象でもあるため、全否定できないという葛藤がここからは読み取れる。

おそらく、これは寛政の造営を経験したうえでの一言であろう。『五畿内志』を肯定することで、新たな由緒を主張して実利を生むことができるが、否定することでは何も生まれない。それどころか、否定をすると人間関係までも崩しかねない。寛政の造営をめぐる一連の問題について、三浦蘭阪が口を開くことは一切ないが、むしろそこからは、真っ当なことを口にしても聞き入れてもらえないという危機感と無力感をないまぜにした彼の複雑な心境を察することができる。

三浦蘭阪が木活字による出版を始めたのは、七〇歳を目前にしたころであった。晩年になってからの著書刊行は、周囲に配布することで自身の危機感を共有し、あわよくば岡田家をはじめとした当事者にもそれとなく察してもらうことを企図していたのではなかろうか。あるいは、かなりの高齢に達していることから、文章に残しておくことで、未来に期待するという意図もあったのかもしれない。

以上のように、『五畿内志』が浸透すると、それを擁護する動きと批判する動きの二つの潮流が生じることとなった。前者は、『五畿内志』を肯定的に用いることで、名所づくりを進める動きと重なっていく。『五畿内志』の擁護が名所づくりと一体となっていることは、石碑の建立が伴うことからも明らかであろう。それに対し、いかに合理的に批判しようとも、その説が地域のなかで受け入れられることはなかった。蘭阪が自覚していたように、『五畿内志』の批判からは、何ら利益が生まれないからである。結果、『五畿内志』を擁護する動きが主流となり、その内容は揺るぎないものとなっていく。

このように『五畿内志』をめぐる言説を整理すると、真っ当な批判に対して社会はあまり聞く耳を持たないという構図が浮かび上がってくる。また、蘭阪がそうであったように、『五畿内志』を批判しなければならないと思う一方で、その説が受け入れられないことも予測された場合、混乱を避けて誤りを黙認する道を選ぶこともある。歴史家も一社会人である以上は、当然ながら起こりうることである。とりわけ自らが身を置く社会と研究対象が一致する地域史の場合、そのような現象は起こりやすい。正しい分析が積み重ねられたところで、それに比例して史実に近付くとは限らないのである。

『五畿内志』に対する批判に耳を貸すことなく、肯定する論者が主流となっていくという現象は、右のような関係性から生じるものと思われる。このようなことは、おそらくどこにでも起こりうるであろう。結果、並河誠所による式内社比定の多くは、修正されることなく現在に至っている。すなわち、三浦蘭阪の懸念した問題は、そのまま現代にまで引きずられることとなったのである。『五畿内志』に対して肯定的な椿井文書がついつい受け入れられてしまう思想的背景は、以上のように想定できる。

第五章　椿井文書がもたらした影響

1　南山城の事例

式内咋岡神社をめぐる争い

本章では、椿井文書がそれぞれの地域においてどのような影響を及ぼしたのか、具体的な経過が判明する事例をいくつか紹介しておきたい。

『五畿内志』における式内社の現地比定は、おおむね現在も踏襲されている。ただし、山城国綴喜郡においては、全体の整合性を高めようとした椿井政隆の手によって、天神社の所在が天王村から松井村に変更されたようである。そのほか、『五畿内志』では咋岡神社を草内村（京都府京田辺市）に比定していたが、現在は飯岡村（同市）に覆っている。その経過についてみておきたい。

明治二七年（一八九四）五月ころから、草内咋岡神社と飯岡咋岡神社の双方の氏子が、「延喜式内咋岡神社」の社名は自らのものだと主張して紛糾する。結果、九月二八日に両社とも「延喜式内」の四字を抹消することで落着した。ただし、『特選神名牒』の段階ですでに定まっていたように、世間的には飯岡咋岡神社が式内社として認識されて現在に至っている。

直前の明治二六年（一八九三）一〇月に、草内の天神社は新たに発見された「旧記」に従って、社名を咋岡神社へと改めている。争いの発端はここにあった。今井家が椿井文書を頒布していた時期と重なることから、この「旧記」は椿井文書とみて間違いあるまい。高橋美久二《たかはしよしくに》によると、草内咋岡神社には「山城国草内村宮神之記」なるものが所蔵されていたらしいので、これに該当すると思われるが、残念ながら現物にはあたれていない。ただし、事件の推移とこれまで明らかにしてきた椿井文書の傾向から、およその内容は察しがつく。

並河誠所は、咋岡神社の比定にあたって、まず『続日本後紀《しょくにほんこうき》』天長一〇年（八三三）一〇月九日条にみられる「区毘岳《くい》」は飯岡村にあたるとし、そのうえで式内咋岡神社は草内村の天神社であると断定する。『五畿内志』の記述から、天神社を咋岡神社に比定した根拠はおよそ次の三点と察せられる。すなわち、第一に飯岡村の隣にあるということ、第二に法泉寺《ほうせんじ》という神宮寺を抱える規模の大きい神社ということ、そして第三に弘安《こうあん》元年（一二七八）の十三重塔が残るということの三点であろう。後述のように飯岡村に神社がなかったわけではないが、咋岡神社に比定しうる規模のものはなかったようで、明治二年（一八六九）の神社調査でも飯岡村

図37　「筒城郷佐賀荘咋岡全図」（『日本荘園絵図集成』下）

には神社が見当たらない（『田辺町近世近代資料集』）。そのため、並河誠所の考証は「区毘岳」を飯岡村に比定しながらも、咋岡神社を飯岡村に比定しない矛盾含みのものとなった。これが禍根を残すこととなる。

なお、椿井文書の「筒城郷朱智庄・佐賀庄両惣図」では、咋岡神社を現在の飯岡咋岡神社の地に描いていることから、椿井政隆はあくまでも咋岡神社は飯岡村にあってしかるべきだと考えていたようである。したがって、『五畿内志』の補完を目論《もくろ》む椿井政隆にとって、咋岡神社と飯岡村の関係だけでなく、咋岡神社と草内村の関係も整合的に説明することが課題となっていたに違いない。飯岡村をモチーフにその中心に咋岡神社を描いた「筒城郷佐賀荘咋岡全図」［図37］や「咋岡神社原紀巻」（「飯岡咋岡神社文書」）は、前者の目的のもと作成されたものにほかならない。それに対して草内村が発見した「旧記」は、おそらく後者の目的のもと作成されたものと思われる。

明治四一年（一九〇八）刊行の『山城綴喜郡誌』には、「一説曰、洪水の為め被害ありしを以《もっ》て、本社（飯岡咋岡神社）は元と当字（飯岡）の北境宮《みや》ヶ森《がもり》に鎮座ありて、当所と外二部落の総社なりしが永享《えいきょう》年間、各三部落に分離したるに際し、当社は其宮元たるに拠り」という咋岡神社の由緒が記される。この説によると、咋岡神社は飯岡村北端の宮ヶ森というところにもともとあって、隣接する他の二つの村と合わせて三ヶ村の総社であったが、永享年間（一四二九〜四一）に洪水で神社が被害を受けたので、三ヶ村それぞれへ分祀《ぶんし》したというのである。ただし、本来の所在地である飯岡村の咋岡神社が宮本であるとする。これこそ、椿井政隆が思いついた草内と飯岡の両村に咋岡神社が存在する理由といえる。その一方で、飯岡咋岡神社を正統とも考える椿井政隆は、当社こそ「宮元」であるという主張も盛り込んだ。こうすることによって、草内村の天神社が咋岡神社であるという『五畿内志』の記述とも大きな齟齬のない新たな説が生まれたのである。

さらに推測を重ねると、式内咋岡神社をめぐる対立の背景には、次のような対抗関係もあったと思われる。飯岡村を含む周辺地域は、中世には草内郷、近代には草内村と呼称されている。つまり、飯岡村は草内村に従属的な側面があったのである。そのため、草内村は飯岡村に対して支配的な姿勢で接するし、飯岡村はそれに対して自立化する動きもみせたと想定しうる。そうしたなかで、飯岡村は「区毘岳」が転じて飯岡になったとする考証結果を利用し、村内の小規模神社を咋岡神社とする主張を始めたのではなかろうか。

ただし、明治二年（一八六九）の神社調査では把握されていなかった神社が、明治七年から編纂が始められた『特選神名牒』に突如として登場して式内社に認定されていることから、右の説は飯岡村内部から発したのではなく、有力な根拠が新たに現れたことで主張しはじめたと考えたほうが自然である。やはり、椿井文書が出現したのだと思われるが、『特選神名牒』からはその明証が読み取れない。

そこで、飯岡咋岡神社に伝わった古文書に目を移すと、同社は慶応《けいおう》三年（一八六七）までは「天神」を称していたが、『特選神名牒』より一足早い明治六年（一八七三）を初見として、神主の森村信雄《もりむらのぶお》が咋岡神社の呼称を用いはじめている。「咋岡神社原紀巻」をはじめとした椿井文書の写も所持していることから、これの入手が改名の契機であろう。

飯岡咋岡神社には、明治一〇年（一八七七）六月に式内社に決定した際の京都府からの通知も伝わるが、これを得るために飯岡村が積極的に運動した痕跡も境内に残されている。「式内咋岡神社」と彫った石碑を、明治一〇年に建立しているのである。

一方の草内咋岡神社は、『五畿内志』の説を受け入れないまま、明治二年（一八六九）段階でも天神社を名乗っていた。そして、式内社の重要性が増したころに椿井文書を発見したのだが、時すでに遅く、式内咋岡神社をめぐる争いは椿井政隆の思惑どおりにことが運ぶのである。もし仮に、椿井文書のなかで『五畿内志』の筋書をそのままコピーしていれば、草内咋岡神社が式内社となっていた可能性も十分にありえたといえよう。以上のように、現在二社が併存する咋岡神社は、並河誠所の説と椿井政隆の説に翻弄《ほんろう》されながら誕生したのであった。

なお、綴喜郡内の他の式内社には、明治二五年（一八九二）四月建立の「式内郷社　朱智神社」と彫られた石碑のほか、明治二四年九月建立の「式内　棚倉孫神社」、明治二五年建立の「式内　天神社」などの石碑がみられる。このように、飯岡咋岡神社より一歩遅れて石碑の建立ラッシュがあったようである。これらの建立と椿井文書の関わりについては不詳ながら、式内社顕彰の気運が高まった時期の流出によって、椿井文書は広く受け入れられたとみて相違あるまい。

南山郷士の士族編入運動

南山郷士と呼ばれる草莽隊の禁裏への出仕は、慶応三年（一八六七）末に普賢寺谷の田宮喜平らが中心となって計画したようである。翌年正月には、椿井政隆の嫡子にあたる椿井万次郎のほか、水取村藤林《ふじばやし》氏・内里《うちざと》村嶋田《しまだ》氏・岩田村東《ひがし》氏・上津屋村伊佐《いさ》氏・出垣内村木村《きむら》氏・多々羅村城《じょう》氏・上《かみ》村田宮氏ら計八名の南山郷士総代が、出仕の願書を提出している。なお、同月に作成された南山郷士の名簿では、多々羅村城氏が外れ、大住《おおすみ》村岡本《おかもと》氏・戸津《とうづ》村佐野《さの》氏が加わって、「盟主」が計九名となっている。

彼ら南山郷士は、明治二年（一八六九）八月に任を解かれるまでの約一年半、軍務をつとめた。名簿などに名はみえないが、のちに椿井文書の質入れ先となる今井良久（佳平）も、当初は田宮氏とともに南山郷士の呼びかけ人であった。椿井文書が木津に伝来した縁は、ここにあったといえよう。理由はよくわからないが、のちに今井良久は南山郷士とは行動を異にし、鉄砲隊長として郷士頭に任じられたようである（『京都府議会歴代議員録』）。

重要なのは、慶応四年（一八六八）の出願段階で、すでに南朝へ奉公した者の子孫と称していることである。天保一三年（一八四二）に水島永政が調査した普賢寺谷の大富家系図は、「朱智」が登場する明らかな椿井文書であった。この事実と、南山郷士総代の筆頭が椿井万次郎で、彼以外の七名のうち四名までが普賢寺谷出身ということ、しかも発起人が普賢寺谷の田宮氏ということをあわせて考えるならば、普賢寺谷においては明治時代の流出以前から、すでに椿井文書が広く定着していたことを認めざるをえない。

では、普賢寺谷の一連の椿井文書は、どのような要望に基づいて作成されたのであろうか。牛頭天王社の「氏子中記録」（『田辺町近世近代資料集』）によると、普賢寺谷一〇ヶ村の氏神である牛頭天王社の祭祀では、近世中期以降、「拝殿方」とも呼ばれ祭祀では苗字を用いる「侍中」と、「仮屋方」とも呼ばれ苗字を用いない「宮座方」の対立があった。おそらくその背景には、宮座方の成長に伴う突き上げがあったと思われる。これに対して、一〇ヶ村の侍衆はその結束を固めて対抗する必要に迫られたはずである。ここに、富農を由緒ある土豪に仕立て上げ、中世以来幾度となく結束して困難に立ち向かってきた普賢寺谷の侍衆をことさらに主張する積極的な理由が認められる。それが草莽隊の由緒へと活用されたのであろう。

椿井政隆へ依頼した際の中心的な人物は、南山郷士の出仕を企てた田宮氏とみてよいかと思われる。なぜなら、「氏神　朱智神社」とみえることから椿井文書と判断しうる「田宮家系図伝」(『改訂大和高田市史《やまとたかだ》』史料編)では、家格が高い南山城にゆかりがある人物で、かつ具体性を帯びている橘諸兄《たちばなのもろえ》を遠祖としているからである。皇族や朱智氏のように非現実的な人物ばかりが登場する「朱智牛頭天王宮流紀疏」のなかで、唯一具体性を帯びた人物として田宮家の祖とされる「万財《ばんざい》伊賀掾橘義安《じょうたちばなのよしやす》」の名がみえるのも、一連の創作のなかで同家が中心にいたことを示唆している。

もちろん、椿井政隆は突出した田宮家の特異性を薄めるために、周囲にいる富農の系図も量産しているが、やはりその存在は際立つ。同様のことは、他の地域でも繰り返されたに違いない。「興福寺官務牒疏」には、それぞれの末寺や神社に「属侍」・「交衆」などと称する所属する侍衆の人数が記されるが、これが量産された系図に該当するものとみてよかろう。それと関連して注目されるのは、山城国相楽郡園《その》村(京都府和束町)に所在する和束天満宮の宮座を描いた「和束惣社大宮幷梅之宮《うめのみや》神能之絵図」という椿井文書である[図38]。この宮座の絵図には侍の名前が連署されているが、これは宮座から中世の侍衆を復原的に描く試みといえる。このように各地で作業を積み重ねて、畿内にはどこにでも侍衆を抱える興福寺配下の寺社があるかのように描こうとしているが、「興福寺官務牒疏」の普賢寺谷周辺の濃密さはやはり異常で

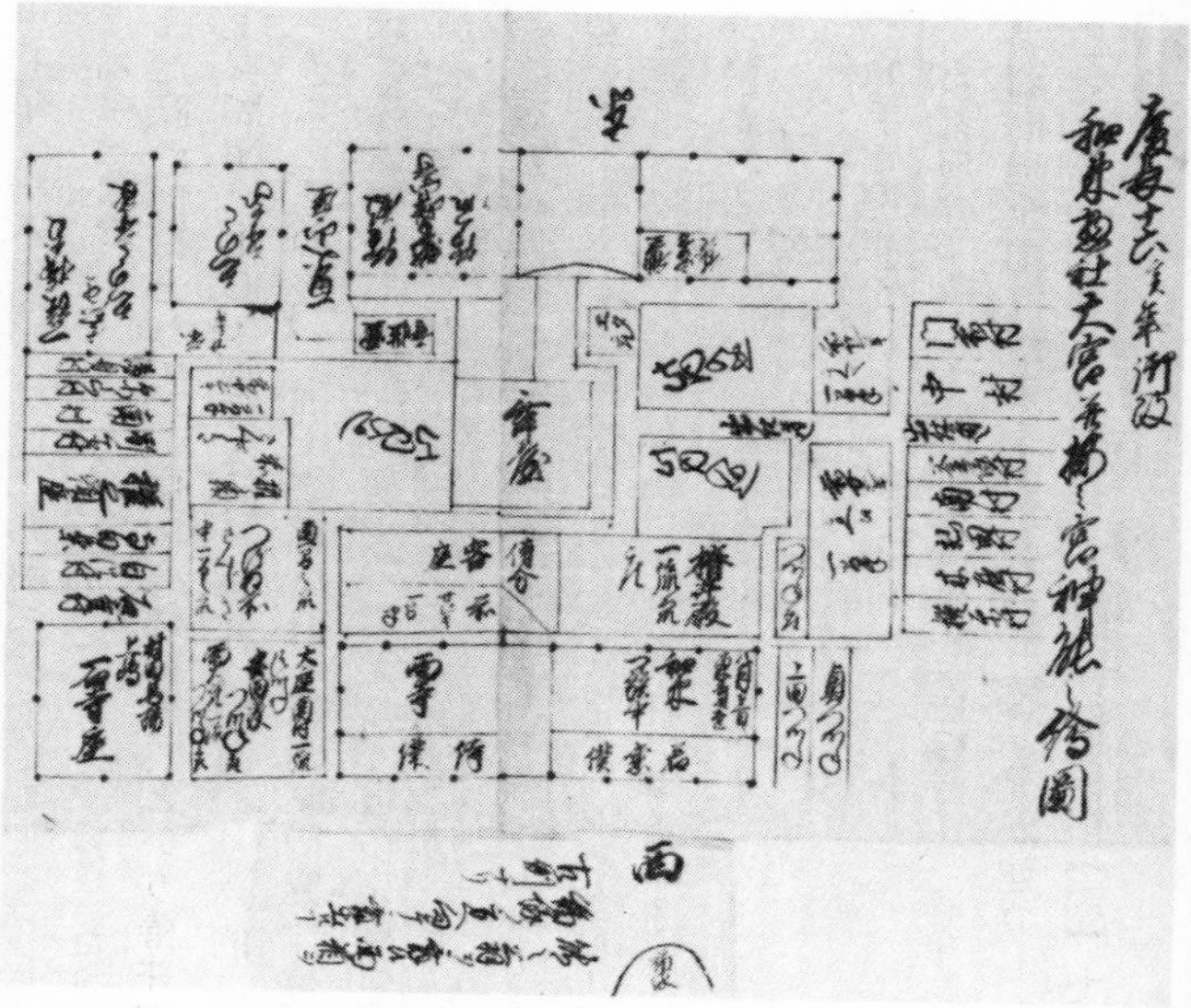

図38　「和束惣社大宮幷梅之宮神能之絵図」（『京都の部落史』 4）

ある。

なお、身分上昇を図って南山郷士という草莽隊を結成したものの、彼らの士族編入は明治維新期には叶《かな》わなかった。南山郷士以外にも草莽の志士が多くいた京都府では、行き場を失った彼らの精力が次第に民権運動へと注がれるようになる。そして、これらの動きを制するため、同じく民権運動が盛んであった高知県で県令として実績をあげた北垣国道《きたがきくにみち》が京都府知事に抜擢《ばってき》された。

その北垣国道は、民権運動の主軸となる人物を郡長に抜擢するなど、国家の末端に彼らを吸収することで懐柔を図った。南山郷士の場合は、長年の願望であった士族編入を明治一七年（一八八四）に認められている。かくして民権をうたいながら特権を享受してしまった南山郷士たちは、自己矛盾をきたすこととなった。ここで注目されるのは、南山郷士と認められた際の根拠として、「南山雲錦拾要」という椿井文書が用いられたことである。富農の身分上昇願望に応じて創作された椿井文書は、最終的にその機能を全うしたといえよう。

さらにその後、「南山雲錦拾要」は南朝研究で積極的に利用されることとなった。その代表は、藤田精一《ふじたせいいち》の『楠氏研究《くすのきしけんきゅう》』である。彼の南朝研究は、戦前の皇国史観に基づく南朝正統論が根底にあるため、思想的な部分に問題を孕《はら》んでいることは否めないものの、実証面ではなお一定の水準が保たれているとされている。しかしそれは、「南山雲錦拾要」の史料的性格を無視した評価といわざるをえない。なお、彼が当時、世にあまり出回っていなかった「南山雲錦拾要」を利用しえたのは、普賢寺谷に隣接する興戸村（京都府京田辺市）出身であったからだと思われる。

井手寺の顕彰

京都府井手町の古代・中世史を語る際に、必ずといっていいほど用いられてきた史料に「井堤郷旧地全図」がある。これは、橘諸兄が建立したとされる井手寺《いででら》（円提寺《えんたいじ》）や諸兄の別荘などを描いたもので、「椿井家古書目録」の【184】でも確認できるほか、写本が多数伝わっている。

この絵図も、例に漏れず二つの系統が確認できる。画面右端に流れる渋川《しぶかわ》まで描くものと（甲本）、その渋川を渡った南岸まで描くものである（乙本）［図39・40］。この渋川を挟んで北《きた》大塚《おおつか》と南大塚《みなみおおつか》の二つの墳墓が現在もあり、乙本では北大塚が橘諸兄の墓、南大塚がその父美《み》努王《のおう》の墓とされる。甲本では、美努王の墓は絵図の枠外にあたるので描かれない。

乙本のうち、京都府立京都学・歴彩館が所蔵する写は、明治一四年（一八八一）に木津の今井家にあった絵図を井手の宮本直吉が写して同家の所蔵としたものを原図とする。さらにそれを京都府の名勝旧蹟《きゅうせき》保存委員をつとめた湯《ゆ》本文彦《もとふみひこ》が借り受けて、明治三五年に写させたものが同館に伝わる。この履歴から、乙本は椿井家に残されたほうの系統であることが判明する。

この絵図には、次のような書き入れがある。

右此絵図者《は》、往昔近衛天皇馭宇《ぎょう》康治《こうじ》二癸《みずのと》亥《い》年九月日、
東大寺絵所法橋俊秀所図之《ほっきょうしゅんしゅうこれをずするところ》、則在春日社本議屋
庫蔵、然申請之《しかるにこれをもうしこい》、命画工秦友宜令模写之《がこうはたとものぶにめいじこれをもしゃせしむ》、於当家所珍蔵者也《とういえどころにおいてちんぞうするものなり》
嘉暦《かりゃく》元丙寅《ひのえとら》年六月下浣日　前因幡守橘友秀《ともひで》
図書加毫（花押影）
右図、自往昔所蔵伝也《おうじゃくよりぞうでんするところなり》、然依虫損紛乱《しかるにちゅうそんふんらんにより》、図面今再模写之《ずめんいまふたたびこれをもしゃす》、
永於当家所珍蔵之《ながくとういえどころにおいてこれをちんぞうす》、務々不可他見者也《ゆめゆめたけんすべからざるものなり》

図39　「井堤郷旧地全図」（甲本）（『井手町の古代・中世・近世』）

図40　「井堤郷旧地全図」（乙本）（京都府立京都学・歴彩館蔵）

享和三癸《みずのと》亥《い》年九月上幹日図画之
朱印　朱印

春日神社に納めてあった康治二年（一一四三）作成の絵図を嘉暦元年（一三二六）に模写し、さらに享和三年（一八〇三）に再び模写した旨が記される。典型的な椿井文書の絵図といえよう。

甲本のうち、『井手町の古代・中世・近世』の口絵カラー図版に掲載されるものが、極彩色で椿井政隆の落款もみえることから、原本にあたると思われる。同書では、表紙のほか、七二頁・七五頁・一二八頁・一三三頁・二三〇頁にも頻用されており、当該地域の歴史を叙述するうえで無視できない様子がうかがえる。甲本の末尾には、乙本にみられない「椿井南龍軒平群広雄」の署名もあることから、近世に椿井政隆が頒布したものとみてよかろう。

甲本の写は、普賢寺郷の中心的立場にあった田宮家も所蔵している（『田辺町近世近代資料集』）。「田宮家系図伝」では、田宮家は橘諸兄の後胤《こういん》とされているので、系図と絵図は一連のものとして作成されたのであろう。そのほか甲本は、前述した宮本家出身の木下千代子《きのしたちよこ》が模写したものも残されている（『井手町の近代Ⅰと文化財』）。

このように、宮本家が「井堤郷旧地全図」に強い関心を示したのは、明治一八年（一八八五）に計画され、明治三二年（一八九九）に設立された井手保勝会の中心にいたからだと思わ

図41　「井堤郷旧地全図」の説明板

れる。齋藤智志《さいとうさとし》が明らかにしたように、多くの学者から学術的に否定されても、井手保勝会は北大塚と南大塚を橘諸兄と美努王の墳墓として顕彰することに相当な力を入れていた。

こうして地元に浸透した「井堤郷旧地全図」は、現地に設置された説明板にも利用されている［図41］。そこには、次のような説明が加えられる。

> 右の古絵図は「山城国井堤郷旧地全図」と呼ばれ、原図は平安時代の康治二年（一一四三年）に描かれたものです。
> この絵図に見るように付近一円には、井堤《いで》寺の他、玉井頓宮《たまいのとんぐう》、諸兄山荘等が描かれ、橘氏一族の別業地として栄えた往時が偲《しの》ばれます。いにしえの井手の町の姿を知る手がかりとして下さい。

例によって、模写年代が鵜呑みにされている。なお、この説明板に使用された絵図は、これまで紹介したものとは別の乙本の写である。いうまでもなく、井手町では美努王の墳墓が描かれる乙本のほうが重宝されたに違いない。

2 北河内の事例

津田城と氷室

大阪府枚方市東部にあったとされる津田城や氷室は、享保二〇年（一七三五）から刊行が始まる『五畿内志』にも掲載される。ただし、必ずしもすぐさま定着したわけではなかった。その一例として、津田氏の墓についてまずは取り上げたい。

紀伊の津田監物《けんもつ》は、種子島《たねがしま》から根来《ねごろ》に鉄炮《てっぽう》を伝えた津田流砲術の祖として知られる。その子孫を称する紀州《きしゅう》津田氏は、天明元年（一七八一）ころから、先祖の墓所を探して津田村を訪れるようになる。そして、天明三年になると、津田村の領主である旗本久貝氏を頼りはじめた。この年の六月、久貝氏は津田村に対して津田氏の墓所を探すよう命じるのである。それに対して津田村は、寄合を開いたうえで、墓所はないと回答している。その回答を不満に感じた久貝氏は、九月に再度探すよう命じた。津田村は再び寄合をしたうえで、とくに隠し立てをしているわけではないと一〇月に弁明した。その後、改めて捜索が命じられたようで、ついに同年のうちに村内に津田氏の墓があると報告した。

一連の経過から、すでに穂谷村との山論に勝訴していた津田村にとって、自ら創作したことがわかっている津田氏の由緒をことさらに強調する必要はなくなっていることがわかる。一方の紀州津田氏は、おそらく『五畿内志』を目にして津田村を訪れたのであろう。

比較的最近まで、このとき作られたと思われる自然石を十数個積み上げた津田正信《まさのぶ》の墓なるものが存在した。その写真は、『津田史』にも掲載されている。おそらく、近世とは異なる墓制のつもりで、このようなものを創作したのであろう。明治時代までは、その墓前に、紀州津田氏が建立した天明五年(一七八五)の銘がある石灯籠もあったという。この墓は道路の拡張で消滅し、現在はその道路脇に「津田城主　津田周防守正信之墓」と刻まれた石碑が新たに建立されている。

正徳四年(一七一四)の序文・跋文を持つ『武芸小伝《ぶげいしょうでん》』では、津田監物が「紀州那賀《なが》郡小《お》倉《ぐら》人也」とされるように、もともと紀州津田氏は紀伊出身を自称していた。ところが、文化九年(一八一二)に発行された『紀伊国名所図会』に「河州交野郡津田城主津田周防守正信」の「長男」とみえるのをはじめとして、津田氏の墓所「発見」を機に、紀州津田氏は津田監物が河内出身であると唱えるようになる。『五畿内志』の事例もそうだが、津田城の由緒は津田村ではなく、むしろ外側からの影響力によって定着が図られるようになった。

一方、山論に敗訴した穂谷村側では、たびたび能の「氷室」を演じているように、挽回《ばんかい》を期して氷室の由緒を語り続けていた。津田村派と穂谷村派に二分した津田山の山論は、明治時代まで持ち越された。明治政府は、明治二二年（一八八九）に町村制を施行し全国的に合併を推し進めるが、一七世紀末以来の対立はここでもかたちとなって表れる。津田村以下五ヶ村は本来津田郷として一体であり、三之宮神社を共通の氏神とするものの、津田村は三之宮神社とは関係のない野村・春日村を吸収合併する。一方の穂谷村・尊延寺村・杉村は、合併して氷室《ひむろ》村と新たに名乗る。一八世紀前半に遡る穂谷村の画策は、ここに至って現実のものとなったのである。なお、ここではみ出した藤阪村は、もともと深い関係があった長尾村と合併して菅原《すがわら》村となった。

第二章で述べた三之宮神社の椿井文書は、穂谷村に荷担しつつも津田城と氷室の双方を盛り込んだものであった。津田城の由緒と氷室の由緒は、それぞれ別の事情で語り継がれてきたが、互いに合致する内容の椿井文書が登場したので、信用されてしまったわけである。

津田城がある国見山は、昭和五九年（一九八四）に枚方市によって枚方八景に選定され、山頂には津田城の説明板も建てられている。一方、昭和一五年に津田村・菅原村・氷室村が合併して津田町となるため、氷室村は廃止されるが、氷室小学校など旧村時代以来の公的施設や氷室台という団地などに今もその名が残っている。「その上《かみ》の桓武の御代《みよ》に置かれたる　氷室の跡の名を負えるこれの学び舎《や》……」で始まる氷室小学校の校歌を聞くと、氷室の由緒がこの地域には欠くことのできない存在となっていることに改めて気づかされる。

王仁墓の史跡指定

大阪府枚方市の伝王仁墓は、並河誠所にその価値を見出され、彼の建言を容《い》れた当地の領主久貝氏によって、石碑が建てられる。その後、整備された形跡はしばらくみられないが、文政一〇年（一八二七）に交野郡招提村（枚方市）の家村孫右衛門が、有栖川宮家の臣大石兵庫《おおいしひょうご》と謀って新たな顕彰碑を建立する。それと同じころに、椿井政隆も「王仁墳廟来朝紀」を著し、少なからず批判のあった並河誠所の説を補完しようとした。

近代に入ると、明治二五年（一八九二）に有志によって王仁墓の整備拡張が計画され、明治二七年に起工式が行われる。ところが、明治三一年になってもその事業は一向に進まなかったようである。その後、新たに郡長や地元出身代議士の協力を得て、明治三二年には「仁徳天皇〔没後〕千五百年祭」の附祭として、王仁墓でも国朝文教の祖を顕彰する祭典が行われる。それでもなお、王仁墓の拡張は実現しないまま、新聞記事からもしばらくは姿を消してしまう。

しかし、大正八年（一九一九）の三・一独立運動以後、日本による朝鮮半島の武断統治が方向性を変え、内鮮融和と朝鮮人の皇民化が政策として進められるなかで、朝鮮と日本を結びつけた王仁の墓は、再び注目を浴びるようになる。内田良平《うちだりょうへい》らを中心に、王仁神社奉賛会が昭和二年（一九二七）に結成されると、昭和五年には奉告祭・地鎮祭が行われた。これ以降、王仁の顕彰は政策としても積極的に行われ、王仁墓の整備も着々と進んでいくのである。

そして、昭和一〇年（一九三五）には、王仁墓が大阪府の史跡に指定されることが内定する。

内定後の昭和一二年に地元の菅原村から提出された調査書（枚方市史資料室所蔵複写版）には、「一説ニ依レバ、元禄五年黄門《こうもん》光国《圀》卿諸国御視察ノ折リ、湊川《みなとがわ》ノ嗚呼《ああ》忠臣楠氏《なんし》之墓ト時ヲ同フシ墓標博士王仁之墓ト題シ建テラレシモノトアリ」との記述もみえる。一説によれば、元禄五年（一六九二）に水戸黄門が諸国を視察した際、湊川神社（神戸市）の楠木正成の墓碑とともに王仁墓にも石碑を建立したという。諸国を行脚する水戸黄門は、いうまでもなく講談や時代劇の世界の存在である。家村孫右衛門が建立した石碑をその水戸黄門によるものと覆すのだから、もはやここには史実を追究しようとする姿勢は一切ない。ところが、これを受理した大阪府は、昭和一三年に王仁墓を史跡に指定した。

戦時下にあったこのころ、内鮮融和と挙国一致のキャンペーンに王仁が積極的に用いられていたことは、当時の新聞からも明らかである。例えば昭和一四年（一九三九）一月二七日付の『朝日新聞』（大阪版）によると、堺市を中心として大阪府下一帯に「王仁博士の後裔よ名乗り出よ！」と呼びかけられているという。

現在も王仁墓の史跡指定は解除されておらず、韓国の要人や観光客の訪問が絶えない。並河誠所による『五畿内志』の安易な一文と、それを補完しようとする椿井文書が相互に補完することで成立した極めて危うい説ではあるものの、真正な古文書として一度利用されてしまったがために、払拭することができないのである。この点は、式内社の事例とも共通するし、そのほかでも近代国家独特の思想レベルで適合したということや国や府がお墨付きを与えてしまったことなど、椿井文書を利用してしまう環境には共通点が多い。
その結果として、現在のところ枚方市のホームページでは、伝王仁墓について次のように説明している。

四世紀末に朝鮮半島から日本に漢字と儒教を伝えたという王仁（わに）の墓とされています。禁野村和田寺の僧・道俊が『王仁墳廟来朝記《(ママ)》』の中で、藤坂村の鬼墓は王仁墓のなまったものと主張し、京都の儒者・並河誠所がこの書物をもとに王仁博士の墓として崇拝するよう地元の領主に進言し、享保一六（一七三一）年に「博士王仁之墓」と刻んだ墓石を建てたことが始まりで、昭和一三年に大阪府の史跡に指定されました。
市は、王仁博士の生誕地とされる韓国霊岩《ヨンアム》郡と二〇年以上にわたって市民レベルで交流。地元の市民グループが中心となって王仁塚周辺の清掃やお祭りの開催、交流に力を入れてきたほか、地元の菅原東《すがはらひがし》小学校では霊岩郡の初等学校と壁新聞の交換を行ってきました。こうした取り組みが実を結び、平成二〇年には市と霊岩郡との友好都市提携が実現。歴史文化を中心に交流を深めています。現在、韓国からは修学旅行生が訪れるなど、伝王仁墓は日韓交流の拠点の一つとして位置付けられています。

（二〇一九年七月一日閲覧）

並河誠所があたかも実見したかのようなものを創ることで信じ込ませるのが、椿井政隆の常套手段であった。それに素直に従って、椿井文書たる「王仁墳廟来朝紀」を信用した文章となっている。

右の説明には記されないが、平成一八年（二〇〇六）には、伝王仁墓の前に韓国の全羅南《チョルラナム》道《ド》から運ばれた資材によって、「百済門」なるものが建設された。そのような交流を踏まえて、平成二〇年に枚方市と全羅南道の霊岩郡は友好都市の提携を結んだ。椿井文書は、もはや国際的な問題にまで関与するようになっているのである。

筆者は、かつて枚方市に在職していたころに、右のような誤解を招く文章は修正すべきだと、ホームページを管理する広報課などに口が酸っぱくなるほど忠告したが、残念ながら聞く耳を持ってくれなかった。そのときの危機感と無力感が、結果的に今も筆者にとって研究を進める原動力の一つとなっている。精神的に不安定になりそうなときもあったが、同じ気持ちで晩年に著書を量産した三浦蘭阪という共感者を得たおかげで、孤独な闘いとならずに済んだのは幸いであった。

3 近江の事例

少菩提寺の絵図

複数の専門分野の厳しい目を経るため、椿井文書が文化財指定を受けることは滅多《めった》にない。珍しい例として、明応元年（一四九二）の古図を椿井政隆が模写したとする「円満山少菩提寺四至封疆之絵図」は、昭和四七年（一九七二）に滋賀県の甲西町文化財保護審議会の審議を経て、「室町」時代の「絵画」として、同町の指定文化財（現在は湖南市指定文化財）となっている。のちに、滋賀県立琵琶湖文化館で展示された際は、中世の絵図を近世に写したものとして展示された（『特別展　甲賀の社寺』）。このように作成年代は修正されたものの、原図は中世のものであるとして周囲も一定の評価を与えてきた。

もちろん、近世後期の歴史認識を考えるうえで、椿井文書の歴史的価値は必ずしも低いものではない。問題は、中世史料としての歴史的価値を公的な機関が評価したということにある。そのことがいかなることに結果するのか、その後の経過を簡単に追いかけておく。

平成四年（一九九二）には、甲西町教育委員会が西応寺の境内入口に「円満山少菩提寺四至封疆之絵図」の説明板を設置する。さらに平成一三年には、地元の土地区画整理事業を記念して、湖南市菩提寺西《ぼだいじにし》一丁目の県道二二号線擁壁に「円満山少菩提寺四至封疆之絵図」を焼き付

図42　「円満山少菩提寺四至封疆之絵図」の説明板

けた巨大な陶板のプレートが設置される［図42］。この説明板は、絵図の部分だけでも横幅二メートル五五センチにもわたる。絵図の左には、次のような説明が加えられる。

> この地図は、菩提寺の古い時代の有様を知る唯一の絵図で今から五百九年前明応元年（一四九二）の菩提寺の古図である。もとは、奈良の興福寺の別院で円満山小（ママ）菩提寺と呼ばれ数多くの大伽藍が雄大な姿でそびえ立っていた。奈良時代信楽《しがらき》の都を発願建立された聖武天皇が国家の繁栄と安泰を願い、良《ろう》弁《べん》僧正が創設した古《こ》さつである。当時は、山上山麓《さんろく》の広域にわたって大金堂、三重の大塔開山堂などを中心に

して七つの神社と三十六の僧坊を構えてその偉容を誇っていた。しかし、元亀二年（一五七一）戦国の乱世の兵火により全山殆《ほとん》ど焼失し、その礎石を残すのみとなって現在にいたっている。

西応寺蔵

二〇〇一年四月吉日

この説明文の部分も含めると、全幅七メートル以上、高さ三メートル以上の迫力あるモニュメントである。椿井文書の絵図を中世の実態として説明板に掲載する事例は、京都府井手町の「井堤郷旧地全図」でもみられたが、その規模は飛び抜けて大きい。

こうなると、地元の歴史を語るうえでなくてはならない存在になってしまう。平成二三年（二〇一一）には、地元住民を中心として組織された儀平塾《ぎへいじゅく》が、『鈴木儀平の菩提寺歴史散歩』を出版した。書中では、椿井文書である旨が触れられつつも、貴重な史料であるとして一〇頁以上にわたって説明が加えられる。さらに平成二五年には、その内容が『じいちゃん・ばあちゃんにきく　菩提寺の昔話』という子供向けの図書にまとめなおされた。やはり、「円満山少菩提寺四至封彊之絵図」の説明に一〇頁程度を割いている。そして、平成二七年にオープンした湖南市立菩提寺まちづくりセンターの展示室には、「円満山少菩提寺四至封彊之絵図」の複製が中央に据えられ、詳細な解説がなされている。

もし仮に、「円満山少菩提寺四至封疆之絵図」が指定文化財となっていなかったならば、ここまで活用されることもなかったのではなかろうか。また、この問題に対して、研究者が何ら積極的な対応をとらなかったことも、後戻りが難しい状況に追い込んだ要因の一つであるように思われる。

かといって、椿井文書を文化財に指定することに、全く意義がないというわけではない。こうあってほしいという本音が反映されているという意味では、建前ばかりが並ぶ行政文書よりも、むしろ江戸時代の人々の心性や歴史観に迫るうえで格好の素材といえるからである。ゆえに、指定解除という方向で考えるのではなく、歴史的な価値を位置づけなおす方向で考えていく余地はあると思われる。

そのほか近隣では、滋賀県日野町の金剛定寺に残る「金剛定寺古図」と「東大寺三綱廻状」の二点の椿井文書が、昭和五一年（一九七六）に日野町の指定文化財となっている。これらについては、『近江日野の歴史』第五巻でもすでにその内容が疑問視されつつあるので、そのうえで改めて歴史的な評価をしていく必要があるだろう。

このように前向きに考えていくうえで、参考となる事例が最近一つ出てきた。平成三〇年（二〇一八）に滋賀県大津市の指定文化財となった「文化元年（一八〇四）南庄村出土龍骨関係資料」のなかに、椿井政隆が描いた「伏龍骨《ふくりゅうこつ》之《の》図《ず》　幷《ならびに》序《じょ》」も含まれているのである。椿井政隆が作成者であることはわかったうえでの指定だと聞く。このように、椿井文書は歴史的な価値が再評価される段階にさしかかってきている。研究に携わってきた者として、これは素直にうれしい。

世継の七夕伝説

『米原町史』に中世史料として収録される「筑摩大神之紀」は、滋賀県米原市朝妻筑摩の筑摩神社に伝わっている。永禄一〇年（一五六七）に奈良春日若宮《わかみや》の神主がまとめた筑摩神社の社伝を、天正九年（一五八一）に椿井懐義《かいぎ》が写し、さらに文化一〇年（一八一三）に椿井政隆が再度写したという体裁をとる。

これと一連で偽作されたものとして、すでに第二章で触れた「筑摩社並七ヶ寺之絵図」も存在する。これは、入江内湖における筑摩村と磯村の漁業権をめぐる対立を背景として、筑摩村が有利になるように中世の筑摩村を誇張して描いたものであった。

さらに椿井政隆は、筑摩村以外の村々にも自身が作成したものを浸透させるため、「筑摩社並七ヶ寺之絵図」と関連づけながら様々な仕掛けをしている。例えば、周辺諸村に「七ヶ寺」を設けることで、各寺に関する椿井文書はそれぞれの村に受け入れやすくなる。『近江町史』の口絵に掲載される宇賀野《うかの》村の「冨永山歓喜光寺絵図《とみながさんかんきこうじえず》」はその典型で、そこには「筑摩七箇寺随一」との位置づけもなされている［図43］。

また、湖北は彼がこだわりを持っていた息長氏の出自の地なので、「筑摩社並七ヶ寺之絵

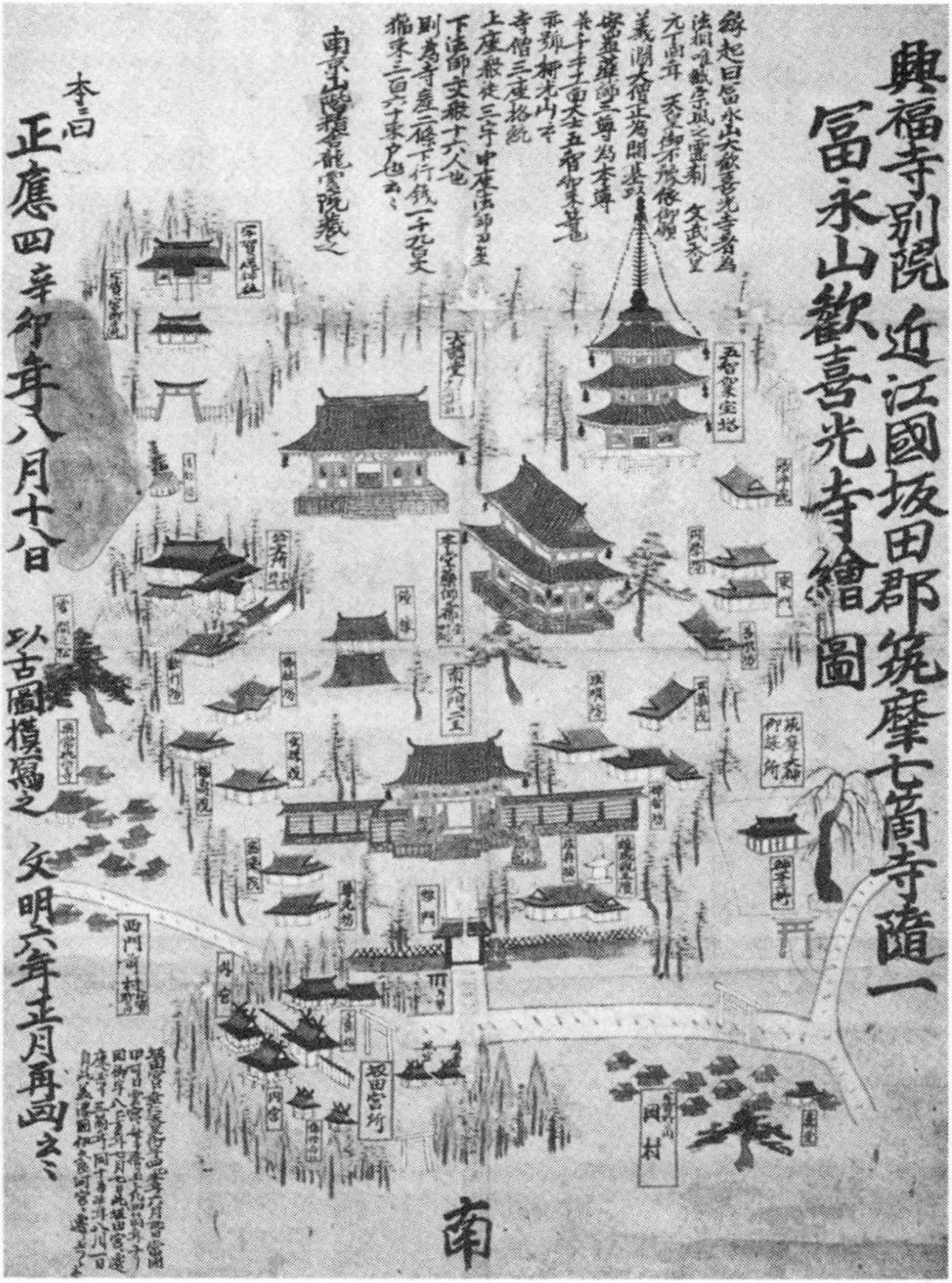

図43　「冨永山歓喜光寺絵図」(『近江町史』)

図」では近世に朝妻川とも天の川とも呼ばれていた川に「息長川」の名称を与えている。そのほか、音が通じる「朝嬬皇女墳《あさづま》」を朝妻川沿いの世継《よつぎ》村に設置する。さらにその対岸にあたる朝妻村には「星河稚宮皇子墳《ほしかわのわかみや》」を設置している。朝妻川は天の川とも呼ばれていたので、七夕伝説と重ね合わせようとしたのである。

享保一九年（一七三四）成立の『近江輿地志略』には、「朝妻川」あるいは「天川」とみえるが七夕に関する記述はなく、蛭子神社にあたる世継神社も祭神不詳とされる。「筑摩社並七ヶ寺之絵図」は写本も多くみられ、当地に早くから根付いていた。そのため、現在は旧世継村の蛭子神社にある自然石が「七夕石」、旧朝妻村の朝妻神社にある石塔が「彦星塚《ひこぼし》」と呼ばれるに至っている。「筑摩社並七ヶ寺之絵図」に描かれる墳墓は実在しないため、いつしか境内にあった適当なものを代わりにあてるようになったのであろう。

問題はこれにとどまらなかった。『近江町史』編纂に伴う史料調査で、蛭子神社から天正一五年（一五八七）に「世継六右衛門定明《ろくえもんさだあき》」が記したとされる「世継神社縁起之事」と題したものが発見されたのである（近江町は合併して現在米原市）。昭和六二年（一九八七）七月四日の『中日新聞』（滋賀版朝刊）と同月七日の『毎日新聞』（滋賀版朝刊）の記事では、「星河稚宮皇子」と「朝嬬皇女」の悲恋を知った興福寺の僧が二人を偲んで合祀したのが七夕の由来になったという「世継神社縁起之事」の内容を報じている。とりわけ『中日新聞』の表題は、「七夕伝説の湖北発祥説が浮上」と衝撃的である。しかし、椿井政隆が神社の縁起を作成する際に用いる独特の明朝体で記されており（図10参照）、「息長川」の名称も登場することから、発見されたものは椿井文書とみて間違いない。

さらに、平成一〇年（一九九八）度から平成一五年度にかけて、滋賀県立大学は「筑摩社並七ヶ寺之絵図」を参照しながら尚江千軒遺跡の調査を行い、平成一六年にその成果を公刊した。平成二一年三月一日にはその調査を踏まえたシンポジウムが米原市教育委員会の主催で開催され、同時に「筑摩社並七ヶ寺之絵図」の展示も行われた。こうして「筑摩社並七ヶ寺之絵図」は、当地において広く市民権を得るようになった。

それ以降、蛭子神社が所蔵する「筑摩社並七ヶ寺之絵図」の写と「世継神社縁起之事」に基づく七夕伝説が、盛んに語られるようになっている。毎年夏になると、この二つの椿井文書を用いて、古くから地元に伝わる伝説として地元の小学生に解説する様子が新聞の記事となっている。その実態は表5のとおりである。大人が勝手に楽しむ分には構わないが、子供にすり込むのは教育上いかがなものかと思われる。

表5　七夕教育の新聞記事

『京都新聞』滋賀版朝刊	
	2009年6月12日
	2010年6月12日
	2011年6月9日
	2012年6月2日
	2013年6月12日
『中日新聞』びわこ版朝刊	
	2010年6月12日
	2011年6月9日
	2012年6月2日
	2013年6月12日
	2015年6月26日
	2016年6月25日
『読売新聞』滋賀版朝刊	
	2010年6月12日
	2012年6月7日
『毎日新聞』滋賀版朝刊	
	2017年7月8日

第六章　椿井文書に対する研究者の視線

1　戦前・戦後の動向

京都帝国大学での議論

明治三五年（一九〇二）に「井堤郷旧地全図」を模写させた京都府名勝旧蹟保存委員の湯本文彦は、「元図ハ木津今井より出つる品、今井のものハ偽物多し」としたうえで、この図も「俄《にわか》ニ信しかたし」と絵図の袋に記している。椿井政隆の存命時においても、彼の動向を詳細に知っていれば、おのずと椿井文書の内容に対しても疑いの目は向けられていたが、明治時代になっても、今井家からの流出の実態を知っていれば、その内容は疑われていたのである。

一方で、明治三七年（一九〇四）には、邨岡良弼《むらおかりょうすけ》が「興福寺官務牒疏」を史料紹介するなど、椿井文書の実態を知らない関東の研究者は早くも信用してしまっている。それから一〇年余のちの大正四年（一九一五）に、「興福寺官務牒疏」は『大日本仏教全書』に所収されて、さらに世に広まることとなる。

昭和初期に京都府や滋賀県が発行した報告書をみていると、しばしば椿井文書に触れた記述を目にすることがある。例えば、昭和五年（一九三〇）に佐藤虎雄《さとうとらお》は、「笠置山之城元弘戦全図并四方手配堅固図」について、「此地図もと湊河《みなとがわ》神社にありしを写したりと雖《いえど》も、恐らく椿井家に於《おい》て製作せられし偽古図に類すべきものなり」と述べる（『京都府史蹟名勝天然紀念物調査報告』第一一冊）。また、昭和八年に肥後和男《ひごかずお》は、「飯道寺本原紀巻《はんどうじほんげんきのまき》」について「これ恐らく山城の木津より出でし偽文書に属するものであろうから俄に信じ得ない」とし、「明治初年頃木津より求めたもの」と指摘している（『滋賀県史蹟調査報告』第六冊）。さらに昭和九年に柏倉亮吉《かしわくらりょうきち》は、「布施寺《ふせじ》由緒書（福田寺由緒記）」と「布施寺系図」について「椿居（井）物であると思はれ」、「史料の性質よりみて直ちに信ずる訳にはいかない」とする（『滋賀県史蹟調査報告』第六冊）。

椿井文書についての認識が、報告書執筆者共有のものになっていたかというと、そういうわけでもなく、大正一一年（一九二二）に魚澄惣五郎《うおずみそうごろう》は、「興福官務、平群文庫ノ印」を捺した明らかに椿井文書である「北吉野山神童寺縁起」について、「近世ノ筆録ニ係ルモノナレドモ本寺ノ旧伝ヲ徴スベキ」と価値あるものとして全文を掲載する（『京都府史蹟勝地調査会報告』第三冊）。報告書の執筆陣はいずれも京都帝国大学大学院出身だが、明治二二年（一八八九）生まれの魚澄惣五郎が前三者より一〇歳ほど年長で東京帝国大学を卒業しており、報告書の発行も一〇年ほど遡るという相違点に注意したい。

それに対し、前三者には共通点が存在する。肥後和男は明治三二年（一八九九）、佐藤虎雄は明治三五年、柏倉亮吉は明治三八年の生まれと世代が近く、京都帝国大学の同窓なのである。年長の肥後和男は、いったん教員をつとめたうえで京大に入っているので、学年的にはより近いことになる。そして三者は、浜田耕作《はまだこうさく》のもとで考古学を学びつつ、西田直二郎《にしだなおじろう》にも文化史学を学んだ。とりわけ注目したいのは、大正末から西田邸で開かれていた私的懇談会「金曜会」の立役者が肥後和男ということである。この会には、あらゆる分野の学生が集《つど》ったというので、この場で椿井文書の話題が出た可能性もあるだろう。

実際、同じ京大の学生でも、大正五年（一九一六）生まれと少し後の世代になる毛利久《もうりひさし》は、昭和一五年（一九四〇）に発表した論文で椿井文書を多用している。普賢寺谷の観音寺住職から、一連の文書は「椿井万次郎の所蔵であつたが、これが狛の某氏へ売却され、更に木津灯籠《とうろう》寺《じ》の今井氏方へ転売されたもの」という情報を得ているにもかかわらずである。なお、毛利久は、今井家にあった文書群が「現今如何《いか》になつてゐるかは明かでない」としているが、実際にはこの直前に飯田家に移った椿井文書を東京帝国大学が調査している。このように観音寺には正確な情報が伝わっていないことから、「狛の某氏」を介して今井家に移ったというのも、高麗《こま》村という近代における椿井家の居所の情報が誤伝したものと考えられる。

同じく京大出身で、明治四〇年（一九〇七）生まれと肥後和男らと世代の近い吉田敬市《よしだけいいち》も、山城国相楽郡瓶原村《みかのはら》（京都府木津川市）における用水の歴史を分析するなかで、「瓶原井手之記《みかのはらいでのき》」なる椿井文書を用いている。吉田敬市は、理系の地質学から出発したため、椿井文書に関する情報に触れる機会がなかったのであろう。

なお、昭和初年の段階で、若手研究者たちは必ずしも椿井文書を熟知していたわけではなかった。先述の佐藤虎雄が、朱智神社の説明をするなかで「興福寺官務牒疏」などを椿井文書と知らずに引用している事例もみられるからである（『京都府史蹟名勝天然紀念物調査報告』第一二冊）。この例から、京大出身の若き研究者たちは、椿井文書の鑑定眼を自ら磨いたのではなく、どこからか情報を得てその存在を知ったのだと思われる。

中川泉三の卓見

藤田精一は、大正四年（一九一五）に「南山雲錦拾要」という椿井文書を活用した『楠氏研究』を公表している。同じく南朝研究では、大正一五年に発行された音代節雄《おとしろせつお》の『長慶天皇山陵攷《ちょうけいてんのうさんりょうこう》』で、津田源治郎所蔵の系図が多用されている。また、昭和一三年（一九三八）に発行された『笠置合戦総大将に就いての研究』で、高木元豁《たかぎもとひろ》は椿井文書であるという佐藤虎雄の指摘を踏まえつつも、その真意を理解しないまま笠置山の絵図を分析している。

明治四一年（一九〇八）発行の『山城綴喜郡誌』や大正九年（一九二〇）発行の『京都府相

楽郡誌』など、椿井文書が分布する地域の郡志は、おのずとその多くを活用した叙述がなされる。湖北から湖東にかけて、多数の郡志を手がけた在野の研究者である中川泉三も、大正二年発行の『坂田郡志』巻下のなかで、「興福寺官務牒疏」や「筑摩社並七ヶ寺之絵図」のほか、「筑摩大神之紀」所収の源頼朝寄進状など、椿井文書を多く使用している。

ところが、大正一五年（一九二六）刊行の『近江栗太郡志』巻五のなかで中川泉三は、「附記　興福寺官務牒疏に見ゆる寺社」という項目を設け、「興福寺官務牒疏は大和人椿井某より紅葉山《もみじやま》文庫に献納せし旧記」で、「正確の原本ありて後に地方人の依頼により故意に偽説を記入したるもの」と指摘している。加えて、金勝寺の絵図をはじめとして近江の各地にある古寺図について、「椿井某が製作の遺物にして寛政文化の頃近江各郡に巡りて地方の依頼を受け其地を相して編成したるもの」とも述べており、椿井文書の実態をかなり正確に把握している。

このように、椿井文書が多く分布する湖北・湖東で郡志編纂を重ねるなか、中川泉三は大正年間にその実態に気づいた。しかも、当時、中川泉三をはじめとした在野の研究者たちは、中央の研究者とも密接な交流を持っていた。その交流のなかで、若手研究者たちにも椿井文書の存在が共有されるようになったと思われる。

中川泉三が椿井文書に詳しくなったのは、郡志編纂を通じて近江の史料に精通していたためであろうが、それ以外にも理由は存在する。明治三五年（一九〇二）には、地元の八相神社（滋賀県米原市）氏子総代として、木津の今井良政とやりとりのうえ、「八相大明神由緒記」なる椿井文書と譲状を入手しているのである（章斎《しょうさい》文庫所蔵資料）。このように、椿井文書流出の実態を目の当たりにしている点も、中川泉三の目が肥える要因になったと思われる。

戦後歴史学での忘却

戦後歴史学は、皇国史観に基づく歴史学からの脱却を目指して出発する。その動きが、京大においては西田直二郎の教職追放という形に帰結する。そのため、京大では彼の文化史学が継承されることはなかった。また、肥後和男は東京文理科大学へ、佐藤虎雄は神宮皇学館へ、柏倉亮吉は山形師範学校へ就職する。このように、椿井文書について議論していた京大出身の若手研究者たちが、関西から離れてしまったのも不幸であった。さらには、戦前までは構築されていた中央の研究者と在野の研究者の連携も、戦後にはあまりみられなくなってくる。このように、椿井文書の情報を共有していたつながりが、ことごとく断絶していくのである。

もちろん、戦前からのつながりを有する一部の研究者は、椿井文書の存在を把握しているが、その認識は少しずつ実態と乖離しつつあった。例えば明治二三年（一八九〇）生まれで京大出身の中村直勝は、正しくは今井家から流出した椿井文書について、「明治三十年頃に山城国木津町に住んでおった椿井氏の秘庫中から探し出されたもの」と若干誤解している。中村直勝は「滋賀県内の神社所蔵文書」を実見しているが、流出の実態までは伝聞でしか知らなかったのであろう。

大正元年（一九一二）生まれで國學院《こくがくいん》大学出身ながら、早くから大和で古文書調査をしていた永島福太郎《ながしまふくたろう》は次のように触れている。「大和において注意警戒を要するのは、明治大正期においても制作されていた」ことで、「数日間待てといわれて再参上すると、所蔵品があったといわれて授与される。南山城の木津川流域を下流の大阪府にまで、縁起・寺院伽藍遺跡図・城趾図などにわたって謀作品が現存している」というのである。椿井文書のことを述べているのは明らかだが、近代には制作していないし、分布域も正確ではない。

このように、関西で学んだ研究者の間では、比較的その存在が知られていた椿井文書も、戦後歴史学のなかでは次第に忘却されてしまうのである。ここからは、あまりにも性急な戦前との断絶を選択したがゆえに、継承すべきものまで損なってしまった戦後歴史学の負の側面を見出すことができよう。昭和六三年（一九八八）に藤本孝一が椿井文書への注意を喚起するも、その存在を忘れてしまった歴史学のなかでは、ことの重大さが理解されることなく、藤本の指摘もほとんど顧みられなかった。

2　地域史の隆盛と絵図の活用

自治体史への採用

高度経済成長とともに、人々の生活は豊かになる一方で、開発による自然環境や文化遺産の破壊が目立つようになる。あるいは、新興住宅の建設によって、住民同士の関係が希薄になる。このようななかで、失われゆく地域史を掘り起こす重要性が強調されるようになった。

それを反映して、昭和四〇年（一九六五）ころから、全国各地の地方自治体において、自治体史の編纂が活発に行われるようになる。不幸なことに、戦前から戦後にかけての研究者の世代交代によって、椿井文書の存在もほとんど忘却されたころに、各地で古文書の悉皆調査が始まるのである。そのため、この事業のなかで次々と再発見された椿井文書は、あまり警戒されることなく活用されてしまう。

筆者がそうであったように、古文書学の鍛錬を多少積んでいれば、椿井文書の現物を見れば偽文書とだいたい気づく。しかし、これがいったん活字になると、偽文書が醸し出す雰囲気が大きく損なわれてしまう。しかも、自治体史というかたちで公的機関の刊行物に掲載されると、なおさら疑う余地がなくなっていく。

戦前の研究者たちが、幅広い時代と分野の史料を扱っていたのに対して、分野が細分化して限られた範囲の史料しか見ない、あるいは活字史料のみで現物は基本的に見ないという研究者が増えてくると、この問題は深刻度を増していく。その結果、椿井文書は史料が限られる古い時代の研究において重要な役割を果たすようになっていく。

とりわけ「興福寺官務牒疏」は、末寺が分布する自治体史では必ず中世史料として活用される。それどころか、平成五年（一九九三）発行の『福井県史』通史編一のように、末寺が分布しない地域ですら引用されている。そのため、「興福寺官務牒疏」の引用事例を拾いはじめると収拾がつかなくなるので、それ以外の椿井文書を引用した自治体史に限定して表6に一覧とした。

これをみても明らかなように、高度経済成長期から現在に至るまで、椿井文書はコンスタントに利用されてきている。表6によると、筆者が椿井文書の研究を始めて以降は、さすがに批判が加えられるようになってきているが、「興福寺官務牒疏」も含めると、平成二〇年（二〇〇八）とその翌年に発行された『愛東《あいとう》の歴史』第一巻・第二巻などで、なおも肯定的な利用が続けられている。

椿井文書がついつい利用されてしまう理由は他にもある。一般的に自治体史は、研究者だけではなく市民も対象としているため、編纂にあたって図版が豊富となるよう心掛けられる。椿井文書の絵図は、それに好適なのである。なぜそう言い切れるかというと、単に本文の挿絵として用いられるだけでなく、『太子町誌』で見返しのカラー図版に使用されているように、明らかに見栄えがするものと認識されているからである。そのほかにも、『京都府田辺町史』ではロ絵の折り込み図版に二点使用されるのをはじめとして、『井手町の古代・中世・近世』では表紙とロ絵のカラー図版に、『近江町史』と『和束町史』第一巻ではロ絵のカラー図版に採用されている。以上のように、再発見された椿井文書は自治体史を彩る適材となった。

	1986	『久御山町史』第1巻	山城国郷士家名、玉城神社縁起
	1987	『田辺町近世近代資料集』	棚倉神社紀、朱智牛頭天王宮紀牒疏、佐牙神社本源紀
	1987	『山城町史』本文編	狛左京亮殿古書、松尾神社縁起、北吉野山神童寺縁起
	1987	『野洲町史』第1巻	筒井順興安堵状
	1988	『栗東の歴史』第1巻	金勝寺図略
	1988	『加茂町史』第1巻	瓶原井手之記
	1989	『近江町史』	冨永山歓喜光寺絵図、牛頭天王社縁起
	1991	『余呉町史』通史編上巻	椿井系図、柳ヶ瀬氏系図、鈴木氏系図
	1991	『多賀町史』上巻	新谷氏伝譜系図
	1995	『和束町史』第1巻	鷲峰山金胎寺絵図、瓶原揚水記
	1996	『長浜市史』第1巻	筑摩社並七ヶ寺之絵図
	1997	『伊吹町史』通史編上	勝井宮紀
	1999	『米原町史』資料編	筑摩大神之紀
	1999	『井手町の近代Ⅰと文化財』	井堤郷旧地全図
	2002	『米原町史』通史編	筑摩社並七ヶ寺之絵図
	2005	『近江愛知川町の歴史』第1巻	石部神社記
○	2006	『永源寺町史』通史編	玉緒郷市原野荘之絵図
○	2007	『近江日野の歴史』第5巻	金剛定寺縁起、東大寺三綱廻状
	2008	『近江八幡市史』第4巻	江陽八幡山古城絵図
○	2009	『近江日野の歴史』第2巻	摂取院蒲生系図、音羽古城全図

○は椿井文書と知ったうえで批判的に引用したもの

表6　椿井文書を引用する自治体史

年代	文献名	引用される主な椿井文書
1963	『交野町史』	安見家系譜、北田家所蔵系譜
1968	『枚方市史』第6巻	三之宮神社文書
1968	『太子町誌』	叡福寺伽藍図
1968	『京都府田辺町史』	筒城郷朱智庄・佐賀庄両惣図、観心山普賢教法寺四至内之図
1969	『城陽町史』第1巻	南山雲錦拾要、永禄九年四月三日着到状、荒見神社神官縁起
1972	『枚方市史』第2巻	西村家系図、上武家系図
1974	『宇治市史』2	清水系譜、清水氏系図、南山城大政所群名録大全
1974	『甲西町誌』	円満山少菩提寺四至封疆之絵図
1978	『宇治田原町史』参考資料第6輯	飯尾山医王教寺鎮守社祭事紀巻
1980	『宇治田原町史』第1巻	田原図
1981	『草津市史』第1巻	大般若寺絵図、宝光寺絵図、下の笠堂絵図、上の笠堂絵図
1982	『改訂大和高田市史』史料編	田宮家系図伝
1982	『井手町の古代・中世・近世』	井堤郷旧地全図、井手氏系図、南山城三郡諸侍着到連名付
1983	『八日市市史』第2巻	柿御園惣荘絵図
1984	『木津町史』史料篇I	栫山神社樫山寺縁起、吐師川原弁笠置仏河原着到状
1985	『安土町史』史料編2	奥石神社本紀

文献史学と絵図

土地相論などに際して描かれる実用目的の絵図は、どちらかというと文献史学の素材で、美術史学で取り上げられることはまれであった。したがって、椿井政隆が描く絵図に対しても、美術史学的な視点からの批判は極めて限られる。かといって、文献史学の研究者が絵画を見る専門的な教育を受ける機会もほとんどないので、自己で鍛錬を積むしかないというのが実情である。文献史学の研究者が中心となって編纂する自治体史に、椿井政隆が作成した絵図が掲載されてしまう傾向にあるのもそのためであろう。

同じく文献史学の研究者が中心となって編纂された『日本荘園絵図集成』下には、椿井政隆が作成した絵図が三点も紛れ込んでいる。同書の新刊紹介において瀬田勝哉《せたかつや》は、この絵図の実物を見れば、「一見して中世の絵図あるいはその写しといえるものでない事は判断がついた」という。このように、自己鍛錬に任されているがために、文献史学の研究者の間でも絵図を見る能力には雲泥の差が生じるのである。

『日本荘園絵図集成』で椿井文書の解説を担当した杉仁《すぎひとし》は、近世の文献史学を主として専門としている。その杉仁は、右の瀬田勝哉の批判に応えている。杉仁は、南山城に残る連名帳の類など、椿井文書一式を中世後期の伝承を近世初頭に記録して成立したものとみる。そしてその内容と一致する椿井文書の絵図を荘園絵図の最終段階と捉えるのである。とても受け入れられる主張ではないが、文献史学が絵図に対して十全な対応がとれていないことがよくわかる一例といえる。

荘園絵図を扱った論考も多数ある難波田徹《なにわだとおる》ですら、椿井文書の「北吉野山金剛蔵院神童教寺伽藍之図」（図33参照）について、中世の原図を近世後期に写したものと評価している。そのうえで、この絵図に描かれる石造物から、埋経の実態を読み取ろうとしている。難波田徹は、文献史学から出発し、考古美術の分野に進んだ研究者であるが、近世に偽作されたものとは気づかなかったようである。

周辺分野における絵図の活用

史料批判の方法を学生段階から徹底的に叩《たた》き込まれる文献史学の研究者ですら、右のような状態なので、絵図を扱う周辺の研究領域で椿井文書が用いられてしまうのもやむをえないのかもしれない。

景観復原を試みる歴史地理学の分野では、絵図が重要な素材となる。例えば谷岡武雄《たにおかたけお》は、「筒城郷朱智庄・佐賀庄両惣図」・「棚倉郷古図」・「井堤郷旧地全図」など、椿井政隆が作成した絵図を用いて、南山城の中世における景観の復原に挑む。谷岡武雄による絵図の調査は、南山城の自治体史が刊行される以前に実施されているが、それが可能となったのは京都府綴喜郡井手町出身であったためと思われる。その教え子で同郷の乾幸次《いぬいこうじ》も、これらの絵図を用いている。同じく教え子の西田彦一《にしだよしかず》も、出身地に近い津田山周辺における椿井文書を活用している。

そのほか吉田敏弘《よしだとしひろ》も、文亀《ぶんき》二年（一五〇二）九月一六日に作成されたとされる「柿御園惣荘絵図」と同日付の「諸封領配当之図」の二舗《ほ》の絵図を紹介し、「内容的に偽絵図と断ずる材料はない」とするが、これもまた椿井文書である。

高度経済成長に伴う開発の増加により、遺跡が破壊されていくなか、それを記録保存した報告書の刊行も増加の一途をたどる。主として考古学の立場で編集したそれらでも、史料批判がなされることなく、椿井文書がしばしば用いられてしまう。これもやむをえない側面はあるが、教育委員会が発行して公的な裏付けを与えてしまうという点で、自治体史と共通する問題がここには含まれる。例としては、「田原図」（『文化財百選』・『宇治田原町《うじたわらちょう》遺跡地図』）や「筑摩社並七ヶ寺之絵図」（『筑摩湖岸遺跡発掘調査報告書』）、あるいは「音羽古城全図《おとわこじょうぜんず》」・「長寸郷《ながすごう》奥津野保左久良十七郷摠絵図」・「八葉山蓮華教寺之絵図《はちようさんれんげきょうじのえず》」・「龍護西中山金剛定寺伽藍之絵図《りゅうごさいちゅうさんこんごうじょうじがらんのえず》」（『日野町内遺跡詳細分布調査報告書』）などがあげられる。このうち「八葉山蓮華教寺之絵図」に至っては、文化庁の報告書でも「この絵図の祖本は鎌倉時代延応《えんおう》元年（一二三九）以前の成立で、それを正慶《しょうけい》二年（一三三三）と慶長十四年（一六〇九）に写し改めており、本図はその慶長十四年の写本と認められるが、比叡山別院蓮華寺の往時の威勢を示す史料として貴重である」とされる（『湖東地方の文化財』）。そのため、ついつい引用してしまうのだろう。

絵図を掲載する事例に限らなければ、報告書における椿井文書の引用はあげるときりがない。なぜなら、埋蔵文化財や建造物などの報告書冒頭では、地域の歴史的環境をまとめるのが常だが、周辺に「興福寺官務牒疏」に掲載される寺社があったり、式内社などに関する椿井文書が伝わっていたりすれば、大概は肯定的に引用されるからである。わずかに、滋賀県教育委員会による『重要文化財飯道神社本殿修理工事報告書』で、「椿井家古書目録」【123】の「飯道寺図」に該当する「池原荘《いけがはらのしょう》金寄山《こんきさん》飯道寺之図」などの一連の椿井文書を、木津から出てきた偽文書とする例がある［図44］。これは、戦前の肥後和男による指摘を踏まえたもので、こういう事例をごくまれに目にすると救われた気になる。

美術史の学芸員が関与するためか、椿井文書の絵図が公立博物館等で展示されることは比較的少ない。もちろん皆無というわけではなく、昭和六〇年（一九八五）に「円満山少菩提寺四至封疆之絵図」が滋賀県立琵琶湖文化館で展示されたのをはじめ、叡福寺の「建久四年古図」が平成一二年（二〇〇〇）に太子町立竹内《たけのうち》街道歴史資料館で、平成二〇年に大阪市立美術館で展示された例もある。

地方自治体ではないが、大学が椿井文書にお墨付きを与えてしまう例もある。昭和四〇年（一九六五）ころに京都市内からの移転計画が始まり、昭和六一年に開校する同志社《どうししゃ》大学京田辺キャンパスは、あの普賢寺谷に所在する。その開発に先立つ都谷《みやこだに》中世館跡や下司《げし》古墳群の発掘調査報告書では、椿井文書が引用される。

昨今の大学といえば、地域貢献が重要視される。同志社大学でも、地元の観音寺における発掘調査や、椿井政隆が金胎寺（京都府和束町）を描いた「鷲峯山都繖遮那院大龍華三昧教寺全

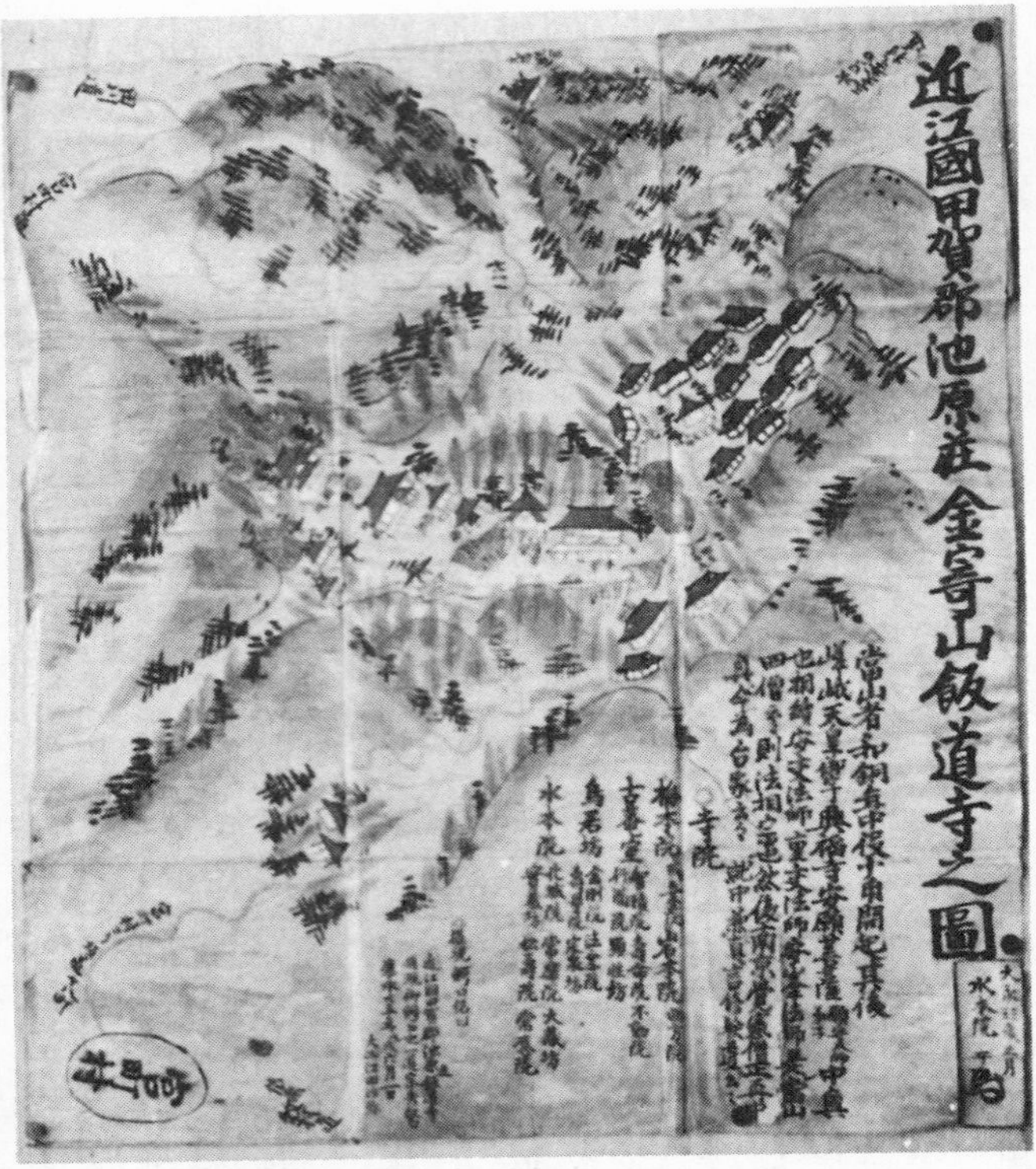

図44　「池原荘金寄山飯道寺之図」（『重要文化財飯道神社本殿修理工事報告書』）

図」の詳細な調査を実施している。本来は南山城をフィールドとしていない研究者たちによる取り組みのため、予備知識がないまま椿井文書を利用するという結果になってしまうようである。

3　椿井文書を用いた研究

従来の動向

中小の古代・中世寺院を扱った研究は、頼るべき文献も少ないため、おのずと「興福寺官務牒疏」を引用してしまう。そのような研究は枚挙に遑《いとま》がないが、ここでは多数の寺院を扱ったがゆえに多用する結果となってしまった事例として、古代を対象とするたなかしげひさと大坪《おおつぼ》秀敏《ひでとし》の研究、および中世を対象とする『中世大和国寺院に関する調査研究』をあげるにとどめておく。

中小の神社を扱った研究についても、同じことがいえる。例えば、式内社を扱った志賀《しが》剛《ごう》の研究や『式内社調査報告』などは、椿井文書と気づかないまま多くの部分で依拠する結果となっている。式内社は、古代における地方支配の一環で設けられた制度であるため、式内社が所在する場は、その地域における中核的な場ということになる。その考えに基づき、現在の比定地を所与の前提として、古代の地域社会を復原する研究をしばしば目にするが、より慎重となる必要があるだろう。

他方、『神道大系』の編纂において近江国を担当した宇野茂樹《うのしげき》は、縁起を採訪するにあたって椿井文書を多く目にしたと述べている。このように椿井文書の存在に気づきながらも、一概には切り捨てがたいものだともいう。実際、同書には椿井政隆が作成した縁起が多数収録されているが、いずれが椿井文書であるかは明記されていない。活字化されることによって、椿井文書独特の怪しげな雰囲気もずいぶんと薄まっているので、これでは知らず知らずのうちに活用されかねない。

また「興福寺官務牒疏」には、奈良時代の僧で東大寺の開山である良弁が多く登場する。そのため、筒井英俊《えいしゅん》や川勝政太郎《かわかつまさたろう》などの良弁を対象とした研究でも頻用されてきた。同じく奈良時代の僧で、加賀の白山《はくさん》を開山したと伝わる泰澄《たいちょう》も、「興福寺官務牒疏」に頻出する。ゆえに山岸共《やまぎしともに》などが白山信仰の研究で活用している。

椿井政隆は、「井堤郷旧地全図」の存在からも明らかなように、橘諸兄にも強い関心を寄せていた。よって、椿井文書には橘氏に関する情報も多く盛り込まれる。それらが、胡口靖夫《こぐちやすお》や義江明子《よしえあきこ》などの橘氏研究で活用される結果となっている。

古代氏族の研究では、継体天皇の擁立に深く関わったとされる息長氏を扱う際にも、椿井文書は活用されてきた。息長氏は近江国坂田郡にいたとされる氏族で、その研究においては、『古事記』や『日本書紀』にみえる山代之大筒木真若王《やましろのおおつつきまわかのみこ》―迦邇米雷王《かにめいかずちのみこ》―息長宿禰王《おきながのすくねのみこ》―息長《おきなが》帯比売命《たらしひめのみこと》という四代の系譜が重視される。なぜなら、ここにみえる息長氏の源流たる息長帯比売命が、神功皇后《じんぐう》に該当するからである。

例えば、黒沢幸三《くろさわこうぞう》は、普賢寺の山号が息長山で、朱智神社の祭神が迦邇米雷王であることに着目して、ここが息長氏のゆかりの地であると考え、のちにこの地で継体天皇が筒城宮を営んだこととの関係性を見出そうとした。しかし、山城国綴喜郡との関係性をうかがわせる山代之大筒木真若王という名前に着目し、その息子の迦邇米雷王が朱智神社の祭神だと「興福寺官務牒疏」をはじめとするあらゆる椿井文書に記したのは、ほかならぬ椿井政隆である。そこからさらに椿井政隆は、記紀の系譜で迦邇米雷王の子孫にあたる息長氏を普賢寺谷で活躍させ、当地の観音寺には「息長山普賢寺」との名称も与えた。よって、息長氏が南山城にもいたとする史料は全て椿井文書である。

しかし、この黒沢幸三の研究は、塚口義信《つかぐちよしのぶ》によってさらに発展させられることとなる。塚口義信は、普賢寺の山号が息長山で朱智神社の祭神が迦邇米雷王であるという黒沢幸三の説を踏襲しつつも、さらに普賢寺の下司家の祖先が息長氏であるという椿井政隆が作成した系譜も引用する。また、迦邇米雷王が相楽郡山城町綺田《かばた》の旧名蟹幡《かんはた》と音通し、その妻である高材比売《たかきひめ》も綴喜郡高木村と音通すると指摘する。このように、南山城の地名に由来する名が周囲に多くみえるという補強材料を揃《そろ》えて、息長氏の所在を坂田郡のみに限定する通説に批判を加える。山城との関係性を考慮に入れない息長氏研究に対しては、「近江坂田郡以外の息長氏の問題が捨象されており、その考察は空振りに終わっている」と厳しく論断するのである。

しかし、塚口義信があげた論拠のうち、椿井文書を取り除いて記紀に立ち返って改めて検討すると、次のようなことが指摘できよう。蟹幡に所在する寺が「幡」がマンとも読むことから蟹満寺《かにまんじ》となり、それと迦邇米雷王が音通すると主張するが、本来の地名カンハタとカニメの間には違いがありすぎるのではなかろうか。加えていうならば、記紀の同時代に登場する苅幡《かりはた》戸《と》辺《べ》という女性の「苅幡」も、一般には蟹幡が語源とされるが、カリハタとカニメにも発音の違いがありすぎる。また、高材比売が高木から来ているとするのも、高木が広く普遍的にみられる地名であるだけに強引な気がする。結局のところ、周辺で音通しそうなものを集めてきたという感は否めない。このように椿井文書による補強を外すと、俄に根拠が薄弱に見えてきてしまうのである。

ところが、椿井文書がたしかな古文書と考えられていたため、塚口義信の説はかなりの信憑性が伴っていると誤解されてきた。例えば若井《わかい》敏明《としあき》は、「南山城における息長の検出は、塚口氏の重要な業績のひとつである」と述べる。また、住野《すみの》勉一《べんいち》も「興福寺官務牒疏」という「有力な文献史料を手がかりにしたこの結論は、重い」と評価する。横田《よこた》健一《けんいち》も、「興福寺官務牒疏」や「朱智牛頭天王宮流紀疏」を引用しながら、塚口説をそのままに展開している。

かくして、南山城に息長氏がいたとする学説が文献史学のなかで定着すると、周辺の研究分野にも影響を与えるようになる。その典型の一つが、普賢寺谷の観音寺に伝わる国宝の十一面観音像を対象に、美術史学の立場から分析した井上一稔《いのうえかずとし》の研究といえる。そこでは、塚口義信の説を援用して、造像の背景に息長氏の存在が措定されている。

近年の動向

椿井文書に関する研究を発表して以降、筆者は諸方面の反応についても注視してきた。偽文書を図らずも使ってしまうという点に、歴史学が抱える現代的な課題を見出せるのではないかと考えたからである。

例えば自治体史については、『永源寺町史』を初見として、椿井文書を偽文書として扱うものが登場する。その一方で、なおも椿井文書とは知らずに引用する自治体史もしばらくは刊行された。あるいは、椿井政隆が作成した絵図が、琵琶湖の湖底に沈む村の姿を描いているとして、重点的に扱うシンポジウム・特別展も開催された（『湊・舟、そして湖底に沈んだ村』）。とはいえ、全体的には行政が椿井文書と知らずに使用する事例は減りつつあるし、田中淳一郎《たなかじゅんいちろう》・宮崎幹也《みやざきみきや》・上田長生《うえだひさお》・向村九音《さきむらちかね》などによって個別の椿井文書に関する検証も進められるようになってきた。

他方、椿井文書であるという事実を踏まえたうえで、その内容は史実を反映しているという批判も少なからず出てきた。

例えば小泉芳孝《こいずみよしたか》は、筆者が椿井文書に比定した「筒城郷朱智庄・佐賀庄両惣図」について、絵図のなかの「大筒城佐賀冠者殿旧館地《おおつつきさがかじゃどの》」に該当する部分の発掘調査で、建物遺構が出土したことを根拠に、偽絵図ではないと繰り返し反論を寄せている。「大筒城佐賀冠者」の実在性も、建物遺構が同氏の館であることも何ら証明されていないにもかかわらずである。そもそも、京都周辺の交通の要所で発掘調査をすれば、何かしらの建物遺構が出てくるのは当然のことである。

また、同じ絵図について村上泰昭《むらかみやすあき》は、椿井政隆が徹底的に現地調査をして、それを絵図に反映させたと主張する。一例をあげると、絵図に「鳥居」とは記さずに「華表《かひょう》」と記したのは中国の牌楼《ぱいろう》を意識したからで、この牌楼と三輪《みわ》鳥居は形式が同じである。そして、絵図が対象とする普賢寺谷の観音寺と大和の三輪大社《みわたいしゃ》（現在は聖林寺《しょうりんじ》）には、奈良時代を代表する十一面観音像が残る。したがって、「華表」という表記は、地元の口伝を忠実に記録したものなのだという。筆者がこれまで近世文書をみてきた限りでは、「鳥居」と「華表」はとくに区別することなく使用しているように思われるので、右の説には従いがたい。

ここで重要なのは、小泉芳孝・村上泰昭の主張そのものではなく、椿井文書が偽文書だと指摘されると、なぜ並々ならぬ努力を費やしてまでそれを否定しなければならないのかということである。興味深いことに、椿井文書に信憑性を与えたがる人々は、普賢寺谷が所在する京田辺市在住という点が共通する。形あるものには残されていないが、口頭で筆者を厳しく批判してきた方々も、揃って京田辺市在住であった。

椿井政隆が最も力を注いだ地域ということもあって、分量という面だけでなく、近世段階から積極的に受容していたという歴史的な面でも、京田辺市における椿井文書の濃度は極めて高い。そのため、地元の歴史を語るうえで欠かせない史料となってしまっているのである。昭和三一年（一九五六）に発足した田辺郷土史会（現京田辺市郷土史会）が毎年発行している会誌『筒城』をみても明らかなように、古くから郷土史への関心が高い地域であり、そのなかで椿井文書も頻繁に用いられてきた。それに同調して、多くの研究者が椿井文書を正当な文書として用いてしまった。もはや、椿井文書を用いた語りそのものも、歴史の一部となっているのである。

よって、椿井文書を否定することは、アイデンティティーを否定することにもなるため、自己を保つために激しい批判をするのであろう。このように根深い問題となってしまった要因は、「東日流外三郡誌」の問題と同様に、一部の研究者たちが一度は椿井文書を正当な文書と扱ってしまったことにも求められる。

椿井文書を用いた研究者の反応

では、普賢寺谷の椿井文書に一定の正当性を与えてしまった研究者たちは、どのような反応をみせたのであろうか。平成二四年（二〇一二）に塚口義信は、筆者の説に触れたうえで、次のような主張を展開している（塚口義信「佐紀盾列古墳群の謎をさぐる」）。

しかしながら、仮に『興福寺官務牒疏』がそのような性格の文書であったとしても、「息長山」の山号が地域の地名に基づいている可能性は依然として捨て切れないと考えているⒶ。もしこの推測が是とされるならば、椿井政隆はこうした地域の地名や『神名帳考證』などを参考にしながら、息長某の名前やそれに関連した文書を作成した蓋然性《がいぜんせい》が高いことになる。偽文書の制作の仕方として、そのすべてを机上で捏造《ねつぞう》するのではなく、より真正文書らしく見せかけるために、その地域の地名や伝承をたくみに利用しながら作成するといった手法を用いる場合の方が、むしろ多いと思われるからである。そのことは、現・朱智神社に関連する文書がいわゆる椿井文書であると推測されるにしても、朱智神社そのものまで椿井文書によって創作された架空の神社であるといえないことと同様である。なお念のためにいうが、朱智神社は九二七年に撰進《せんしん》された『延喜式』に登載されており、確実に古代に存在していた。

ただ息長山の場合は朱智神社と事情が異なり、それが古代に存在していたことを証明する他史料がないため、その存在が疑われているのである。しかしながら、証明する他史料がないことが、ただちに「捏造の証」となり得るわけでもない。息長帯比売命の祖先とされる山代之大筒木真若王や迦邇米雷王、高材比売（『記』による）などの名が山城南部の地名に由来していること、息長帯比売命の陵墓が山城南部と接している佐紀盾列《さきたたなみ》に所在すると伝えられている（『記』『紀』による）こと、山城の地域が息長帯比売命の物語の舞台の一つとして登場していること、いま問題としている息長を冠する人名を除くと、いわゆる神功伝説の中に息長公氏が本拠とした湖北のことが全く見えず、近江息長氏との本来的な関係を想定しがたいこと、などからすると、息長帯比売命や息長日子王《ひこのみこ》の息長もまた山城南部の地名に由来している可能性が大きいと思料されるのである。このことに上掲Ⓐの推測を重ねてみると、古代の山城南部に息長の地名が存在していた蓋然性はやはり高い、といわねばならない。

偽文書を創るときには、本物らしく見せかけるために地名や伝承をたくみに利用するので、椿井政隆が調査結果をもとに観音寺に「息長山」なる山号を与えたというのである。このような希望的な観測が成り立ちがたいことは、すでにここまでも論じたとおりである。「証明する他史料がないことが、ただちに『捏造の証』となり得るわけでもない」ともいうが、このようなことをいい出したら、否定材料さえなければ何を主張してもよいということになり、もはや歴史学として存立しえない。

ただし、塚口義信は右の引用文に続けて、「とはいえ、『息長山』に少しでも疑いがかけられている以上、『真理の探究はより真といえるような事柄から出発しなければならない』とするルネ・デカルト流の考え方をモットーとしている私としては、この『息長山』を研究の出発点の一つとすることは信条に反する」と述べる。つまり、「息長山」を出発点とする右の引用文は、その直後に自ら否定されるのである。換言すると、右の引用文では、自らの信条を曲げてまでして、自己弁護をしていることになろう。南山城における息長氏の「発見」が、塚口義信の主要な研究実績であるだけに気持ちはわからなくもない。京田辺市の人々と同様、一度椿井文書を使って持論を展開してしまうと、容易に修正できないのである。これもまた、疑いを持たれつつも椿井文書が受容されてしまう要因の一つといえよう。

それもあって、塚口義信の説はなおもその存在意義を残している。例えば、塚口義信の説を援用した井上一稔は、平成二六年（二〇一四）に筆者の論考に触れて、次のように述べている（『研究発表と座談会　上代南山城における仏教文化の伝播と受容』）。

私も馬部さんの論文を読ましていただきましたが、『興福寺官務牒疏』に出てくることはすべてだめなんだ、という流れになってしまうのがちょっと怖いなとも思うのです。例えば、観音寺に関して、これは塚口先生の論文にでてきますけれども、古事記に山代之大筒木真若王と迦邇米雷王という系譜がありますす。この山代之大筒木真若王には地名が入っているので、筒木宮があったところから取った名前だろうということをうたっているわけですよね。息長氏がここに出てくる息長帯比売に通ずる系譜がここにあるわけで、また、迦邇米雷王の妻が高材比売で、高材はやっぱり筒木の近くの地名なんだ、と塚口先生はおっしゃっているわけですよね。そういうことからしますと、官務牒疏に書いてあるからすべてもうその考察の対象から外してしまう、ということはちょっとどうかなという感想を個人的には持っているんですけれども。

椿井文書の一部が記紀と一致するから、それ以外の部分も史実である可能性があると主張したいようである。しかし、記紀等の史書と一致する記述を盛り込むことによって、それ以外の偽作部分を信じ込ませるのが椿井政隆の狙いであって、椿井文書にしか出てこない情報というのは、偽作である可能性が極めて高い。ゆえに、椿井文書を用いることなく、記紀等の確実な史書に立ち返って研究をすればよいのではなかろうか。

椿井文書に一定の正当性があると考える研究者に共通する主張は、椿井政隆が伝承などを徹底的に調査したうえで、その成果を文書上に反映させたというものである。ところが、本書で紹介してきたような調査の実態そのものについては、いずれの論者も検討に及んでいない。律儀に調査成果を記しながらも、なぜ虚偽の年代を記し、架空の人物による作とするのかということについても、明確な回答は出していない。偽文書を創る者にそのような親切心はおよそないので、偽文書から伝承を抽出することは困難を極めると考えるべきであろう。

終章　偽史との向き合いかた

椿井文書はなぜ受容されるのか

椿井文書は、なぜ、かくも広く受容されてきたのであろうか。ここでは、各章ごとの結論から右の設問にそれぞれ回答を出しておきたい。

第一章では、偽文書研究の現状や椿井文書の概要について説明した。研究者は、偽文書の存在に気づいても、それを分析することには、研究上はあまり意味がないため、黙殺することで自身の立場を表明する。研究の蓄積に伴って、古代・中世・近世・近現代という時代区分に基づく研究者の棲み分けがなされると、黙殺したという情報は、研究者全体では共有されにくくなる。それとともに、近世や近代にその地域で起こっていたことを気にしないまま古代・中世を直視したり、地域に残された古文書全体をみることなく古代・中世の活字史料だけに頼ってしまったりする研究者が増加の一途をたどる。その結果、椿井文書が偽文書であるという情報が一方で把握されながらも、それを知らないまま椿井文書を活用する研究が続発することとなった。

第二章では、椿井政隆の着眼点や椿井文書の作成手法などについて述べた。椿井政隆は、対象となる地域で系図をいくつか手がけると、ある合戦に着到した者たちなどの人名を連ねた連名帳を作成する。その際、系図上の人名と連名帳の人名を年代的にも符合させ、相互に関係を持たせることで両者の信憑性を高めるのである。さらに、寺社の縁起や史蹟の由緒書を作成したうえで、それらの寺社・史蹟や系図を持つ家々などを絵図のうえに集約して表現する。このようにまとめられた各地域の歴史は、興福寺の末寺リストとされる「興福寺官務牒疏」で改めて総括される。これによって、遠隔地の歴史が相互に関係するうえ、興福寺の古文書と合致するという誤解もなされ、さらなる信頼を得てしまうのである。以上のように、椿井政隆はあらゆるジャンルの史料を複雑に関係づけることで、偽文書に信憑性を帯びさせていたのであった。しかも、椿井政隆は村と村が対立しているところに出没し、論争を有利に導くような偽文書を作成することで村々の欲求に応えていた。これも、椿井文書が受容されてしまう理由の一つといえる。

第三章では、椿井文書の流布の仕方について、二つの系統それぞれの実態を論じた。例えば絵図の場合、新しい紙や絵の具では疑われるので、中世以来の幾度かの模写を経て椿井家に伝わったものを、最終的に椿井政隆が模写したという体裁で頒布している。そのため、近世に流布したものには近世後期の模写年代が記される一方で、椿井家に残る原本にはそれが記されない場合が多い。近代に入ると、椿井家から今井家に質入れされたその原本が販売されるようになる。椿井政隆本人ではなく第三者の今井家を通じて流出したことによって、一定の客観性を持って広く受け入れられてしまうのである。また、椿井文書の分布状況からは、知識人の多い都市部を避けていることもみてとれる。これも、椿井文書であることが露呈しにくくなっている要因の一つであろう。

第四章では、椿井文書が受容される思想的な背景について述べた。椿井政隆は、椿井文書を作成する際に、地誌や記紀などのよく知られる基本文献と内容を合致させることによって、信憑性を確保しようとする。また、当時の国学者の例に漏れず、椿井政隆も南朝の歴史や式内社に関心を持って、それに関わる椿井文書を積極的に作成した。近代に入ると、南朝や式内社が社会的に重視されるようになるため、椿井文書も積極的に受け入れられる結果となる。そのほか椿井文書が受容される背景として、地誌の『五畿内志』を踏まえて作成している点があげられる。『五畿内志』が世間に浸透すると、それを擁護する動きと批判する動きの二つの潮流が生じることとなった。前者は、『五畿内志』を肯定的に用いることで、名所づくりを進める動きと重なっていく。それに対し、『五畿内志』の批判からは何ら利益が生まれないため、その説が地域のなかで受け入れられることはなかった。結果、『五畿内志』を擁護する動きが主流となり、その内容に即した椿井文書も受け入れられることとなる。

第五章では、椿井文書が社会に与えた影響についてみてみた。例えば、国家神道化に伴って式内社を顕彰する熱が高まった時期と流出した時期が重なったため、椿井文書が広く受容された様子が確認できた。また、近世後期の身分上昇志向に基づいて作成された椿井文書が、近代の士族編入運動にそのまま使用されたため、以後も重要な古文書として扱われる結果となった。そのほか、研究者が積極的に用いたり指定文化財になったりすることで、椿井文書は市民権を得て、活用の幅は飛躍的に拡大することとなった。

第六章では、椿井文書が歴史学のなかでどのように扱われてきたのか、時系列に沿って整理した。その結果、戦前までの研究の積み重ねのなかで、椿井文書の存在は比較的周知されていた事実が明らかとなった。ところが、戦前と戦後で歴史学が断絶するなかで、次第に椿井文書の存在が忘却され、結果としてそれを活用する研究者も出てきてしまう。とりわけ、自治体史などの公的機関による活用が、椿井文書の信憑性を高めていった。また、近年の動向からは、一度椿井文書を研究で使用してしまうと、そこから脱却することが困難となってしまうことが確認できた。椿井文書が受容されてしまう原因は、このような心理的要素にも求められる。

以上のように、あらゆる必然と偶然が重なって、椿井文書をついつい受容してしまう構造ができあがってしまったのである。その結果、様々な問題が引き起こされたが、本書で示した内容が共通の理解となれば、椿井文書の扱われかたもまた変わるのではないかと期待している。

椿井文書は特殊事例か

椿井文書は、かなり大がかりな事例ではあるが、その供給量に見合うだけの需要が、当時の社会には存在したと想定することもできよう。実際、第一章でも述べたように、近世にはたわいないものまで含めると、偽文書は無数に存在する。その意味では、椿井文書は必ずしも例外的な存在ではない。

また、近代以降の偽史の受容についても、類例はありうるのではないかと思われる。研究者は、怪しげな史料を黙殺することで自身の態度を示すが、椿井文書のようにいったんは黙殺されながらも、いつしか復権してくるものもある。本来ならば、それを防ぐのも歴史学の役割と思われるが、椿井文書に基づく偽史が地域に定着する過程で、歴史学はむしろ復権に助力していた。それを反省し、今後のあるべき姿を模索するには、偽史が復権し定着していく事例を集めて、その傾向を把握しておく必要もあるかと思われる。これによって、今後似たような状況が訪れた際に、歴史学が進むべき方向性も示せるであろうし、それが一般に広まれば、市民の注意も喚起しうるからである。

研究者が黙殺するのは、史料に限ったことではなく、例えば怪しげな偽りの「伝承」の類も黙殺するのが常である。そのような「伝承」が定着する過程について、筆者が枚方市で分析した事例を三例ほど簡単に紹介しておきたい。

例えば、河内国交野郡楠葉村の交野天神社は、継体天皇樟葉宮《くずはのみや》跡伝承地として大阪府指定史跡となっているが、この「伝承」は明治一〇年（一八七七）前後に楠葉村の今中五郎《いまなかごろう》が創作したものである。その直接的動機は、桓武天皇が天神を祀った場という交野天神社が近世から用いていた由緒を、近隣の片埜神社が横取りして社格を上昇させたことにある。それに対抗して交野天神社の社格上昇を図るため、今中五郎は桓武天皇から継体天皇に由緒の軸足を移した。そして、より受け入れられやすい由緒となるように、今中五郎はその筋書に何度も何度も推敲《すいこう》を加えており、いつしか定着するようになった。

一方、片埜神社の元境内地には、蝦夷《えみし》の首長アテルイの首塚なるものが登場する。毎晩のように夢枕に立つ人物を気に掛けていた女性が、河内国でアテルイが斬殺《ざんさつ》されたという情報を得て、昭和五〇年（一九七五）ころに元境内地の公園にあった塚状のものを祀ったのがそのはじまりである。のち、昭和五四年に新聞報道されたことが契機となって、徐々に広まっていった。

そのほか枚方市から交野市にかけては、七夕伝説なるものも広まりつつある。昭和三四年（一九五九）に中山観音寺跡を発掘調査した片山長三は、それまで何ら伝承のなかった「牛石」について、近くに天野川《あまのがわ》が流れるため「牽牛石《けんぎゅうせき》」である可能性を示唆する。牛のかたちをした石が、人のかたちをした彦星に置き換えられたわけである。ちょうど対岸に、織姫《おりひめ》との関与をうかがわせる機物《はたもの》神社が存在するのもその根拠となっている。ただし、機物神社はもと「はたほこ大明神」と称しており、『五畿内志』を初見として七夕の由緒があるかのような扱われかたをされるようになった。地元には、七夕の由緒を記した織田信長の印判状のほか、明智光秀・豊臣秀吉から与えられたとされる古文書も伝わっているが、これらは明らかな偽文書である。このように機物神社では近世から動きがあるものの、実際に七月七日に例祭が行われるようになるのは昭和五四年からで、それ以外の七夕伝説も共鳴するかのように昭和末から平成にかけて勢いを増しながら広まっていった。

右の三例から第一に指摘しうるのは、枚方・交野両市のホームページをみても明らかなように、定着した偽史は町おこしに使われているという点で共通することである。事実か否かということよりも、町おこしに使えるか否かということこそが、定着するかしないかの第一の岐路となるらしい。『五畿内志』をめぐる議論では、いくら否定派が正論を述べようとも、町おこし的な使われかたをする場合は肯定派がおのずと優勢になった。この構図は、今も昔もあまり変わらないようである。

そして、第二の共通点は、素人目にもわかりやすい、それらしい根拠があるということである。例えば、継体天皇が楠葉のどこかで即位したことは、『日本書紀』で裏付けられる。そして交野天神社は、楠葉の神社という意味で「樟葉宮」と呼ばれていた。これは即位地の名残に相違ないとなるわけである。また、『日本紀略』には、アテルイ斬殺地を「河内国植山《うえやま》」と記す写本もある。そして河内国交野郡宇山《うやま》村は、近世初頭には「上山《うえやま》村」と称していた。これらがつながって、宇山がアテルイ斬殺地だと信じ込まれてしまう。さらには、『伊勢物語』によると在原業平《ありわらのなりひら》が天野川沿いで七夕の歌を詠んでいるので、古代の北河内に多くいた渡来人が七夕伝説を伝えたのだと推測される。そして、牽牛石と機物神社の間を流れる天野川には、彦星と織姫が一年に一度会うという逢合橋《あいあいばし》もあるので、これこそ動かぬ証拠だといわれるわけである。三例ともに、聞くと思わず納得する論証の過程がある一方で、研究者でしか理解できないような複雑なものではなく、人口に膾炙《かいしゃ》するようなほどよいわかりやすさがある。それを備えているか否かが、偽史が活用されるか否かの第二の岐路となる。

なお、今中五郎は、推敲を重ねるなかで樟葉宮の場所をたびたび変更しているので、現在の「伝承地」はもとより地元にあった伝承を伝えたものではない。また、「河内国植山」は誤写で『日本紀略』の最も古い写本には「河内国椙山《すぎやま》」と記されているうえ、アテルイの首塚が所在するのは旧宇山村ではなく隣の旧坂村である。さらにいえば、『伊勢物語』はむしろ地上を流れる天野川に七夕伝説が伝わっていなかったことを明示している。地上の天野川にちなんだ歌を詠めと惟喬親王にいわれた在原業平は、七夕の歌を詠んだ。それを聴いた惟喬親王は、意表を突かれて返歌を返せなかった。つまり、当時から、地上の天野川と七夕伝説には関係性がなかったのである。しかも、逢合橋は融通念仏宗《ゆうずうねんぶつしゅう》の法明《ほうみょう》上人と石清水八幡宮の使者が互いにばったり出会ったという伝承にちなんで名付けられた橋で、男女の出会いとは無関係である。

そして第三の共通点は、大半の研究者は黙殺するが、一部の研究者が拾いあげるという点にある。例えば、樟葉宮跡伝承地は、考古学的には何ら出土していないという指摘が報告書等で頻繁にみえる一方で、境内入口には、京都帝国大学教授で考古学者の浜田耕作が「樟葉宮旧蹟」と揮毫した石碑が昭和二年（一九二七）に建立されている。アテルイの首塚については、京都女子大学教授で古代史研究者の瀧浪貞子《たきなみさだこ》が、平成三年（一九九一）に一般書で、平成六年に事典で、その存在を広く周知している。また、平成一九年にアテルイの首塚に建てられた石碑には、関西外国語大学教授で考古学者の瀬川芳則《せがわよしのり》が撰文を寄せている。片山長三によって「牽牛石」と名付けられた石については、昭和四七年（一九七二）発行の『枚方市史』第二巻において、大阪大学教授で古代史研究者の井上薫《いのうえかおる》が詳細に説明している。これらの説を引用するなど同意を示す研究者はほぼいないが、一部の研究者によるお墨付きの有無が、定着するか否かの第三の岐路となるようである。

そして、ここまでくると、行政が町おこしに活用するのは時間の問題となる。なぜなら、否定してしまっては、町おこしに活用しようとしている市民感情を逆なですることになってしまうからである。どのような偽史でも、インターネットが普及したことによって、それらしいものとして広く伝えることが容易になったのも大きい。こうして、第四の岐路ではほぼ選択の余地がなく、後戻りしがたい道程を突き進むこととなる。なぜなら、行政が偽史にお墨付きを与えることで、いわば公認されてしまうからである。

以上の四つの岐路については、椿井文書が受容される構造とほぼ同様といえるだろう。

歴史学と偽史の関係

こうしてみると、第三の岐路で研究者がいかに歯止めをかけるかが、極めて重要なことのように思えてくる。ここで偽史を拾いあげる研究者たちには、必ずしも悪意があるというわけではなさそうだが、その場限りのリップサービスに近いものもみられる。しかし、右の三例と椿井文書の事例を並べれば明らかなように、そのような行為はのちに禍根を残すのみである。

最近は、直接的に「役に立たない」と思われている人文系の学問が、社会的にも軽視される傾向にある。かつては、歴史学を学んだ小中高の教員などが、地域史にも積極的に関わっていて、最新の研究を地域に伝える媒介者ともなっていた。ところが最近は、忙しさのあまりそのような教員は減る一方である。このように歴史学を支えてきた基盤は、相対的に弱体化しつつある。その反面、歴史を観光や教育に積極的に活用しようという動きは、活発になる一方である。このような社会状況と偽史の受容は、必ずしも無関係とは思えない。

筆者の卑近な経験ばかりで申し訳ないが、その一例を紹介しておく。市制六〇周年記念の一環で、枚方市教育委員会が平成二〇年（二〇〇八）に発行した小学生向けの副読本『発進!! タイムマシンひらかた号』には、アテルイの首塚や七夕伝説、そして王仁墓に関する椿井文書なども登場する。枚方市役所では、歴史的な内容の記述がある場合は、市史資料室がチェックする習わしになっていたので、筆者も立場上、この冊子について不適格な記述は全て書き換えるよう要望した。すると、編集を担当した指導主事は、「史実でなくてもいいから、子供たちが地元の歴史に関心を持つことのほうが大事」とこの冊子の編集方針を明言した。怒りは覚えたものの、正直なところをいうと驚きはあまりなかった。なぜなら、これはほんの一例で、何度も同じような苦い思いをしていたからである。チェックして、それが無視されて、市史資料室のお墨付きがついたというかたちで世に出ていく。これが繰り返されると、さすがに自身の無力さが情けなくなるとともに、こういう思いをしなくてもよいようにするためには何をすべきかと真面目に考えるようになる。その結果、偽史の研究に積極的な意義を見出すようになった。

椿井文書と出会って以来、右のような経験を積み重ねてきたこともあって、これからの歴史学のありかたについても、筆者なりに考えてきたつもりである。まだ、明確な結論が出るには至っていないが、先述の第三の岐路において、歴史学が世の中を誤った方向へ進まないように導いているということが広く理解されれば、人文系を軽視する現況も多少は変わるのではないかと淡い期待を持っている。そのためにも、研究者の方々には安易な発言を慎むようお願いしたい。

そして、第四の岐路を突き進む行政に歯止めをかけようとする愚直な研究者もいることを、世間の方々には知っておいていただきたい。筆者の仕事をみて、歴史学は世の中に必要だと感じていただければ、なおありがたい。なぜなら、筆者は歴史学の必要性をわかりやすく説明するために、偽史の研究に取り組んできたからである。その取り組みが是と認められるならば、偽史はただ黙殺するだけの対象ではなく、価値ある研究対象へと評価も改まるであろう。

椿井文書の史料的価値と今後の方向性

古代史研究者たちは、「興福寺官務牒疏」などの中世を装った史料が、伝承を踏まえているに違いないという楽観的な姿勢で用いていた。しかし、椿井政隆には伝承を忠実に伝えようとする意図など毛頭なかった。椿井政隆は史料の博捜に相当な努力を費やしたと思われるが、結局のところ椿井文書が踏まえているのは、少なくとも現在では意外と手に入りやすい情報が中心であった。したがって、安易に伝承を踏まえている可能性を示唆したり、中世史料として積極的に活用したりすることからは、手を引くべきであろう。

かといって、椿井文書に史料的価値がないというわけではない。従来は、内容に即して古代史研究や中世史研究に用いられてきたが、今後は椿井文書を近世史料として、あるいは近現代を分析する際の史料として活用するべきである。

では、近現代を分析する際にはどのような用法がありうるのか、その見通しを述べておく。他の偽文書と異なる椿井文書の特徴として、一般のみならず多くの研究者も信用してきたという点があげられる。この特徴を活かすならば、椿井文書が人々の生活のなかでどのような役割を果たしてきたのか、あるいは偽史がまかりとおる構造とはどのようなものなのか、といったことを分析する素材となりうるであろう。我々研究者が自覚的にみることで、歴史学の弱点も浮き彫りになるかと思われる。

次に、近世史料としての椿井文書の価値について見通しを述べておきたい。偽文書は近世社会で無数に創られたが、それらの多くは作成者もよくわからないたわいないものである。それに対して椿井文書は、作成者が特定できるうえ、サンプルとしての分量も膨大にある非常に稀有《けう》な存在といえる。そのため、本書でみてきたように偽文書を作成する際の手法が、かなり具体的に復原できる。しかも、広範囲に多く分布するため、創作の背景を比較するなど、様々な分析が可能である。

椿井文書は、人々がかくあってほしいという歴史に沿うように創られていたため受け入れられた。その意味では、近世の人々の精神世界を描く素材としての可能性も秘めている。椿井文書が近代社会で活用された要因は、椿井政隆の思想が極めて受け入れやすいものであった点にも求められる。そのような思想を復原的に考察していく作業も、椿井文書が膨大に残されているだけに充実したものとなるのではなかろうか。

そして、右の研究を推進するには、筆者もまだ全貌を把握していないことから、椿井文書のさらなる集積が不可欠となる。その作業にあたって懸念されるのは、偽文書と聞くと所蔵者が処分や封印をしかねないことである。そのため、これまでと同様、各地の研究者と連携しながら椿井文書の史料的価値を伝えるとともに、その博捜を継続していく必要がある。

昭和一〇年（一九三五）に、東京帝国大学は飯田三次のもとにあった椿井文書千点余を借用し簡易な目録は作成したが、そのうち研究にまだ使えそうと判断された「木幡庄《こはたのしょう》木幡寺浄名《じょうみょうじ》寺廟墳図」・「大和国中古城図」・「水口岡山《みなくちおかやま》古城」の絵図三点のみしか模写していない。そのほかの椿井文書は無視され、わずかに真正な文書と判断された永禄四年（一五六一）から元和八年（一六二二）までの「東大寺戒壇院登壇簡定言上状《かんていごんじょうじょう》」八点と、天保一五年（一八四四）の「薩摩芋《さつまいも》植付ノ記由之事」のみを影写して早々に返却している。昭和五七年（一九八二）にも、木津町史の編纂にあたって飯田家の椿井文書は写真撮影されているが、南山城に関係する一部のものしか対象とされていない。

こうして、飯田家に伝わった椿井文書の大半は、その価値が正当に評価されることなく黙殺されてきた。その結果もあって、最近、飯田家の椿井文書は流出しはじめているようである。幸か不幸か、そのうち八四点をこの文章を書いているまさに今、筆者の勤務先である大阪大谷大学が確保したが、椿井文書を収集する努力はこれからも継続していく必要があるだろう。

もちろん、近世史や近現代史だけでなく、内容が古代史や中世史であるだけに、その方面からの史料批判も欠かせない。しかも、単純な史料批判では済まないのが難しい。なぜなら、研究者が椿井文書の活用に火をつけて、行政がそれに油を注いで市民にも周知し、場合によってはすでに義務教育のなかでも用いられているからである。今になって研究者サイドから、「あれは間違いでした」といわれても、市民感情からしたら許せないという意見が少なからず出てくるに相違ない。しかし、だれかが矢面に立って事実を語るしかない。汚い言葉になるが、椿井文書を真正面から研究するには、歴史学の尻拭《しりぬぐ》いをする覚悟が必要なのである。

したがって、椿井文書が残した問題への対処法を考えることは、歴史学全体の課題であり、その結論は歴史学全体の地域史に対する姿勢を示したものにもなる。第一章で、椿井文書は歴史学の問題点を映す「鏡」だと譬《たと》えた。それに映った問題点を解決しながら前へ進む段階に入ると、椿井文書への対処法は、歴史学の成長度合いを推し量る「ものさし」にもなるのではないかと思っている。

あとがき

枚方市の非常勤職員として勤務していた二〇〇三年に椿井文書と出会って、一五年余りが過ぎた。仕事の一環で津田村と穂谷村の山論をみるうちにその存在に気づいた当初は、大問題だとはわかっていてもあまりに相手が巨大すぎて、自身の手に負える研究対象ではないことも同時に理解できた。当時の筆者は、戦国大名の毛利氏を主たる研究対象としており、自身の能力に鑑みても手を出すのは憚られた。加えて、仮に椿井文書を取り上げようものならば、その内容を信じている人々から激しい反論が出てくることも容易に想像できた。

そのため、津田村の主張と穂谷村の主張をそれぞれ一本ずつの論文としてまとめることで、職責は全うしたと自身を納得させることにした。筆者も、他の研究者の例に漏れず、椿井文書の内容をわざわざ否定することは、およそ時間の無駄でしかないと当初は考えていたのである。ところが、ほどなくして椿井文書の研究を始めることになる。ここから先は私事にわたるが、方向転換した経緯について振り返っておきたい。

筆者が在籍していた研究室には、紀要のような雑誌がなかったため、二〇〇四年に大学院の仲間たちと、『史敏《しびん》』という学術雑誌を創刊した。資金もなかったので、創刊号は大学の印刷室にて手作業で印刷製本した。不十分な出来ながらも、何から何まで自分たちでやったことをそれなりに誇りにも思っていた。

今思うと酒席での戯《ざ》れ言《ごと》だったのだと思うが、その創刊号をずいぶんと悪くいう先輩がいた。若気の至りといえばそれまでだが、この発言をうけて、二〇〇五年に発行する第二号では絶対に見返してやると誓いを立てるに至った。こうして、何かインパクトのある論文を書こうと模索を始めるなかで椿井文書も候補として想定はしてみたが、手元にある材料も不足しており、椿井文書の実態もまだよくわかっていなかったため、踏ん切りがつかずにいったんはあきらめた。ところが、のちに一転して、椿井文書に関する論文を『史敏』第二号に掲載することとなる。

正直なところをいうと、『史敏』第二号に掲載した論文は、椿井文書の全貌がわからないまま見切り発車的に発表したものである。その決意をさせる事件は、二〇〇五年二月に起こった。当初、筆者が勤務する市史資料室は枚方市役所のなかにあったが、同年四月に開館予定の中央図書館へ移転することとなっていた。その移転作業中に、消火用連結送水管改修工事の請負業者による過失で、市民から借用していた段ボール一五〇箱もの古文書が水損してしまったのである。筆者に直接の非はなかったが、移転の段取りを仕切っていた手前、それなりに責任は感じていた。古文書所蔵者のお宅を一軒一軒訪問して謝罪するなかで、所蔵文書の解説をまとめるという意向をお伝えするのが、筆者の示すことができる精一杯の誠意だった。

こうして、古文書の処理や所蔵者への対応なども含めて、一連の事態を収拾させるには最低五年はかかると覚悟するに至った（結局八年残ることになるのだが）。そのため、自身の研究はひとまずおいて、枚方の地域史に専念することとなる。情けない話だが、筆者にとってはじめての大舞台となった二〇〇四年八月の全国城郭研究者セミナーでは、毛利氏などの城郭政策について研究発表し、とりあえずの責任は何とか果たしたものの、ここで力尽きてしまった。通常、研究者は口頭発表したのちに論文化を目指すものだが、このときの発表が論文として公表されたのは二〇一五年になってからであった。

毎晩残業が続くなかで、研究者としての道が閉ざされるかもしれないという恐怖もあった。こうしたなか、このまま埋もれたくないとの一心で、地域史に徹底的に向き合う決意表明のつもりで一気に書き上げたのが『史敏』第二号に掲載した論文である。若気の至りもあってやや乱暴な論調となっており、気分を害した方もいるかもしれないが、どのような批判にも応えるという意気込みによるものとご容赦いただきたい。

さらに追い打ちをかけるように、二〇〇七年には市史資料室から正職員が外され、仕事を引き継ぐ相手もいなくなり、いよいよ長期戦の構えとなってしまった。やむをえないので、枚方周辺における椿井文書以外の偽史も対象に組み込みながら、自身の研究能力を鍛えることにした。明治時代に創作され現在は大阪府指定史跡となっている継体天皇樟葉宮跡伝承地、昭和から平成にかけて創作されたアテルイの首塚、それと近い時期に展開した牽牛石をはじめとした七夕伝説などが、その分析対象である。これらに関心のある方、もしくは津田城と氷室についての拙稿や『史敏』第二号掲載の拙稿に関心がある方は、拙著『由緒・偽文書と地域社会』(勉誠出版、二〇一九年)に全て所収しているのでご一読いただきたい。

枚方市に勤務していた一〇年間にはいろいろと思うところはあったが、椿井文書を主題に掲げた一書をなせたのだから、今となっては椿井文書を研究するきっかけを与えてくださった全ての方々に感謝している。

『史敏』第二号に掲載した論文が、椿井政隆の地元に届いたのは思いのほか早かった。枚方市史編纂の元担当者で、伝王仁墓など枚方市域の偽史について何かとご教示いただいていた田宮久史《ひさし》氏にこの論文をお渡ししたところ、大学の同級生で椿井在住の渡辺《わたなべ》美秀子《みほこ》氏にこの論文のコピーを送ったらしい。渡辺氏と小林《こばやし》凱之《よしゆき》氏が筆者の職場を訪れたのは、それからまもなくのことであった。小林氏は、椿井政隆が絵図を描いた、あの小林家住宅のご主人である。

そこから話が広がり、お二人のほか城南郷土史研究会代表の中津川《なかつがわ》敬朗《ゆきお》氏、そして山城郷土資料館にいらした田中淳一郎氏・伊藤《いとう》太《ふとし》氏や同館友の会会長の田辺《たなべ》英夫《ひでお》氏など、椿井文書に関心を持つ地元の方々が一〇人ほど集まり、山城郷土資料館で内々の勉強会を開いてくださった。そこで口頭発表したのが二〇〇五年一一月のことなので、地元の反応は驚くほど早かったといえる。

こうして南山城の方々とのお付き合いが始まった。当初は厳しく批判されることを覚悟していたので、思いのほか受け入れてくださったことに正直驚いた。中津川氏は、最新の研究をわかりやすく地域に伝えるのがご自身の役目だとおっしゃるので、それではこちらもお手伝いしなければと思ったことを覚えている。お手伝いとはいっても、二〇〇五年以来、城南郷土史研究会の忘年会に毎年欠かすことなく出席しているだけだが。本書の刊行で、ようやくお手伝いらしいことができたであろうか。奇縁ともいうべきは、例年の忘年会会場が、あの三宅源治郎が椿井文書購入の際に宿泊した木津の川喜さんということである。

本書の編集を担当してくださった酒井孝博氏にも、大変お世話になった。酒井氏が大阪の私のもとをはじめて訪ねてこられたのは、二〇一八年二月のことであった。スナック菓子のカールを大量に抱えていらしたのを覚えている。聞けば、東京では前年にカールが販売停止となってしまったので、お土産として重宝するらしい。カール自体は変わらないが、取り巻く環境が変わったため、一〇〇円前後の菓子の相対価値も上がったのである。

椿井文書と出会ってから年月も過ぎ、私も若手研究者と呼ばれる時代が終わり、中堅研究者となりつつある。一方、カール同様に椿井文書自体は変わらないが、取り巻く環境には変化が起こっている。椿井文書や椿井政隆を悪者扱いするのではなく、ファンともいうべき人が少しずつ増えてきたのである。これによって、椿井文書の相対価値も上がりつつあると信じたい。

ただ、これだけはいわせてもらおう。研究対象に特別な私情を挟んではいけないのは承知しているが、椿井文書と椿井政隆に対する私の愛情は、他のどのファンにも負けないはずである。これまでも、そしてこれからも。

二〇二〇年二月

馬部隆弘

参考文献

論文・研究書

網野善彦『日本中世史料学の課題』（弘文堂、一九九六年）

網野善彦『網野善彦著作集』第一四巻（岩波書店、二〇〇九年）

乾幸次「延喜式山城国泉河樺井渡瀬の所在考」（藤岡謙二郎先生退官記念事業会編『歴史地理研究と都市研究』上、大明堂、一九七八年）

乾幸次『南山城の歴史的景観』（古今書院、一九八七年）

井上一稔「京田辺市　観音寺十一面観音像の周辺」（『文化学年報』第五四輯、同志社大学文化学会、二〇〇五年）

井上智勝「並河誠所の式内社顕彰と地域」（『大阪市立博物館研究紀要』第三二冊、二〇〇〇年）

上田長生「桓武天皇陵の治定と『伏見古図』」（『史敏』通巻一一号、二〇一三年）

魚澄惣五郎「神童寺」（『京都府史蹟勝地調査会報告』第三冊、京都府、一九二二年）

大坪秀敏「百済寺の創建と宣教」（同『百済王氏と古代日本』雄山閣、二〇〇八年、初出一九九六年）

音代節雄『長慶天皇山陵攷』（私家版、一九二六年）

柏倉亮吉「布施古墳　付布施寺阯」（『滋賀県史蹟調査報告』第六冊、滋賀県、一九三四年）

片山長三「王仁塚」（『懐徳』第二六号、一九五五年）

加藤次郎『伏見桃山の文化史』（私家版、一九五三年）

賀茂郷文書研究会「山城国相楽郡賀茂郷の土豪と文書」（『史敏』通巻一二号、二〇一四年）

川勝政太郎「山城・近江における良弁僧正関係の古寺について」(『南都仏教』第三一号、一九七三年)
菊地暁「京大国史の『民俗学』時代」(丸山宏他編『近代京都研究』思文閣出版、二〇〇八年)
黒沢幸三『日本古代の伝承文学の研究』(塙書房、一九七六年)
小泉芳孝「三山木」(京都地名研究会編『京都の地名検証』二、勉誠出版、二〇〇七年)
小泉芳孝「京田辺市『三山木』の地名起源について」(『筒城』第五二輯、二〇〇七年)
幸田成友「並河誠所と五畿内志」(『大阪朝日新聞』明治三六年〔一九〇三〕二月一一日)
胡口靖夫「橘氏の氏神梅宮神社の創祀者と遷座地」(『國學院雜誌』第七八巻第八号、一九七七年)
胡口靖夫「橘氏の氏寺について」(『古代文化』第二九巻第八号、一九七七年)
齋藤智志「民間史蹟保存事業と学者たち」(同『近代日本の史蹟保存事業とアカデミズム』法政大学出版局、二〇一五年)
齋藤望「近江国・河合寺伽藍図について」(『彦根城博物館研究紀要』第一七号、二〇〇六年)
齋藤望「近江国・河合寺伽藍図について(承前)」(『彦根城博物館研究紀要』第一八号、二〇〇七年)
斉藤光政『偽書『東日流外三郡誌』事件』(新人物往来社、二〇〇六年)
向村九音「西福寺と椿井文書」(『仏教文学』第四一号、二〇一六年)
佐藤虎雄「笠置山の史蹟及名勝」(『京都府史蹟名勝天然紀念物調査報告』第一一冊、京都府、一九三〇年)
佐藤虎雄「朱智神社」(『京都府史蹟名勝天然紀念物調査報告』第一二冊、京都府、一九三一年)
志賀剛『式内社の研究』第三巻(雄山閣、一九七七年)
白井哲哉『日本近世地誌編纂史研究』(思文閣出

版、二〇〇四年）
住野勉一『継体王朝成立論序説』（和泉書院、二〇〇七年）
瀬田勝哉「新刊紹介　西岡虎之助編『日本荘園絵図集成　下』」（『史学雑誌』第八七編第六号、一九七八年）
高木元豁『笠置合戦総大将に就いての研究』（愛知県教育会、一九三八年）
高橋大樹「中近世における新知恩院霊宝の伝来・形成過程」（『大津市歴史博物館研究紀要』一九、二〇一四年）
高橋美久二「山城国一揆と城館」（『山城郷土資料館報』第四号、一九八六年）
多治比郁夫「三浦蘭阪の木活字本」（同『京阪文藝史料』第五巻、青裳堂書店、二〇〇七年、初出一九六四年）
多治比郁夫「翻刻『雄花冊子』」（同『京阪文藝史料』第三巻、青裳堂書店、二〇〇五年）
たなかしげひさ『奈良朝以前寺院址の研究』（白川書院、一九七八年）
田中淳一郎「田辺町普賢寺の大西家文書と南山郷士」（『山城郷土資料館報』第一二号、一九九四年）
田中淳一郎「井手と円提寺」（『やましろ』第二一号、城南郷土史研究会、二〇〇六年）
谷岡武雄「山城盆地南部における平野の歴史的景観と開発景観の進化」（同『平野の開発』古今書院、一九六四年）
塚口義信『神功皇后伝説の研究』（創元社、一九八〇年）
塚口義信「息長氏研究の一視点」（『東アジアの古代文化』第七二号、一九九二年）
塚口義信『ヤマト王権の謎をとく』（学生社、一九九三年）
塚口義信「佐紀盾列古墳群の謎をさぐる」（『つどい』第二八九号、豊中歴史同好会、二〇一二年）
筒井英俊「良弁僧正と漆部氏」（『南都仏教』創刊

号、一九五四年）
寺島彦三郎編『文学始祖　博士王仁』（特志発行事務所、一九〇八年）
寺島正計『藤阪の今昔物語』（私家版、一九九九年）
中川泉三没後七〇年記念展実行委員会編『史学は死学にあらず』（サンライズ出版、二〇〇九年）
永島福太郎「縁起の検討」（『神道大系月報』六六、一九八七年）
中村直勝「偽文書のたのしさ」（同『歴史の発見』人物往来社、一九六二年）
中村直勝「偽文書の研究」（同『日本古文書学』下、角川書店、一九七七年）
難波田徹『中世考古美術と社会』（思文閣出版、一九九一年）
西田彦一『入会林野と周辺社会』（ナカニシヤ出版、二〇〇九年）
馬部隆弘「史料紹介『布施山息長寺伝記』」（『史敏』通巻五号、二〇〇八年）
馬部隆弘「大名領国における公的城郭の形成と展開」（齋藤慎一編『城館と中世史料』高志書院、二〇一五年）
馬部隆弘『由緒・偽文書と地域社会』（勉誠出版、二〇一九年）
肥後和男「飯道山」（『滋賀県史蹟調査報告』第五冊、滋賀県、一九三三年）
久野俊彦・時枝務編『偽文書学入門』（柏書房、二〇〇四年）
深谷弘典『永源寺町の歴史探訪』Ｉ（近江文化社、一九九三年）
藤田精一『楠氏研究』（広島積善館、一九一五年）
藤田恒春「元亀の起請文について」（『史林』第六九巻第一号、一九八六年）
藤田恒春「信長侵攻期近江南郡の村と『元亀の起請文』」（『国立歴史民俗博物館研究報告』第七〇集、一九九七年）
藤本孝一「近衛基通公墓と観音寺蔵絵図との関連について」（同『中世史料学叢論』思文閣出版、

二〇〇九年、初出一九八八年）
藤原明『日本の偽書』（文藝春秋、二〇〇四年）
松岡久美子「椿井権之輔周辺による近世伽藍絵図について」（『忘れられた霊場をさぐる』栗東市文化体育振興事業団、二〇〇五年）
松岡長一郎『近江の竜骨』（サンライズ印刷出版部、一九九七年）
三木精一「覚峰と河内古代史」（森浩一編『考古学の先覚者たち』中央公論社、一九八五年、初出一九八二年）
宮崎幹也「米原市に残る椿井文書の検証」（『淡海文化財論叢』第五輯、二〇一三年）
郁岡良弼「興福寺官務帳考証（一）〜（七）」（『歴史地理』第六巻第六号〜第七巻第三号、一九〇四〜〇五年）
村上泰昭「椿井文書『山代国綴喜郡筒城郷、朱智庄佐賀庄両惣図の検討』」（『筒城』第五五輯、二〇一〇年）
室賀信夫「並河誠所の五畿内志に就いて（上）・（下）」（『史林』第二一巻第三号・第四号、一九三六年）
山岸共「近江・大和・山城の白山信仰」（『北陸史学』第二八号、一九七九年）
山本英二「偽文書を見極める」（萩原三雄・笹本正治編『定本・武田信玄』高志書院、二〇〇二年）
横田健一『飛鳥の神がみ』（吉川弘文館、一九九二年）
義江明子「橘氏の成立と氏神の形成」（同『日本古代の氏の構造』吉川弘文館、一九八六年、初出一九八三年）
吉瀧正勝「高屋八幡宮に関する考察」（『蒲生野』第一五号、一九七八年）
吉田敬市「山城瓶原の大井手と例幣使料地」（『地球』第二六巻第一号、一九三六年）
吉田敏弘「文亀二年壬戌年東大寺領古絵図・大安寺領古絵図」（『蒲生野』第一四号、一九七七年）

若井敏明「書評　塚口義信著『ヤマト王権の謎をとく』」（『古代史の研究』関西大学古代史研究会、一九九五年）
若林邦彦「古代寺院普賢寺の建物・基壇跡について」（『同志社大学歴史資料館館報』第一〇号、二〇〇七年）

通史・史料集・報告書・図録・事典など

『粟津拾遺集　附録、勢多之川辺』（本多神社社務所、一九七二年）
「飯岡咋岡神社文書」（『筒城』第五六輯、二〇〇一年）
『井手町史シリーズ第四集　井手町の古代・中世・近世』（京都府綴喜郡井手町役場、一九八二年）
『井手町史シリーズ第五集　井手町の近代Ⅰと文化財』（京都府綴喜郡井手町役場、一九九九年）
『伊吹町史』通史編上（伊吹町、一九九七年）
『宇治市史』五（宇治市、一九七九年）
『宇治田原町遺跡地図』（宇治田原町教育委員会、一九九九年）
『永源寺町史』通史編（東近江市、二〇〇六年）
『叡福寺縁起と境内古絵図』（太子町立竹内街道歴史資料館、二〇〇〇年）
『叡福寺の縁起・霊宝目録と境内古絵図』（太子町立竹内街道歴史資料館、二〇〇〇年）
『近江伊香郡志』下巻（江北図書館、一九五三年）
『近江愛知川町の歴史』第一巻（愛知川町、二〇〇五年）
『淡海温故録』（滋賀県地方史研究家連絡会、一九七六年）
『近江栗太郡志』巻五（滋賀県栗太郡役所、一九二六年）
『近江町史』（近江町役場、一九八九年）
『近江の歴史家群像』（栗東歴史民俗博物館、一九九八年）
『近江日野の歴史』第五巻（滋賀県日野町、二〇〇七年）

『近江輿地志略』（西濃印刷出版部、一九一五年）
『大阪大谷大学図書館所蔵椿井文書』（大阪大谷大学博物館、二〇二〇年）
『改訂大和高田市史』史料編（大和高田市役所、一九八二年）
『交野町史』（交野町役場、一九六三年）
『寛永諸家系図伝』第一〇（続群書類従完成会、一九八六年）
『寛政重修諸家譜』第一五（続群書類従完成会、一九六五年）
『紀伊国名所図会』初・二編（臨川書店、一九九六年）
『木津町史』史料篇Ⅰ（木津町、一九八四年）
『木津町史』本文篇（木津町、一九九一年）
『京都の部落史』四（京都部落史研究所、一九八六年）
『京都の歴史』三（学芸書林、一九六八年）
『京都府議会歴代議員録』（京都府議会、一九六一年）
『京都府指定有形文化財（建造物）小林家住宅長屋門ほか四棟保存修理工事報告書』（小林雅子、二〇〇二年）
『京都府田辺町史』（田辺町役場、一九六八年）
『京都府田辺町都谷中世館跡』（同志社大学校地学術調査委員会、一九七七年）
『草津市史』第一巻（草津市、一九八一年）
『百済王神社と特別史跡百済寺跡』（百済王神社、一九七五年）
『下司古墳群』（同志社大学校地学術調査委員会、一九八五年）
『研究発表と座談会　上代南山城における仏教文化の伝播と受容』（公益財団法人仏教美術研究上野記念財団、二〇一四年）
『甲西町誌』（甲西町教育委員会、一九七四年）
『五畿内志』（『大日本地誌大系』一八巻、雄山閣、一九二九年）
『小篠原のお寺と宮さん』（野洲町、一九九八年）
『湖東地方の文化財』（文化庁、一九七五年）

『在日朝鮮人の歴史』（枚方市教育委員会、一九九三年）
『滋賀県大般若波羅蜜多経調査報告書』二（滋賀県教育委員会、一九九四年）
『式社まうで』（『続神道大系』神社編総記二、神道大系編纂會、二〇〇六年）
『式内社調査報告』第一巻（皇學館大学出版部、一九七九年）
『式内社調査報告』第一二巻（皇學館大学出版部、一九八一年）
『秋斎間語』（『少年必読日本文庫』第一二編、博文館、一八九二年）
『重要文化財飯道神社本殿修理工事報告書』（滋賀県教育委員会、一九七八年）
『鷲峰山・金胎寺とその周辺地域の調査』（同志社大学歴史資料館、二〇〇二年）
『章斎文庫所蔵資料調査報告書』第一巻～第三巻（米原市教育委員会、二〇一三～一四年）
『城州諸社詣記』（武庫川女子大学文学部日本語日本文学科管研究室、二〇〇一年）
『聖徳太子　ゆかりの名宝』（大阪市立美術館、二〇〇八年）
『信長記』甫庵本下（古典文庫、一九七二年）
『信長公記』（角川書店、一九六九年）
『神道大系』神社編二三　近江国（神道大系編纂会、一九八五年）
『鈴木儀平の菩提寺歴史散歩』（儀平塾、二〇一一年）
『精華町史』本文篇（精華町、一九九六年）
『続浪華郷友録』（『近世人名録集成』第一巻、勉誠社、一九七六年）
『太子町誌』（太子町、一九六八年）
『大日本仏教全書』寺誌叢書第三（仏書刊行会、一九一五年）
『多賀町史』上巻（多賀町、一九九一年）
『薪誌』（薪誌刊行委員会、一九九一年）
『田辺町近世近代資料集』（京都府田辺町、一九八七年）

『田辺町近代誌』（京都府田辺町、一九八七年）
『筑摩湖岸遺跡発掘調査報告書』（米原町教育委員会、一九八六年）
『中世大和国寺院に関する調査研究』（元興寺文化財研究所、二〇〇一年）
『津田史』（津田小学校創立八十周年記念事業発起人会、一九五七年）
『特選神名牒』（磯部甲陽堂、一九二五年）
『特別展 甲賀の社寺』（滋賀県立琵琶湖文化館、一九八五年）
『尚江千軒遺跡』（サンライズ出版、二〇〇四年）
『並山日記』（『甲斐志料集成』一、甲斐志料刊行会・大和屋書店、一九三二年）
『南山雲錦拾要』（大森正雄、一九六七年）
『日本荘園絵図集成』下（東京堂出版、一九七七年）
『日本歴史地名大系』第二八巻 大阪府の地名（平凡社、一九八六年）
『発進!! タイムマシンひらかた号』（枚方市教育委員会、二〇〇八年）
『阪急古書のまち四十周年記念目録』（阪急古書のまち、二〇一六年）
『東近江市史 愛東の歴史』第一巻（滋賀県東近江市、二〇〇八年）
『東近江市史 愛東の歴史』第二巻（滋賀県東近江市、二〇〇九年）
『ヒトの来た道』（京都文化博物館、一九九七年）
『日野町内遺跡詳細分布調査報告書』昭和六三年度版（日野町教育委員会、一九八九年）
『枚方市史』第二巻（枚方市、一九七二年）
『枚方市史』第六巻（枚方市役所、一九六八年）
『福井県史』通史編一（福井県、一九九三年）
『武芸小伝』（『改定史籍集覧』第一一冊、近藤活版所、一九〇一年）
『伏見の古絵図』（伏見城研究会、二〇一一年）
『ふるさと椿井の歴史』（京都府山城町椿井区、一九九四年）
『文化財百選』（宇治田原町教育委員会、一九九一

年）
『米原町史』資料編（米原町役場、一九九九年）
『三浦家文書の調査と研究』（研究代表者村田路人、大阪大学大学院文学研究科日本史研究室・枚方市教育委員会、二〇〇七年）
『湊・舟、そして湖底に沈んだ村』（米原市教育委員会、二〇〇九年）
『美原町史』第一巻（美原町、一九九九年）
『名勝兵主神社庭園保存整備報告書』発掘調査編（中主町教育委員会、二〇〇二年）
『山城町史』本文編（山城町役場、一九八七年）
『山城綴喜郡誌』（京都府教育会綴喜郡部会、一九〇八年）
『余呉町誌』資料編下巻（余呉町、一九八九年）
『余呉町誌』通史編上巻（余呉町、一九九一年）
『よつぎ史』第三号（世継まちづくり委員会、二〇〇九年）
『和束町史』第一巻（和束町、一九九五年）

図版作成　関根美有

表B　「興福寺官務牒疏」掲載寺社一覧

<table>
<tr><th></th><th>番号</th><th colspan="2">寺社名</th><th>所在</th><th>現在の地名</th></tr>
<tr><td rowspan="14">近江国</td><td>208</td><td colspan="2">大吉寺</td><td>浅井郡草野郷</td><td>長浜市野瀬町</td></tr>
<tr><td>209</td><td colspan="2">大崎寺</td><td>浅井郡大崎郷</td><td>高島市マキノ町海津</td></tr>
<tr><td>210</td><td colspan="2">最勝寺</td><td>浅井郡大崎郷東峰</td><td>高島市マキノ町海津</td></tr>
<tr><td>211</td><td colspan="2">波久奴神</td><td>浅井郡田根郷</td><td>長浜市高畑町</td></tr>
<tr><td>212</td><td>法華寺</td><td rowspan="5">巳高山五箇寺</td><td>伊香郡</td><td>長浜市木之本町古橋</td></tr>
<tr><td>213</td><td>石道寺</td><td>伊香郡</td><td>長浜市木之本町石道</td></tr>
<tr><td>214</td><td>観音寺</td><td>伊香郡巳高山頂</td><td>長浜市木之本町古橋</td></tr>
<tr><td>215</td><td>高尾寺</td><td>伊香郡巳高山頂</td><td>長浜市木之本町古橋</td></tr>
<tr><td>216</td><td>安楽寺</td><td>伊香郡巳高山</td><td>長浜市木之本町古橋</td></tr>
<tr><td>217</td><td colspan="2">河合寺</td><td>伊香郡富永荘河合</td><td>長浜市木之元町川合</td></tr>
<tr><td>218</td><td colspan="2">大箕山寺</td><td>伊香郡余呉東嶺</td><td>長浜市余呉町坂口</td></tr>
<tr><td>219</td><td colspan="2">伊香神</td><td>伊香郡伊香庄大音</td><td>長浜市木之本町大音</td></tr>
<tr><td>220</td><td colspan="2">椿井寺</td><td>伊香郡余呉荘椿井</td><td>長浜市余呉町椿坂</td></tr>
<tr><td>221</td><td colspan="2">酒波寺</td><td>高島郡川上荘</td><td>高島市今津町酒波</td></tr>
</table>

註）宮寺・別院など一括関係にあるものは括弧で括り、別院には頭に△を付した

	番号	寺社名	所在	現在の地名
近江国	180	山津照神	坂田郡箕浦之東能登瀬	米原市能登瀬
	181	飯道寺	甲賀郡信楽之東池原郷	甲賀市水口町三大寺
	182	仙禅寺	甲賀郡信楽朝宮	甲賀市信楽町上朝宮
	183	保良寺	甲賀郡信楽郷勅旨	甲賀市信楽町勅旨
	184	薬王寺	甲賀郡池原荘	甲賀市水口町三大寺
	185	道徳寺	甲賀郡池原荘	甲賀市水口町三大寺
	186	善通教积寺	蒲生郡長寸郷奥津保中之郷	日野町中之郷
	187	蓮法光寺	蒲生郡長寸郷長寸社西去５町余	日野町北脇
	188	現善王寺	蒲生郡長寸郷左久良	日野町佐久良
	189	妙楽長興寺	蒲生郡長寸郷杉杣寺	日野町川原
	190	長寸神	蒲生郡長寸郷山崎	日野町中之郷
	191	長寸下神	蒲生郡長寸郷蓮法光寺側	日野町安倍居
	192	室木神	蒲生郡長寸郷西側天神山頂	日野町北脇
	193	大屋神	蒲生郡長寸郷杉杣	日野町杉
	194	藤斬神	蒲生郡長寸郷田律畠	東近江市甲津畑町
	195	楞厳寺	神崎郡垣見郷	東近江市垣見町
	196	成仏教寺	神崎郡郷猪子里	東近江市猪子町
	197	建部神	神崎郡建部荘木流	東近江市五個荘木流町
	198	五智観寺	神崎郡柿御園郷	東近江市五智町
	199	大滝神	神崎郡萱尾滝側	東近江市萱尾町
	200	帝积寺	愛知郡長野荘高野瀬	豊郷町高野瀬
	201	高野寺	愛知郡小倉荘	東近江市小倉町
	202	真源寺	坂田郡国友郷	長浜市国友町
	203	神照寺	坂田郡新荘	長浜市新庄寺町
	204	長福寺	坂田郡池下郷	米原市池下
	205	太平護国寺	坂田郡伊吹山	米原市太平寺
	206	弥高護国寺	坂田郡伊吹山	米原市弥高
	207	極楽群生寺	坂田郡長岡荘	米原市長岡

表B　「興福寺官務牒疏」掲載寺社一覧

	番号	寺社名	所在	現在の地名
近江国	148	△荘厳寺	坂田郡	彦根市荘厳寺町
	149	△男鬼寺	坂田郡	彦根市男鬼町
	150	△松尾寺	坂田郡丹生西ノ山	米原市上丹生
	151	少菩提寺	甲賀郡檜物郷	湖南市菩提寺
	152	△北菩提寺	犬上郡押達庄	東近江市北菩提寺
	153	△南菩提寺	犬上郡押達庄	東近江市南菩提寺
	154	△長光寺	蒲生郡武佐	近江八幡市長光寺町
	155	△成仏寺	愛知郡下之郷	甲良町下之郷ヵ
	156	△観音寺	甲賀郡朝国里	湖南市朝国
	157	正福寺	甲賀郡花園里	湖南市正福寺
	158	大石佐久良太利神	栗太郡大石郷	大津市大石中
	159	男石若一王寺	栗太郡大石郷	大津市大石中
	160	大淀寺	栗太郡大石郷	大津市大石淀
	161	明王寺	栗太郡大石郷富川谷	大津市大石富川
	162	地蔵寺	栗太郡大石郷南去凡36町許	大津市大石富川
	163	椋本天神	栗太郡大石龍門郷東山下	大津市大石龍門
	164	曽束寺	栗太郡曽束	大津市大石曽束
	165	大神寺	栗太郡下杣荘	大津市田上森町
	166	荒戸神	田上谷	大津市上田上中野町
	167	伊香龍寺	滋賀郡伊香龍郷	大津市伊香立
	168	伊香龍八所神	滋賀郡伊香龍郷北岡	大津市伊香立下在地町
	169	筑摩神	坂田郡筑磨浜	米原市朝妻筑摩
	170	歓喜光寺	坂田郡朝儒東宇賀野	米原市宇賀野
	171	△世継寺	坂田郡世継	米原市世継
	172	△護寧寺	坂田郡	米原市岩脇
	173	△園華寺	坂田郡多良	米原市中多良
	174	法性寺	坂田郡朝妻	米原市朝妻筑摩
	175	本願寺	坂田郡富永荘	米原市朝妻筑摩
	176	現善寺	野洲郡邇保荘	近江八幡市十王町
	177	道詮寺	野洲郡服部郷	守山市服部町
	178	三上神	野洲郡野州三上郷	野洲市三上
	179	兵主神	野洲郡豊積荘兵主郷	野洲市五条

	番号	寺社名	所在	現在の地名
近江国	117	楞迦寺	栗太郡高野多喜山西側	栗東市六地蔵
	118	陀羅尼寺	栗太郡高野多喜山下	栗東市六地蔵
	119	東光教寺	野洲郡三上郷三上大寺内	野洲市三上
	120	妙光寺	野洲郡三上郷三上大寺内	野洲市妙光寺
	121	法満寺	蒲生郡牟礼山	竜王町薬師
	122	△薬師寺	蒲生郡薬師邑	竜王町薬師
	123	△法鏡寺	蒲生郡山上野	竜王町山之上
	124	△尊乗寺	蒲生郡山上野	竜王町山之上
	125	△弓削寺	蒲生郡弓削村	竜王町弓削
	126	△観音寺	蒲生郡小口村	竜王町小口
	127	蜂屋寺	栗太郡物部郷	栗東市蜂屋
	128	小野寺	栗太郡小野郷	栗東市小野
	129	大乗寺	栗太郡出庭郷	栗東市出庭
	130	宝光寺	栗太郡駒井図	草津市北大萱町
	131	△笠堂医王寺	栗太郡	草津市上笠
	132	△笠堂西照寺	栗太郡	草津市下笠町
	133	△智厳寺	栗太郡集村	草津市集町
	134	△大悲寺	栗太郡駒井	草津市新堂町
	135	△最勝寺	栗太郡宝光寺西去弐丁余	草津市志那町ヵ
	136	大般若寺	栗太郡志那	草津市志那中町
	137	蓮台寺	栗太郡鈎郷	栗東市下鈎
	138	石仏寺	栗太郡勢多郷	大津市瀬田
	139	金峰山寺	栗太郡山田郷	草津市山田町
	140	光明寺	甲賀郡夏見郷	湖南市夏見
	141	△八島寺	甲賀郡石部	湖南市石部
	142	△尊光寺	甲賀郡平松	湖南市平松
	143	霊山寺	坂田郡丹生郷	多賀町霊仙
	144	△観音寺	犬上郡落合里	多賀町霊仙落合
	145	△安養寺	犬上郡河内村	多賀町河内
	146	△大杉寺	犬上郡大杉	多賀町大杉
	147	△仏性寺	坂田郡	彦根市仏生寺町

表B　「興福寺官務牒疏」掲載寺社一覧

	番号	寺社名	所在	現在の地名
河内国	85	徳泉寺	交野郡	不詳
	86	津田寺	交野郡	枚方市津田
山城国	87	菅井寺	相楽郡土師郷	精華町菅井
	88	岩舟寺	相楽郡当尾郷	木津川市加茂町岩船
	89	吉田寺	洛東吉田	京都市左京区吉田
	90	榎樹寺	久世郡枇杷荘	城陽市枇杷庄
	91	誓願寺	久世郡佐山郷	久御山町佐山
	92	浄福寺	久世郡佐山郷	久御山町佐山
	93	東朱智神	綴喜郡江津邑	京田辺市宮津
	94	華光園辺寺	相楽郡上狛椿井邑	木津川市山城町椿井
	95	恵日正導寺	相楽郡土師郷東畑邑四照山	精華町東畑
伊賀国	96	長福寺	伊賀郡猪田郷	伊賀市猪田
	97	神館社	伊賀郡神戸郷	伊賀市上神戸
	98	大村神二座	伊賀郡阿保郷	伊賀市阿保
	99	常福寺	伊賀郡古部	伊賀市古郡
	100	蓮徳寺	伊賀郡湯屋谷	伊賀市湯屋谷
	101	菩提樹院	伊賀郡花垣郷	伊賀市予野
摂津国	102	昆陽寺	河辺郡猪名野	伊丹市寺本
	103	神呪寺	武庫郡六甲山	西宮市甲山町
	104	忉利天上寺	武庫郡	神戸市灘区摩耶山
近江国	105	大菩提寺	栗太郡	栗東市荒張
	106	観音寺	栗太郡金勝寺東北隅	栗東市観音寺
	107	如来寺	栗太郡金勝寺麓	栗東市井上
	108	鳴谷寺	栗太郡金勝寺麓	栗東市荒張
	109	安養寺	栗太郡鈎郷	栗東市安養寺
	110	金胎寺	栗太郡金勝山下	栗東市荒張
	111	観応寺	栗太郡金勝寺下北側	栗東市荒張
	112	善応寺	栗太郡金勝寺下北側山下広野	栗東市荒張
	113	覚音寺	栗太郡青地郷東山下	草津市山寺町
	114	唯心教寺	栗太郡高野多喜山	栗東市六地蔵
	115	多喜寺	栗太郡高野多喜山下陀羅尼ヶ原	栗東市六地蔵
	116	多福寺	栗太郡高野多喜山	栗東市六地蔵

	番号	寺社名	所在	現在の地名
山城国	61	平等寺	洛陽	京都市下京区因幡堂町
	62	綜芸種智院	洛陽九条坊門	京都市南区西九条池ノ内町
	63	歓喜寿院	朱雀西	京都市下京区
	64	法成寺	九条	京都市上京区
	65	祇陀林寺	中御門京極	京都市上京区
	66	光福寺	乙訓郡上久世	京都市南区久世上久世町
	67	福田寺	乙訓郡上久世	京都市南区久世殿城町
	68	金原寺	乙訓郡金原ノ岡	長岡京市金ヶ原
	69	乙訓之神	乙訓郡乙訓	長岡京市井ノ内
	70	大報恩寺	洛陽北野	京都市上京区溝前町
	71	槇尾山寺	葛野郡槇尾	京都市右京区梅ヶ畑
	72	法輪寺	葛野郡嵯峨	京都市西京区嵐山虚空蔵山町
	73	松尾之神	葛野郡荒子山下	京都市西京区嵐山宮町
	74	普賢寺	綴喜郡筒城郷朱智長岡荘	京田辺市普賢寺
	75	朱智天王神	綴喜郡筒城郷西之山上	京田辺市天王
	76	親山寺	綴喜郡筒城郷普賢寺境内	京田辺市普賢寺
	77	法華山寺	葛野郡山田郷	京都市西京区御陵峰ヶ堂
	78	祝園神社	相楽郡祝園	精華町祝園
	79	蔵満神社	相楽郡下狛庄、庄稲八間	精華町下狛・北稲八間
	80	崇道天王神	相楽郡土師里	木津川市木津町吐師
河内国	81	尊延寺	交野郡芝村郷	枚方市尊延寺
	82	百済寺	交野郡中宮郷	枚方市中宮
	83	明尾寺	交野郡	枚方市山田池南町
	84	開元寺	交野郡	交野市神宮寺

表B　「興福寺官務牒疏」掲載寺社一覧

	番号	寺社名	所在	現在の地名
山城国	31	西明寺	相楽郡岡田賀茂	木津川市加茂町大野
	32	岡田春日神	相楽郡岡田賀茂中森	木津川市加茂町里中森
	33	和束杣春日神	相楽郡和束杣郷	和束町園
	34	浄瑠璃寺	相楽郡当尾郷	木津川市加茂町西小
	35	国分寺	相楽郡甕原	木津川市加茂町例幣
	36	誓願寺	相楽郡出水郷	木津川市木津町木津
	37	鷲峰山寺	相楽郡和束杣荘北側	和束町原山
	38	神童寺	相楽郡狛之郷北吉野	木津川市山城町神童子
	39	樺井松尾神	相楽郡狛之郷	木津川市山城町椿井
	40	山田寺	相楽郡山田郷朝日荘	精華町山田
	41	井堤寺	綴喜郡井堤郷	井手町井手
	42	椋本天神	綴喜郡井堤	井手町井手
	43	多賀神	綴喜郡多賀	井手町多賀
	44	水主神	久世郡	城陽市水主
	45	久世神	久世郡	城陽市久世
	46	円誠寺	久世郡三田郷、水没	城陽市寺田ヵ
	47	御霊神	久世郡富野	城陽市富野
	48	薬蓮寺	久世郡佐山郷	久御山町林
	49	浄福寺	久世郡佐山郷	久御山町佐山
	50	安楽寺	久世郡佐山郷	久御山町佐山
	51	栗隈天神	久世郡栗隈郷	宇治市大久保町
	52	禅定寺	綴喜郡宇治田原郷	宇治田原町禅定寺
	53	白河寺金色院	久世郡宇治	宇治市白川
	54	西方寺	宇治郡木幡郷	宇治市木幡
	55	木幡寺	宇治郡木幡	宇治市木幡
	56	観音寺	宇治郡木幡	宇治市木幡
	57	法厳寺	宇治郡山科郷東音羽山	京都市山科区音羽南谷
	58	清水寺	愛宕郡洛東八坂郷	京都市東山区清水
	59	法性寺	愛宕郡九条河原	京都市東山区本町
	60	法住寺	愛宕郡九条河原、法性寺北	京都市東山区三十三間堂廻り

表B　「興福寺官務牒疏」掲載寺社一覧

	番号	寺社名	所在	現在の地名
大和国	1	正暦寺	添上郡菩提山	奈良市菩提山町
	2	円成寺	添上郡奈良東	奈良市忍辱山町
	3	龍福寺	山辺郡	天理市滝本町
	4	平群寺	平群郡勢益原	三郷町勢野
	5	椿井寺	平群郡椿井郷	平群町椿井
	6	安明寺	平群郡安明寺郷	平群町三里
	7	平群大明神	平群郡西宮村	平群町西宮
	8	平群石床神	平群郡越木塚	平群町越木塚
	9	生駒伊古麻都比古神	平群郡生駒郷	生駒市壱分町
	10	龍田比古龍田比女神	同郡立野御室岸	三郷町立野南
	11	南淵坂田尼寺	高市郡椋橋	明日香村阪田
	12	金剛山寺	添下郡	大和郡山市矢田町
	13	秋篠寺	添下郡秋篠	奈良市秋篠町
	14	霊山寺	添下郡脇寺里、在河曲郷河曲荘	奈良市中町
	15	国源寺	高市郡	橿原市大久保町
	16	太玉神	高市郡忌部	橿原市忌部
	17	梓削寺	高市郡丹生谷	高取町丹生谷
	18	崇敬寺	高市郡	桜井市阿部
	19	南法花寺	高市郡鷹鞆郷	高取町壺阪
	20	天武天皇社	添下郡矢田寺側	大和郡山市矢田町
	21	香具山寺	高市郡	橿原市戒外町
	22	村屋神	式下郡蔵堂	田原本町蔵堂
	23	石上布留神	山辺郡石上	天理市布留町
	24	内山永久寺	山辺郡	天理市杣之内町
	25	仏隆寺	宇陀郡室生山之下	宇陀市榛原赤埴
	26	大和坐大国魂神	山辺郡大大和	天理市新泉町
山城国	27	光明山寺	相楽郡相谷東棚倉山	木津川市山城町綺田
	28	海住山寺	相楽郡甕原北側	木津川市加茂町例幣
	29	和支夫伎売神	相楽郡古川荘平尾岡上	木津川市山城町平尾
	30	東明寺	相楽郡岡田賀茂	木津川市加茂町兎並

表A　「椿井家古書目録」掲載史料

134 和泉国地図全	160 神童寺録記1
135 金勝寺別院志那北傴図全	161 椿井加賀守筆1
136 江府名勝図解完	162 湧出森由来1巻
137 河内国地図解完	163 椿井加賀守ムツビ帳1冊
138 下羽麻村地図解完	164 椿井正統録全
139 三国相承宗分統讃	165 中川梅原勝右衛門由緒書全
金勝寺別院北法華寺図	166 狛左馬亮殿古書全
140 賤箇山嶽戦図全	167 神楽附歎口訣全
〆	168 興福寺高附帳
141 和束郷大宮社録弁春日社記録	169 荼羅供法用儀全
弁椿井谷記1巻	170 測量知要伝紀1
142 湯次誓願寺記1	171 雖為誓約人　2
143 筒城物社記弁佐牙神記	172 観蹟見聞録1
百丈山大智寺記録1巻	173 茶道系譜伝全
144 藤堂大学高虎殿1	174 甲州流八陣備ノ図1
145 大安寺墾田地之証券1	175 軍用目録全
146 駒井中務智行方目録1	176 諸集詩句
147 禅定寺衆談中1	〆
148 朝鮮信使書1	177 椿井流石火矢日記全
149 高国書1	178 南三郡諸侍連名帳全
150 近江伊香庄明神書1	179 山上嶽山図全
151 吉田一水軒書1	180 鷲峯山寺図全
152 鎌倉将軍執権職1	181 笠置寺図全
153 周心奉幣祝詞1	182 北吉野山寺全
154 定恵和尚伝曰1	183 狛寺全
155 多田満仲記1	184 井堤寺細見図全
156 高野寺智翃進状1	185 三好筑前守長慶書1
157 長井殿順興へ1	186 板倉伊賀守殿書1
158 天正元年三月信玄1	187 諸方系図之書凡17・8冊
159 十文字鎌術侍書1	188 椿井金之助ヨリ系図之書1冊

66 国名探諜誌考完	98 淡海輿地全図完
〆	99 大平江戸図完
67 椿井流火術伝法記全	100 関ヶ原戦図完
68 大日本輿地全図誌全	101 輪王寺図完
69 浅井三代実記鑑 2 巻	102 金勝山寺別院図完
〆	103 大和河新替図完
70 淡海国輿地名略考20冊	104 物部山図完
71 広雄見聞雑輯録 8 冊	105 江陽八幡山古図完
〆	106 江湖金亀城図完
図之分	107 佐々木六角殿古山城図完
72 江州上笠図全	108 無人島図完
73 地球分図全	109 江州下笠図完
74 近喜十七年田畠売巻状全	110 義士図完
75 日野町絵図全	111 和東郷図完
76 河陽諸川配当絵図全	112 大和図石人図完
77 江陽大脇荘界図全	113 摂津国名所図完
78 大津実図全	114 地球分度図完
79 朝鮮図全	115 日光山図全
80 九州之図全	116 出羽鳥越古図全
81 大和国南県遺蹟名図全	117 肥前長崎図全
82 魯西亜国人傑全図完	118 金剛峯寺図全
83 近州来由綿日渓細見図完	119 新嘗図全
84 近江国筑广社古図全	120 大坂陣図全
85 大和国大塊図全	121 浪栥合流図全
86 欲賀寺伽藍図全	122 坊千山図全
87 水口岡山古城全	123 飯道寺図全
88 高野山之全	124 六大界図全
89 平城図完	125 鎌倉惣図
90 河州上太子古伽藍図完	126 江湖称广寺図全
91 分間江戸図完	127 江州図全
92 河泉三ヶ国大川筋図完	128 玉津図
93 七島総全図完	129 河内図
94 淡湖男石郷葎図完	130 河陽旧趾名地略図全
95 金勝寺四至図完	131 金勝山寺別院三箇寺古図全
96 西中山金剛定寺古図全	132 大和国古阪之図全
97 金峯寺図全	133 太秦広隆寺古図全

表A　「椿井家古書目録」掲載史料

1 椿井之系図 2 巻	33 戒律少分物語全
2 尾州椿井仁右衛門系図	34 本朝百軍書全
3 興福寺往来之古状	35 魯西亜国船渡来記全
永正ヨリ天正迄	36 鳳城順賢録誌完
4 龍首骨凡例 1 巻	37 蜜宗血脉裾拾集完
5 椿井之古状 1 巻	38 日本記略自天智至平城完
6 椿井家ノ古状 1 巻	39 諸譜名鑑志完
7 信長公 1	40 幕府日鑑完
8 大般若 1 巻	41 信長譜附系図完
9 高麗拍子 1 巻	42 鎌倉京都将軍二譜完
10 蒲生御籏名号 1 巻	43 公事根源集釈全
11 内藤家書 1 巻	44 慶元通鑑全
12 椿井家与力状 1 巻	〆
13 禁制安国寺高札ノ書 1 巻	45 笠置寺之記略全
14 小倉三河入道実道之壱巻	46 吉祥天悔過次第全
15 禅定寺山城目代衆中 1	47 大懺悔弁32箱
16 城州南三箇郡図 1	48 鎌倉公方中之格式全
17 信長公 1	49 見語大鵬撰 3
18 北吉野山縁記 1 巻	50 中山問答実録全
19 大安寺資財 1 巻	51 殺法転輪全
20 狛寺伝補禄 1 巻	52 大和軍名高勇録全
21 聖徳太子講式 1 巻	53 北湖戦記附草稿全
22 蹴鞠聞書 1 巻	54 興福寺記全
23 蒲生家被下置 1 巻	55 雲錦拾要完
24 豊太閤花見目記 1 巻	〆
〆	56 淡海輯志抜萃 2 巻
25 四方拝完	57 城制図解全
26 河内国輿地図完	58 天経或問 2 巻
27 大原問答絵鈔上下	59 兵法雄鑑上下 2 巻
28 神楽譜完	60 催馬楽東遊楽曲譜全
29 神戸左衛門伊勢軍記 1 巻	61 山城郡名性譜録全
30 興福寺官務弁附録完	62 近淡海国古領侯記全
31 香口伝巻完	63 大嘗祭儀全備秘録完
32 石亭百石図完	64 多武峰略紀完
〆	65 蒲生家分限支配記

馬部隆弘（ばべ・たかひろ）

1976年，兵庫県生まれ．1999年，熊本大学文学部卒業．2007年，大阪大学大学院文学研究科博士後期課程修了．博士（文学）．枚方市教育委員会，長岡京市教育委員会を経て，現在，大阪大谷大学文学部准教授．専攻は日本中世史・近世史．

著書『楠葉台場跡（史料編）』（財団法人枚方市文化財研究調査会・枚方市教育委員会，2010年）
『戦国期細川権力の研究』（吉川弘文館，2018年）
『由緒・偽文書と地域社会——北河内を中心に』（勉誠出版，2019年）
ほか

椿井文書《つばいもんじょ》— 日本最大級《にほんさいだいきゅう》の偽文書《ぎもんじょ》

中公新書 *2584*

2020年3月25日初版
2021年2月10日6版

著　者　馬部隆弘
発行者　松田陽三

本文印刷　三晃印刷
カバー印刷　大熊整美堂
製　　本　小泉製本

発行所　中央公論新社
〒100-8152
東京都千代田区大手町 1-7-1
電話　販売 03-5299-1730
　　　編集 03-5299-1830
URL http://www.chuko.co.jp/

Published by CHUOKORON-SHINSHA，INC.
Printed in Japan　ISBN978-4-12-102584-5 C1221